职业教育改革创新示范教材

Qiche Dipan Lishi Yitihua Jiaocai

汽车底盘理实一体化教材

（中级工）

陈社会 秦 来 季亮亮 主 编
张志海 李 方 吴 威 副主编
朱 军 主 审

人民交通出版社
China Communications Press

内 容 提 要

本书是职业教育改革创新示范教材，主要内容包括，离合器踏板位置的检查与调整，手动变速器油的检查与更换，自动变速器的基础检查，盘式制动器的拆装与检查，鼓式制动器的折装与检查，驻车制动器的检查与调整，制动液的检查、添加与更换，制动助力器、制动主缸和轮缸的更换，ABS轮速传感器的检查与更换，传动轴、等速万向节及橡胶护套的检查与更换，减振器的检查与更换，车轮动平衡检测，轮胎的拆装，动力转向系统的检查，共14个项目。

本书为中等职业院校及技工学校汽车运用与维修专业的教材。

图书在版编目（CIP）数据

汽车底盘理实一体化教材：中级工 / 陈社会，秦来，季亮亮主编. —北京：人民交通出版社，2011.9

ISBN 978-7-114-09183-4

Ⅰ. ①汽… Ⅱ. ①陈… ②秦… ③季… Ⅲ. ①汽车-底盘-技工学校—教材 Ⅳ. ①U463.1

中国版本图书馆CIP数据核字（2011）第107395号

职业教育改革创新示范教材

书　　名： **汽车底盘理实一体化教材**（中级工）
著 作 者： 陈社会　秦　来　季亮亮
责任编辑： 白　峭
出版发行： 人民交通出版社
地　　址：（100011）北京市朝阳区安定门外外馆斜街3号
网　　址： http：//www.ccpress.com.cn
销售电话：（010）59757969，59757973
总 经 销： 人民交通出版社发行部
经　　销： 各地新华书店
印　　刷： 北京交通印务实业公司
开　　本： 787 × 1092　1/16
印　　张： 11.5
字　　数： 247千
版　　次： 2011年 9 月　第 1 版
印　　次： 2011年 9 月　第 1 次印刷
书　　号： ISBN 978-7-114-09183-4
定　　价： 24.00元

前 言

随着经济社会和汽车技术的飞速发展，肩负为社会和用人单位培养高技能人才的职业院校应不断深化教学改革，创新教学模式，努力提高教学质量。而理顺课程体系、抓好教材建设，是提高教学质量的一项重要工作。作为一所主要培养汽车运用与维修领域高技能人才的汽车学校，有责任和义务在教材建设方面发挥重要作用。为此，我校组织相关老师，根据国家劳动和社会保障部颁发的《汽车修理工国家职业标准》、《职业技能鉴定规范》及全国高级技工学校汽车类专业“教学计划与大纲”的要求，按汽车修理工（中级工、高级工、技师）的培养目标要求组织编写了本套教材。

本套教材为项目课程教材，融入了我校近年来尝试的项目式教学改革的经验和成果，并进一步结合当前汽车维修企业的生产实际而编写的，具有较强的针对性。本套教材的主要特点是：

1.本教材的所有实训项目，都是根据汽车维修一线的实践选择出来的最常见、最实用的汽车维修项目，并结合了学校现有的实训设备。因此，不同于以往实训教材那样按照汽车的各个系统完整地罗列出所有的维修项目。这样的选择主要是为了体现出汽车维修项目的实用性，希望学生在实训中学到汽车维修实践中最常见的维修项目，使学生在学校里学到的实际技能与汽车维修企业中遇到的维修项目实现零距离接轨。

2.本教材在编写上注重理论与实践的结合，在每个项目中，都加入了相关理论知识的讲解，并根据汽车修理工（中级工、高级工、技师）的培养目标进行了删减。实训项目采用大量照片和附加文字的方式进行操作步骤的表述，这样的编写形式是为了正确规范地传授实训课程中的技能要点。

3. 本教材选用的车型为上海大众桑塔纳汽车和一汽丰田卡罗拉汽车，专业适应性强，适用面广。

本教材由无锡汽车工程学校陈社会、秦来、季亮亮担任主编，张志海、李方、吴威担任副主编；由朱军担任主审。

由于编者水平有限，教材中难免有不妥之处，恳请广大读者批评指正。

编　者

2011年6月

目录

项目一

离合器踏板位置的检查与调整

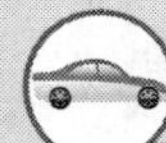

知识点

1.离合器的主要部件与工作原理；
2.离合器传动装置的基本组成与工作原理。

技能点

1.液压式离合器操纵机构排空气；
2.检查调整离合器踏板位置。

参考学时及教学组织安排

本项目总学时为6学时，其中：理论教学为1学时，示范为1学时，学生练习为4学时。

本教学项目可以采用工艺化教学法，每2名学生为一组，按照1、2进行编号，1号负责驾驶室内操作，2号负责车下操作。操作完一遍后，2名学生职责变换。每辆车安排一组学生操作，如果学生较多，可以分别安排几组学生在旁边观看学习。

教师讲解并示范操作步骤和注意事项，适时下达操作指令，并进行工位间巡视、检查、指导和纠正错误。

项目实施所需设备、器材

丰田卡罗拉

离合器试验台架

制动液（DOT4）

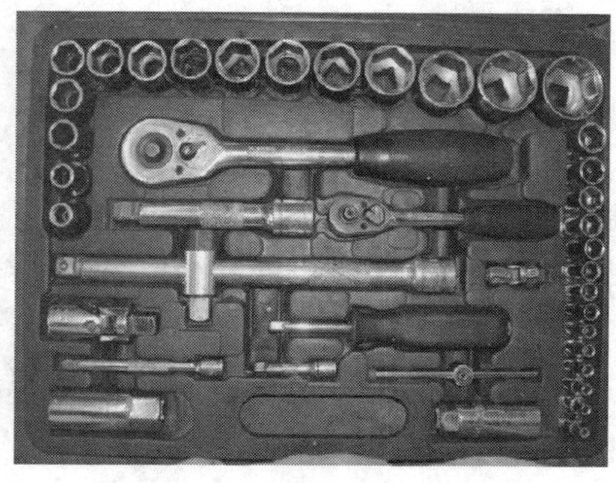

常用工具

任务 1 离合器操纵机构的认知

一 离合器操纵机构的功用

离合器的功用如下：

1 保证汽车平稳起步

汽车由静止到行驶的过程，速度由静止逐渐增大，如果没有离合器，加速度会很大（会影响汽车的舒适性），需要很大的动力，发动机提供不了如此大的动力就会熄火。而有了离合器，在汽车起步时离合器逐渐接合（与此同时，逐渐踩下加速踏板，以增加发动机的输出转矩），这样离合器所能传递的转矩也逐渐增大。于是发动机的转矩便可以由小到大地传给传动系统，当牵引力足以克服汽车的行驶阻力时，汽车便由静止状态开始缓慢地加速，实现平稳起步。

2 便于换挡

汽车在行驶过程中，为了适应行驶条件的变化，变速器需要经常换用不同的挡位工作。而普通齿轮式变速器的换挡是通过拨动换挡机构来实现的，即在用挡位的一对齿轮副退出啮合，待用挡位的一对齿轮副进入啮合。换挡时，如果没有离合器将发动机和变速器之间的动力暂时切断，在用挡位齿轮副之间将因压力很大而难以脱开，待用挡位的齿轮副将因两者圆周速度不等而难以进入啮合，即使能进入啮合也会产生很大的冲击和噪声，损坏零件。有了离合器，该机构便可在换挡前暂时切断传动系统的动力传递，然后再进行换挡操作，以保证换挡操作过程的顺利进行，并减轻或消除换挡时的冲击。

3 防止传动系统过载

当汽车紧急制动时，汽车突然紧急降速。若发动机与传动系统刚性连接，将迫使发动机也随着急剧降速，其所有运动件将产生很大的惯性力矩（其数值将大大超过发动机正常工作时所产生的最大转矩），这一力矩作用于传动系统，会造成传动系统过载而使零件损坏。有了离合器，当传动系统承受载荷超过离合器所能传递的最大转矩时，离合器会自动打滑以消除这一危险，从而起到过载保护的作用。

二 离合器的分类

（1）按照离合器从动盘的数目可分为单片式、双片式和多片式。

（2）按压紧弹簧的形式及布置形式可分为周布螺旋弹簧式（图1-1）、中央弹簧式、膜片弹簧式（图1-2）和斜置弹簧式。

图1-1 周布螺旋弹簧式离合器压盘

（3）按照分离离合器时所需要的操纵能源的不同，离合器操纵机构分为机械式、液压式和气压式。

图1–2　膜片弹簧式离合器压盘

机械式和液压式都是以驾驶人作用在离合器踏板上的力作为唯一的操纵能源；而气压式助力式则是以发动机驱动的空气压缩机或其他形式能量作为主要操纵能源，而驾驶员的力只作为辅助或后备操纵能源。

①机械式操纵机构。机械式操纵机构有杆式传动（图1–3）和绳索式传动（图1–4）。

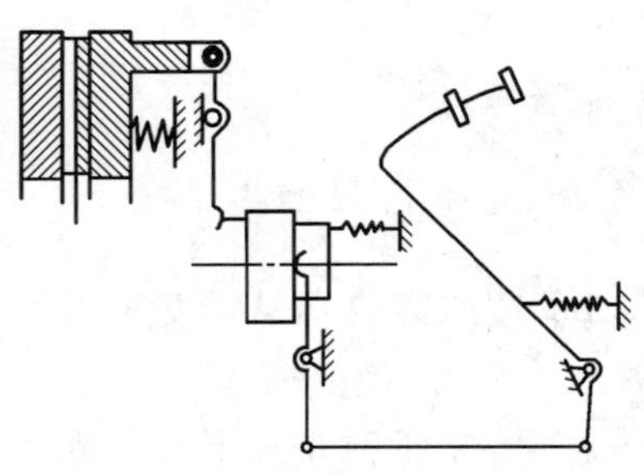

图1–3　杆式传动操纵机构

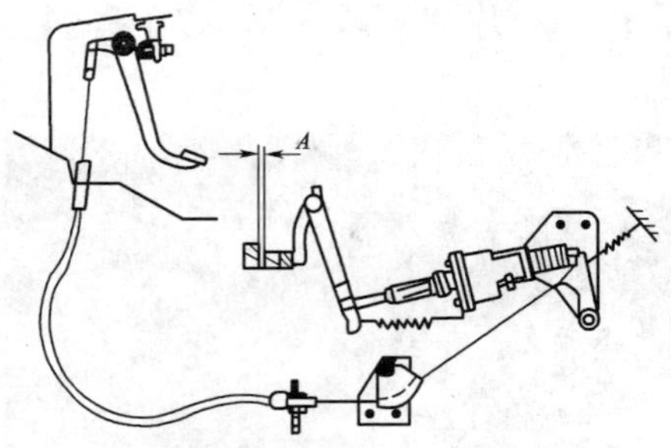

图1–4　绳索式传动操纵机构

杆式传动是结构最简单的离合器传动机构，由离合器踏板、分离杠杆、踏板复位弹簧、调整螺母、分离叉等零件组成。广泛应用于各种型号的货车，如EQ1090、CA1091等。

绳索式传动机构可以消除位移和变形等缺点，且可在一些杆式传动布置比较困难的情况下采用。多用于微型和轻型汽车。如桑塔纳、捷达等。

②液压式操纵机构。液压式操纵机构一般由离合器踏板、离合器主缸、工作缸、分离叉、分离杠杆、分离轴承和管路系统组成，如图1–5所示。

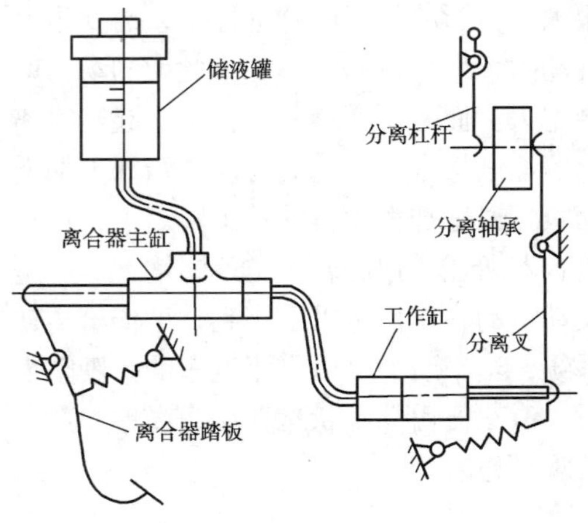

图1–5　液压式传动操纵机构

工作原理：驾驶人克服各处弹簧力踩下离合器踏板，通过杠杆传动，推动离合器主缸中的活塞，活塞挤压油液，高压的油液通过管路将压力传递到工作缸，推动工作缸中的活塞，通过工作缸中的杠杆推动分离叉，通过杠杆传动推动离合器分离轴承，最后压动离合器分离杠杆，离合器分离；接合时，依靠离合器压紧弹簧及其他各处弹簧弹力复位接合。

任务2 离合器踏板位置的检查与调整

一 检查调整离合器踏板高度（以丰田卡罗拉为例）

离合器踏板距离地板的高度：143.6～153.6mm。

（1）翻起地毯。

（2）检查并确认离合器踏板高度正确，如图1–6所示。

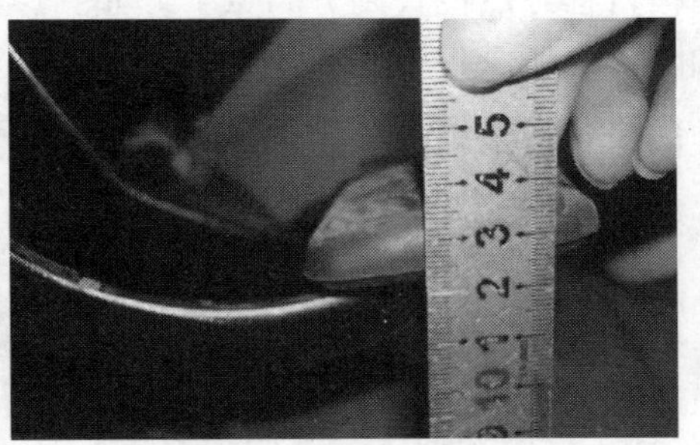

图1–6 检查并确认踏板高度正确

（3）松开锁紧螺母并转动限位螺栓，直至获得正确的高度，如图1–7所示。

图1–7 松开锁紧螺母并转动限位螺栓

（4）拧紧锁紧螺母（力矩：16N・m）。

二 检查离合器踏板自由行程和推杆行程

离合器踏板自由行程，是指为了消除离合器的自由间隙和分离机构、操纵机构零件的弹性变形所需要的离合器踏板的行程。

（1）检查并确认离合器踏板自由行程和推杆行程正确。

①踩下离合器踏板直至开始感觉到离合器阻力。

踏板自由行程：5.0～15.0mm，如图1–8和图1–9所示。

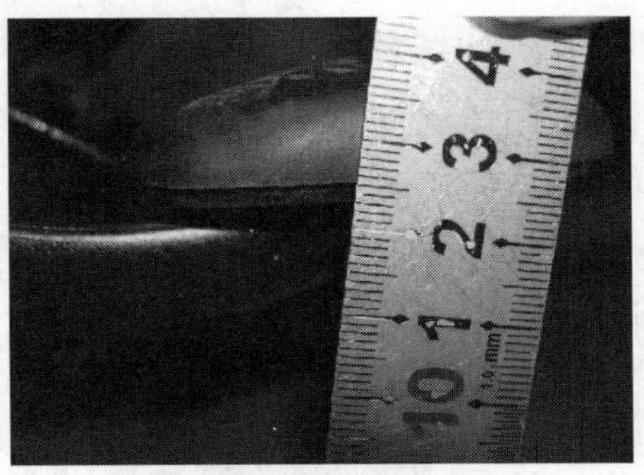

图1–8 离合器踏板原始高度

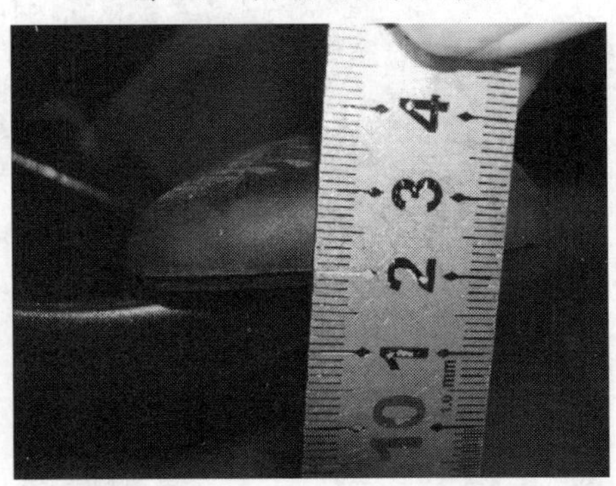

图1–9 稍微踩下离合器踏板开始感觉到离合器阻力

②轻轻踩下离合器踏板直至阻力开始增大。

离合器踏板顶端处的推杆行程：1.0～5.0mm。

（2）如有必要，调整离合器踏板自由行程和推杆行程。

①松开锁紧螺母并转动推杆，直至获得正确的自由行程和推杆行程，如图1–10所示。

图1–10 松开锁紧螺母并转动推杆

②拧紧锁紧螺母（力矩：12N·m）。

③调整好离合器踏板自由行程后，检查离合器踏板的高度。

三 检查离合器分离点

（1）检查离合器分离点。

①拉紧驻车制动器操纵手柄并安装车轮止动楔块，如图1–11和图1–12所示。

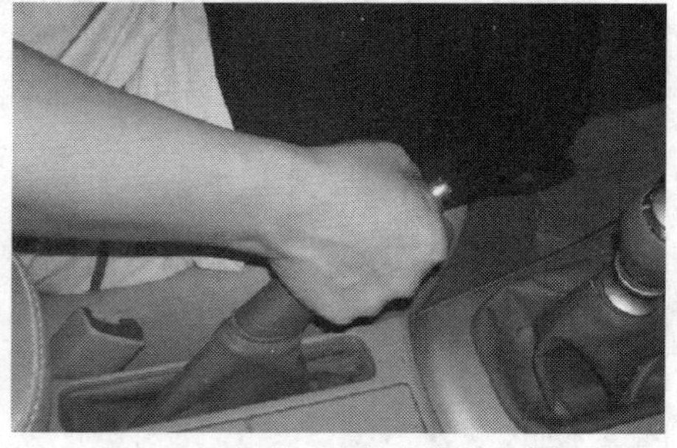

图1–11 拉紧驻车制动器操纵手柄

图1–12 安装车轮止动楔块

②起动发动机并使其怠速运转，如图1–13所示。

图1–13 起动发动机并使其怠速运转（暖车状态）

③未踩下离合器踏板时，缓慢移动变速杆至倒挡，直至齿轮接触。

④逐渐踩下离合器踏板，并测量从齿轮噪声消失点（分离点）到离合器踏板行程终点位置的行程距离。

标准距离：25mm或更长（从离合器踏板行程终点位置到分离点），如图1–14和图1–15所示。

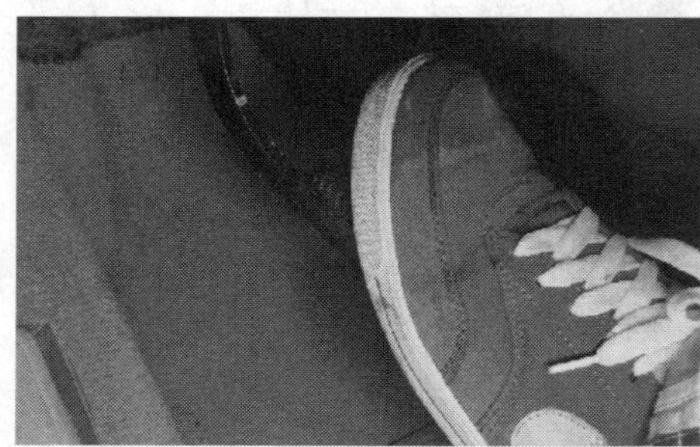

图1–14 离合器踏板原始高度

图1–15 踩下离合器踏板，直至噪声消失

（2）如果该距离不符合规定，则执行以下程序：

①检查离合器踏板高度；

②检查推杆行程和离合器踏板自由行程；

③对离合器管路进行放气；

④检查离合器盖和离合器盘。

任务 3 液压离合器放空气

一 离合器液压系统有空气会造成的一些现象

（1）离合器踏板绵软。

（2）离合器分离不彻底，甚至无法分离。

二 放气

如果要对离合器系统进行任何操作或怀疑离合器管路内有空气进入，则对离合器液压系统进行放气。

（1）检查储液罐内油液是否充足，如图1-16所示。

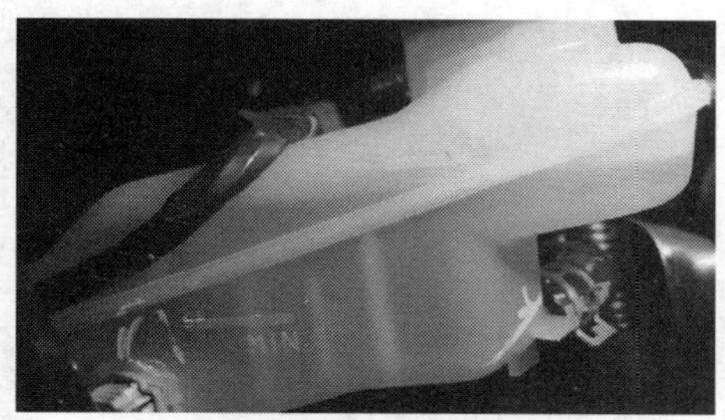

图1-16 检查储液罐内油液是否充足

（2）拆下放气螺塞盖，如图1-17所示。

图1-17 拆下放气螺塞盖

（3）将塑料软管连接至放气螺塞，如图1-18所示。

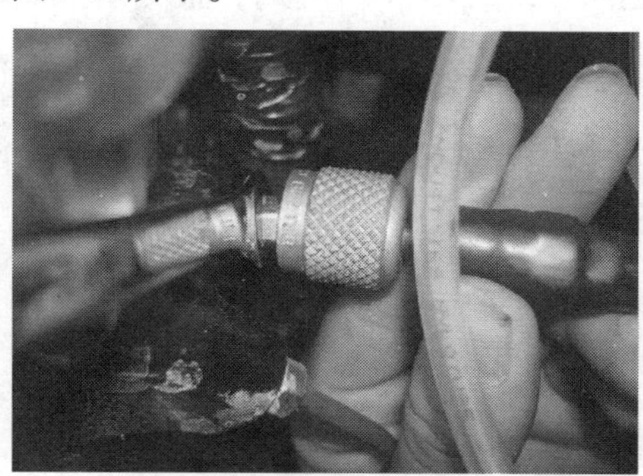

图1-18 将塑料软管连接至放气螺塞

（4）连续踩下离合器踏板数次，并在踩下离合器踏板时松开放气螺塞，如图1-19和图1-20所示。

图1-19 连续踩下离合器踏板数次后，保持踩下离合器踏板状态

图1-20 松开放气螺塞，直至油液不再外流后再拧紧放气螺塞

（5）离合器油不再外流时，先拧紧放气螺塞，然后松开离合器踏板。

（6）重复（4）、（5）步骤操作，直至离合器油液中的空气放出。

（7）拧紧放气螺塞。

（8）检查并确认离合器管路中的空气已完全放出。

（9）检查储液罐中的油液位，如图1–21所示，如果油液不足时，需及时添加。

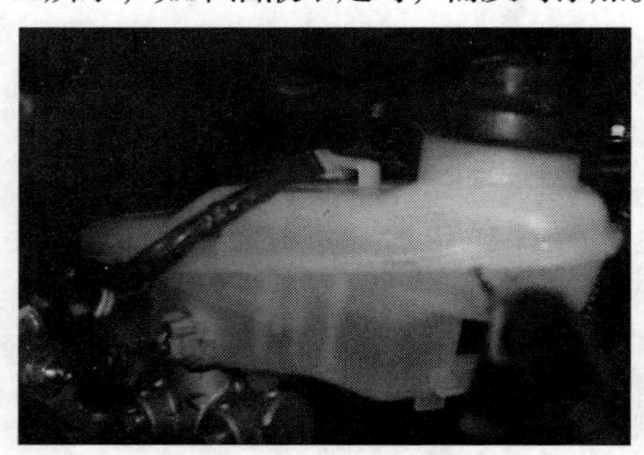

图1–21　检查储液罐中的油液液位

注意事项：

（1）在做分离点检查时，应保持安全距离，车前车后不准站人。

（2）油液对油漆有腐蚀效果，如果油液接触到任何油漆表面，请立即清洗。

（3）活塞、油封、橡皮盖如不换新，则应小心，不可损伤。

（4）所用力矩符合要求，防止用力过大导致螺纹损坏。

（5）测量时保证金属直尺和地板垂直。

（6）放空气时，应有容器收集排放出的油液。

（7）零件表面、工具、操作台、场地、举升机要清洁，在操作时两人配合应默契，可以按喇叭为信号。

项目二

手动变速器油的检查与更换

知识点

1.了解检查、更换变速器油的重要性；
2.掌握检查、更换变速器油的方法。

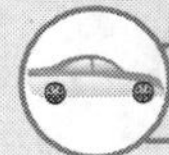

技能点

1.了解检查变速器油的方法；
2.了解更换变速器油的方法。

参考学时及教学组织安排

本项目总学时为6学时，其中：理论教学为1学时，示范为1学时，学生练习为4学时。
理论教学采用多媒体辅助教学，并结合实物讲解，使学生掌握卡罗拉系列汽车5挡手动变速器的组成和工作原理。
实践教学采用项目教学法，根据实训设备的台（套）数，组织安排学生分组进行检查、更换变速器油的项目教学。教学中，教师讲解并示范操作步骤和注意事项，适时下达操作指令，并进行工位间巡查、指导和纠正错误。

项目实施所需设备、器材

卡罗拉1.8L

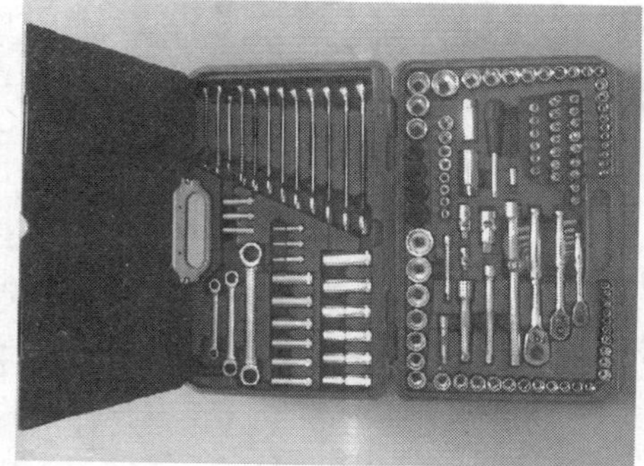

工具一套

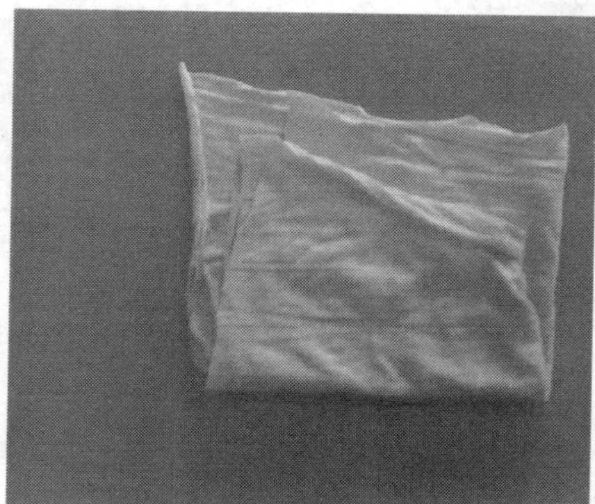

抹布

变速器油

回收桶

任务1 手动变速器的认知

一 手动变速器的功用

手动变速器的作用是改变传动比，扩大驱动轮转矩和转速的变化范围，以适应经常变化的行驶条件，同时使发动机在有利（功率较高而油耗较低）的工况下工作；在发动机旋转方向不变情况下，使汽车能倒车行驶；利用空挡，中断动力传递，以便发动机能够起动处于怠速状态，并便于变速器换挡或进行动力输出。手动变速器的安装位置如图2-1所示。

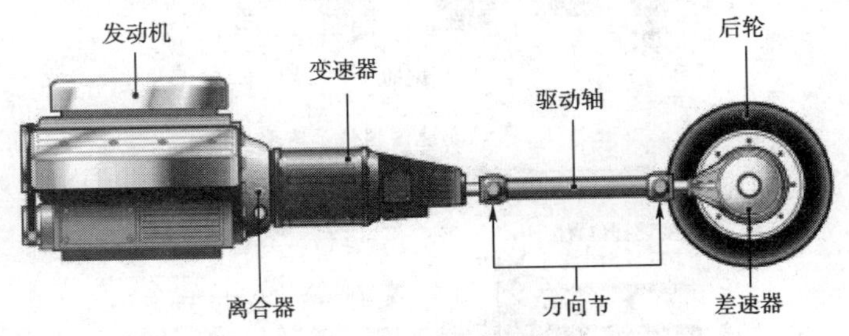

图2-1 变速器的安装位置

二 丰田卡罗拉汽车手动变速器的结构

丰田卡罗拉汽车采用5挡手动变速器，由传动机构、操纵机构、变速器壳体等组成，其结构紧凑、噪声低、操作灵活可靠。该变速器的5个前进挡均装有锁环惯性式同步器，换挡轻便，所有挡位都采用防跳挡措施。

丰田卡罗拉汽车5挡手动变速器的结构如图2-2所示。

图2-2 变速器结构

三 丰田卡罗拉汽车手动变速器的传动原理

图2-3为丰田卡罗拉汽车5挡变速器传动原理图。当驾驶人挂上某一挡位时，动力由输入轴传入变速器，通过相啮合的齿

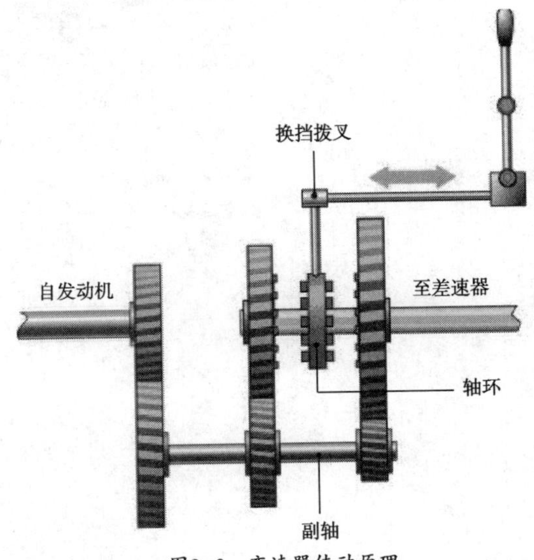

图2-3 变速器传动原理

轮副将动力由输出轴传至主减速器，在变速器中实现了变速、变矩的作用。变速器设置有超速挡（传动比小于1），主要用于在良好路面或空车行驶时，提高汽车的燃料经济性。各个挡位手柄及拨叉位置如图2-4和图2-5所示。

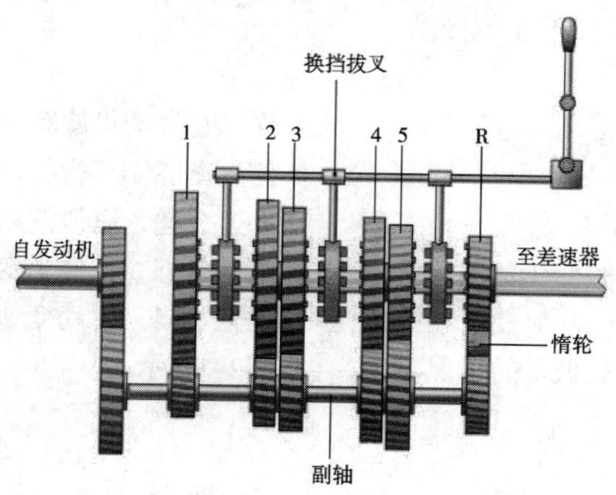

图2-4　手动变速器挡位示意图

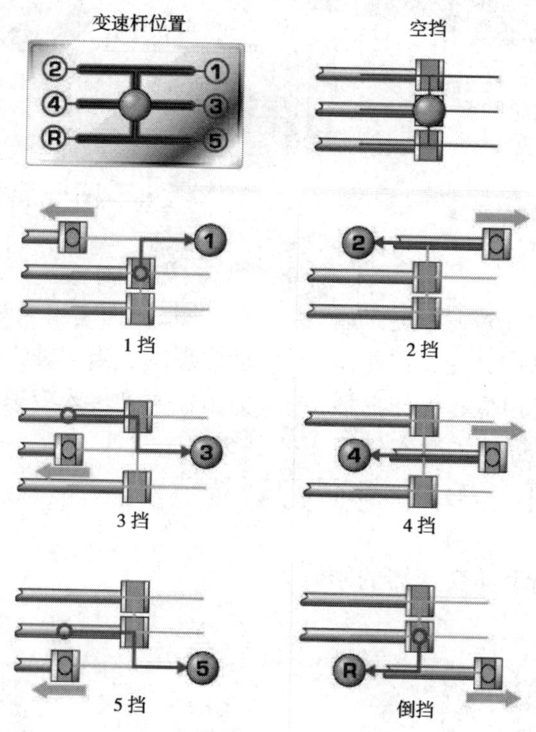

图2-5　各个挡位时手柄及拨叉的位置

任务2 手动变速器油的检查与更换

一 准备阶段

（1）车辆进入工位前，学生将工位清理干净，排除障碍物，准备好相关的工具、物品、耗材等。

（2）将车辆停放在举升机的中央位置，1号拉紧驻车制动器操纵手柄，并将变速杆置于空挡，如图2–6所示。

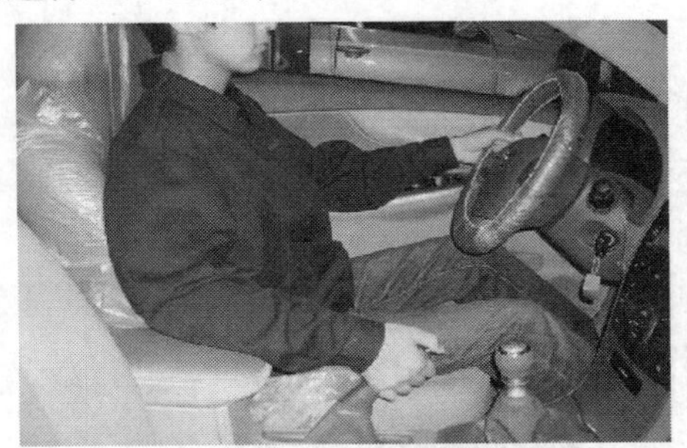

图2–6 拉紧驻车制动器操纵手柄

（3）2号分别将转向盘套、变速杆套、座椅套、地板垫递给1号进行安装、铺设。

二 手动变速器油的检查

（1）2号操纵举升机将车辆举升到适当高度，并可靠锁止提升臂，如图2–7所示。

图2–7 将车辆举升到适当高度

（2）2号将12号专用接头和棘轮扳手传递给1号，如图2–8所示。

图2–8 2号将工具传递给1号

（3）1号使用12号专用接头和棘轮扳手拧松变速器加油塞。然后，2号接收工具并摆放到工具车上，如图2–9所示。

图2–9 拧松变速器加油塞

禁止使用已严重磨损的工具拆卸加油

塞。否则容易造成滑方，给拆卸带来更大困难。

（4）1号用手旋下加油塞并传递给2号，如图2-10所示。

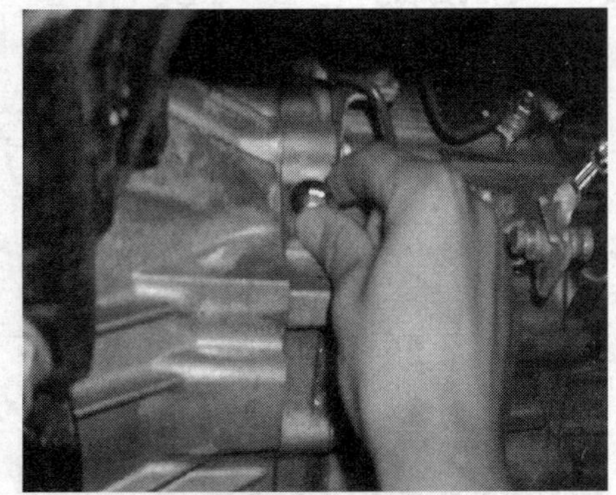

图2-10　旋下加油塞

（5）2号将加油塞放到零件车上。

（6）1号查看变速器内油面位置，如果油位低，检测变速器油是否泄漏。

注意

为了看清油面位置，可以用灯光照明。变速器油面应位于加油口下边缘0～5mm范围内，如果变速器油面正常，则将加油塞按照规定力矩拧紧。

三　手动变速器漏油的检查

（1）1号检查变速器内换挡杆油封处是否漏油。

注意

①内换挡杆操纵换挡拨叉，实现变速器挡位变换。变速器后端盖上安装有橡胶油封，保证变速器与内换挡杆之间可靠密封，防止变速器油泄漏。

②如果内换挡杆油封处存在漏油，应更换内换挡杆油封。

（2）1号检查变速器壳体接合处是否漏油，如图2-11所示。

图2-11　检查变速器壳体接合处是否漏油

如果变速器壳体接合处存在漏油，应更换衬垫。

（3）1号检查变速器前油封处是否漏油，如图2-12所示。

图2-12　检查前油封处是否漏油

如果变速器前油封处存在漏油，应更换前油封。

（4）1号检查两侧半轴油封处是否存在漏油，如图2-13所示。

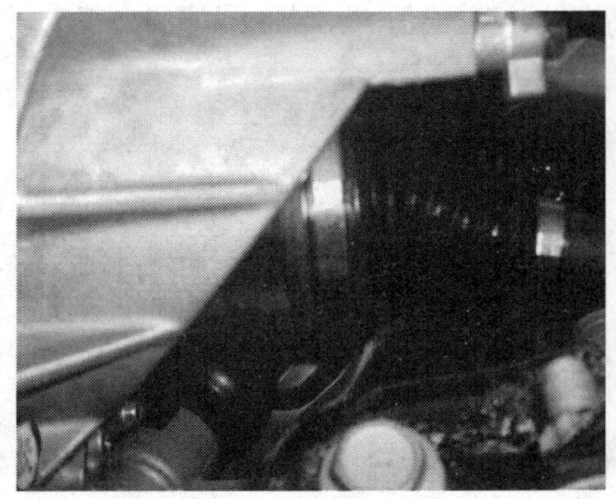

图2-13　检查半轴油封处是否漏油

如果半轴油封处存在漏油，应更换半轴油封。

四 更换手动变速器油

（1）2号操纵举升机，将车辆举升到轮胎最低点距离地面约20cm的高度，并可靠锁止提升臂，如图2-14所示。

图2-14 将车辆举升到适当位置

（2）1号进入驾驶室，打开点火开关并起动发动机，保持发动机怠速运转，如图2-15所示。

图2-15 起动发动机，保持发动机怠速

（3）1号操纵变速杆，将变速器挂入1挡，保持车辆带挡运行状态。2～3min后，将变速器挂入空挡，并关闭点火开关，停止发动机运转，如图2-16所示。

图2-16 带挡运行

①车辆带挡短时间空载运行，目的是提高变速器温度，降低变速器油黏度，有利于彻底放油，减少变速器内残余油量。

②寒冷季节，预热变速器油尤为重要。

（4）2号操纵举升机，将车辆再次举升适当高度后，可靠锁止提升臂，如图2-17所示。

图2-17 举升到适当高度

（5）2号将回收桶推至变速器下方，并正对放油塞，如图2-18所示。

图2-18 把回油桶推到放油塞下方

（6）1号使用2号传递过来的12号专用接头和棘轮扳手，拧松变速器放油塞和加油塞，如图2-19所示。

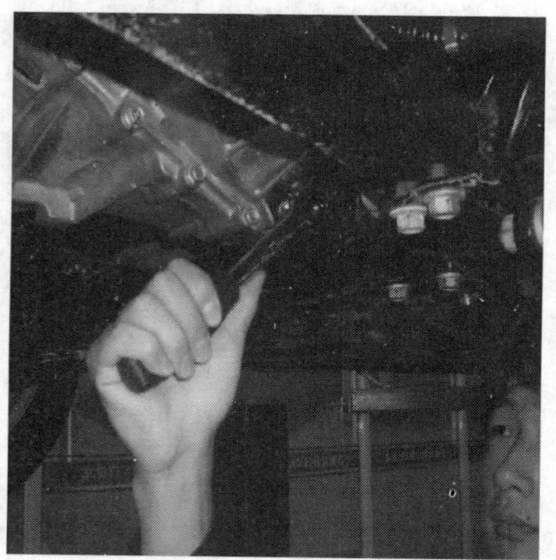

图2-19　拧开放油塞

（7）2号接收工具，擦拭后摆放到零件车上，如图2-20所示。

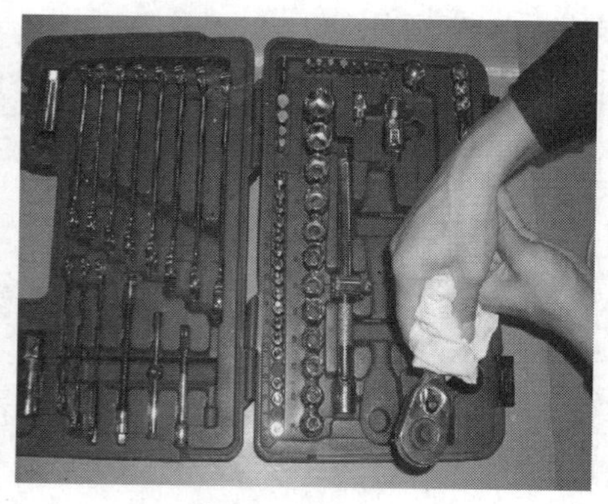

图2-20　回收工具

（8）1号用手旋下变速器放油塞，并传递给2号，如图2-21所示。

图2-21　旋下放油塞

旋下放油塞时，注意感觉剩余螺纹多少，当感知剩余1～2圈螺纹时，转动并同时上推放油塞，螺纹全部旋出后，快速移开放油塞，油液急速流入回收桶。如此操作，可以防止油液流到手上和身上。

（9）待变速器放油口处油液不再滴落时，1号用手旋上放油塞。

（10）2号将回收桶移至规定位置。

（11）1号使用2号传递过来的12号专用接头和棘轮扳手，将放油塞拧紧到规定力矩（39 N·m），如图2-22所示。

图2-22　拧紧放油塞

放油塞拧紧力矩要符合规定要求，若力矩过大，造成放油塞滑丝，若力矩过小，导致放油塞处漏油。

（12）2号接收工具，擦拭后摆放到零件车上。之后，将加油车推移至变速器下方。

（13）1号将加油管插入变速器加油口中。

（14）2号反复按压加油机加压手柄，将油液注入变速器中。

（15）1号观察变速器加油口，如有

油液溢出，则告知2号停止加油。

在加油口下方放置棉纱，防止油液滴落到地面上。

（16）2号接收加油管，将加油机移至规定位置。

（17）1号用手将加油塞旋入变速器加油口螺纹孔内，如图2–23所示。

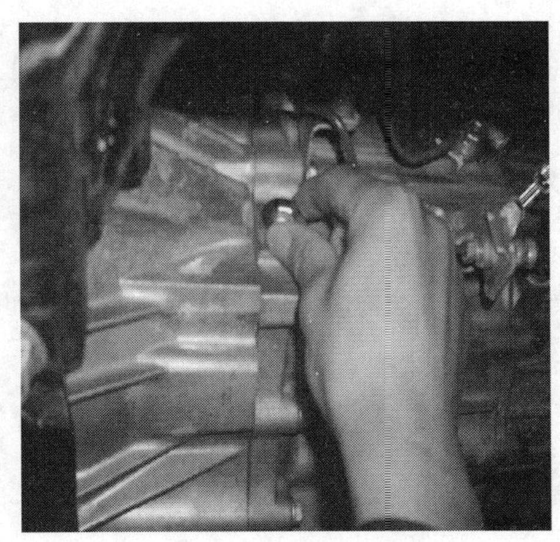

图2–23　把加油塞旋好

（18）2号将12号专用接头和棘轮扳手，传递给1号。

（19）1号使用12号专用接头和棘轮扳手将加油塞拧紧至规定力矩（39 N·m），如图2–24所示。

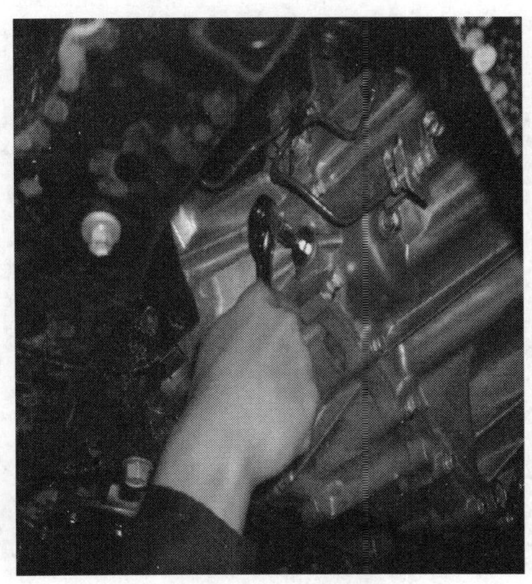

图2–24　拧紧加油塞

（20）2号接收工具，擦拭后摆放到零件车上，1号使用棉纱擦净加油塞周围油迹，如图2–25所示。

图2–25　擦拭油迹

（21）2号操纵举升机，将车辆降到轮胎最低点距离地面约20cm的高度，并可靠锁止提升臂。

（22）1号进入驾驶室，打开点火开关并起动发动机，操纵变速杆，变换挡位，保持车辆带挡运行状态。3～5min后，将变速器挂入空挡，并关闭点火开关，停止发动机运转，如图2–26所示。

图2–26　带挡运行车辆

车辆带挡运行，一是检验变速器换挡性能，二是提高变速器油温度，便于检查是否漏油。

（23）2号操纵举升机，将车辆举升适当高度后，可靠锁止提升臂。

（24）1号检查变速器的放油塞和加油塞处是否有油液泄漏，如图2–27所示。

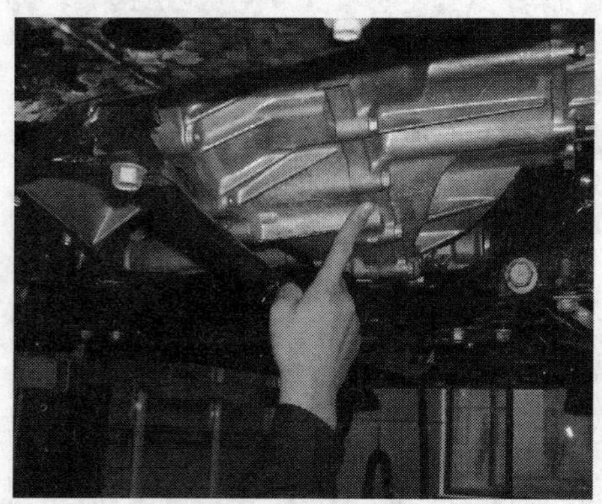

图 2-27　检查变速器油是否泄漏

（25）2号操纵举升机，将车辆降落到地面上。

五　整理工位

1号和2号共同拆除护裙与驾驶室内保护罩；清理工具与量具；清洁地面卫生。

项目三

自动变速器的基础检查

知识点

1.掌握汽车自动变速器的类型以及基本结构；
2.掌握自动变速器变速杆及空挡起动开关的检查方法；
3.掌握自动变速器油的重要性及检查方法。

技能点

1.能正确、熟练进行自动变速器变速杆及空挡起动开关的检查；
2.能正确、熟练进行自动变速器油的检查。

参考学时及教学组织安排

本项目总学时为14学时。

任务一：自动变速器的认知

本任务采用示范课方式进行教学，为6学时。

在讲解自动变速器类型时，教师充分利用多媒体教学的优势，通过生动形象的图片和课件，便于学生了解、掌握自动变速器类型。

在讲解自动变速器结构时，教师在利用多媒体课件讲解的同时，对大众01N变速器进行简单分解，并指导各小组学生进行适当的分解练习。通过动手实践，加深学生对自动变速器结构的认知。

任务二：变速杆及空挡起动开关的检查

本任务采用工艺化教学法教学，为4学时。

首先，教师对自动变速器的挡位以及挡位开关的功用进行讲解，为后面学生的实际操作进行适当的知识准备，增强学生的学习效果和技能的掌握。

实践教学根据实训设备的台套数，学生分组进行。教师讲解并示范操作步骤和注意事项，适时下达操作指令，并进行工位间巡视、检查、指导和纠正错误。

任务三：自动变速器油液的检查

本任务采用工艺化教学法教学，为4学时。

首先，教师对自动变速器油液的作用以及使用的注意事项进行讲解，为后面学生的实际操作进行适当的知识准备，增强学生的学习效果和技能的掌握。

实践教学根据实训设备的台套数，学生分组进行。教师讲解并示范操作步骤和注意事项，适时下达操作指令，并进行工位间巡视、检查、指导和纠正错误。

项目实施所需设备、器材

01N自动变速器

丰田卡罗拉

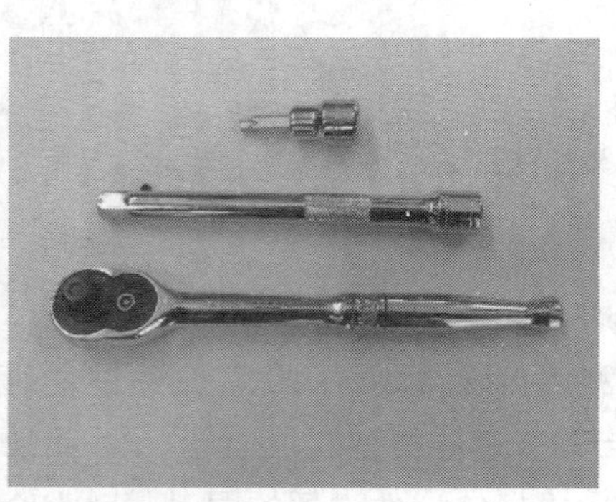

棘轮扳手、接杆和TX40内六角（拆卸控制阀）

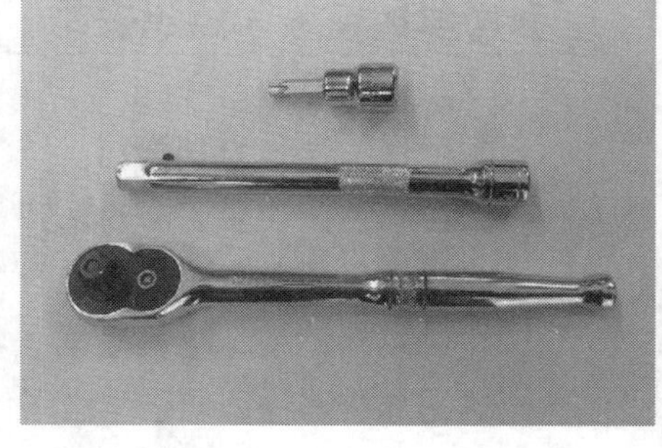

棘轮扳手、接杆和TX45内六角（拆卸油泵）

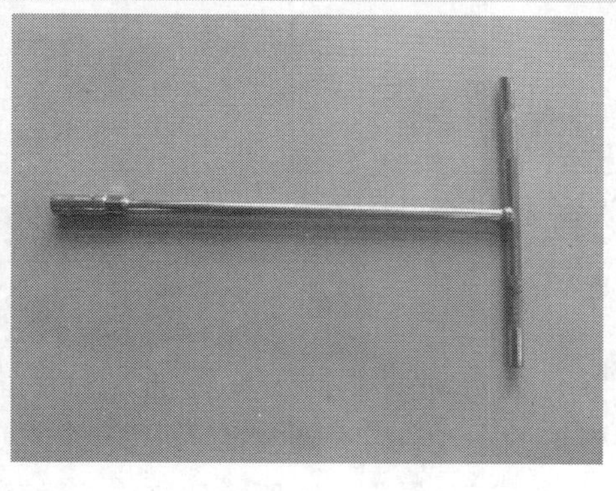

12号 T形套筒（拆卸油底壳、后端盖）

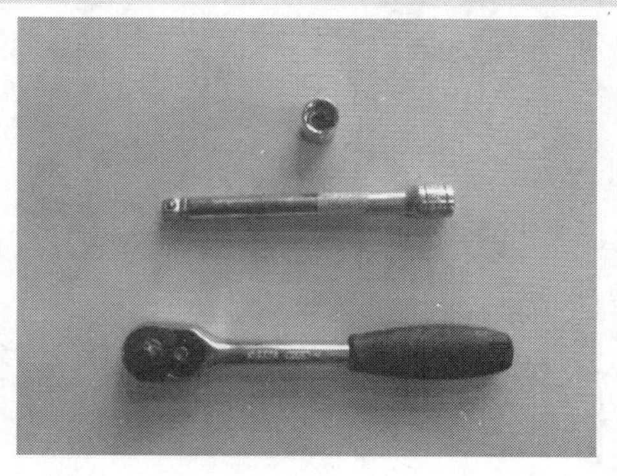

棘轮扳手、接杆和13号套筒（拆卸第二轴固定螺栓）

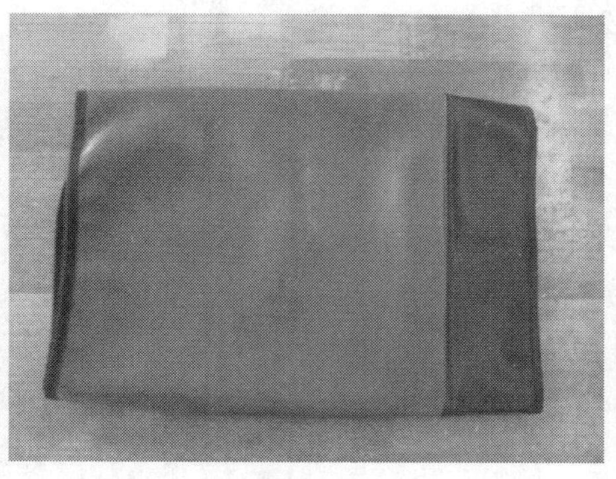

前格栅布

翼子板布

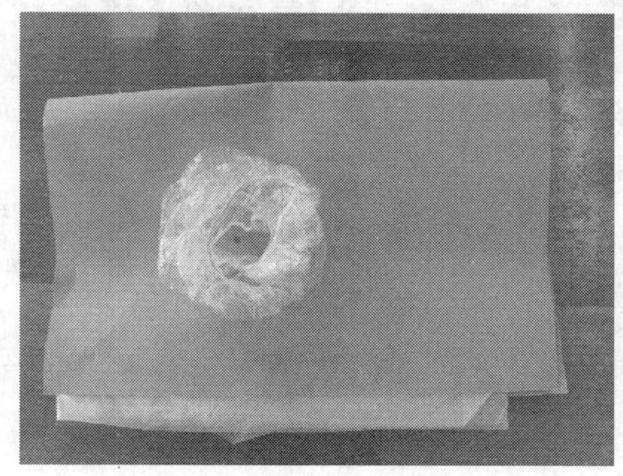

车内4件套

任务1 自动变速器的认知

一 自动变速器的类型

1 按变速方式分类

变速器分为：有级自动变速器和无级自动变速器。

（1）有级自动变速器如图3-1所示。

有级自动变速器主要是通过行星齿轮机构的主动件、从动件以及固定件的变化，而具有有限几个定值传动比（一般有3～5个前进挡和一个倒挡）的变速器，如图3-2所示。

（2）无级自动变速器如图3-3所示。

无级自动变速器是通过主动链轮、从

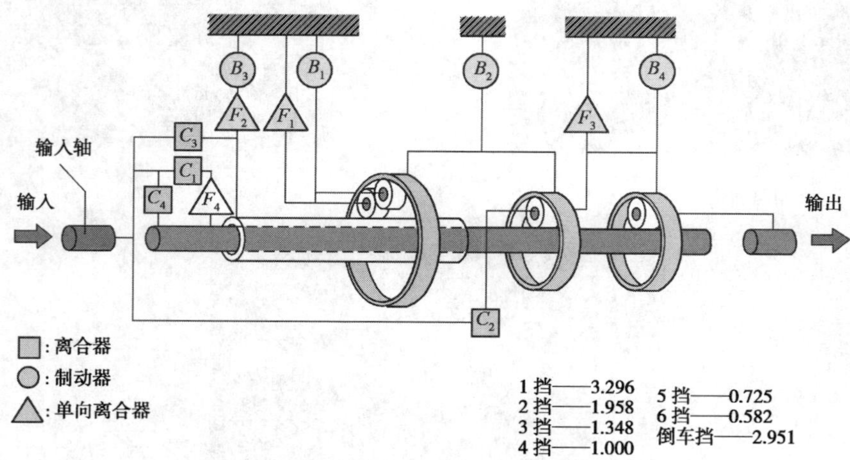

图3-2 有级自动变速器的动力传动图与传动比（雷克萨斯A761E）

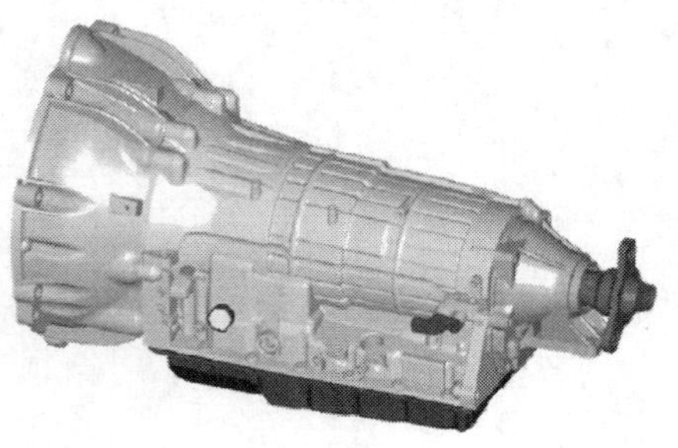

图3-1 有级自动变速器（雷克萨斯A761E）

图3-3 无级自动变速器的变速机构

动链轮半径的变化，实现传动比的连续改变，如图3-4所示。例如，某无级变速器的传动比可以从3.455一直变化到0.85。

2 按汽车驱动方式分类

变速器分为后驱动自动变速器和前驱动自动变速器。

（1）后驱动自动变速器。后驱动自动变速器的变矩器和齿轮变速器的输入轴及输出轴在同一轴线上，如图3-5和图3-6所示。发动机的动力经变矩器、自动变速器、传动轴、后驱动桥的主减速器、差速器和半轴传给左右两个后轮。

（2）前驱动自动变速器。前驱动自动变速器除了具有与后驱动自动变速器相同的组成部分外，在自动变速器的壳体内还装有差速器，如图3-7和图3-8所示。

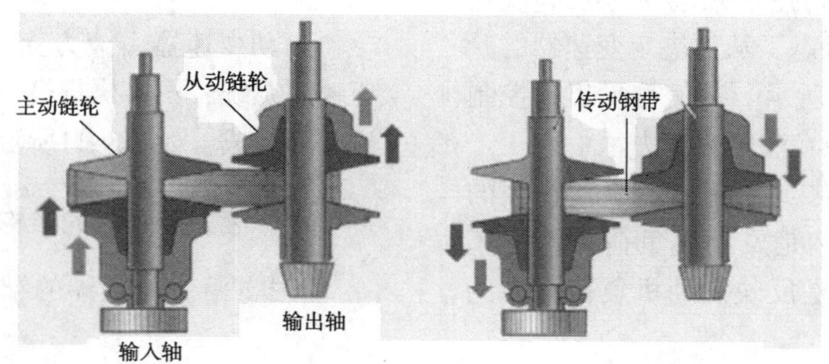

图3-4 无级自动变速器传动比是如何变化的

图3-5 解剖的后驱动自动变速器

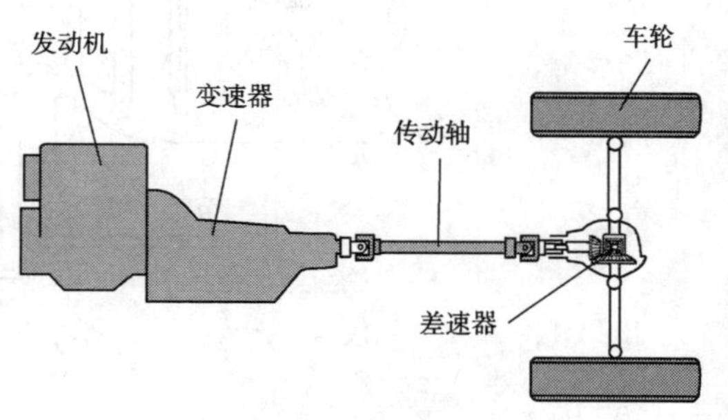

图3-6 后轮驱动传动系统

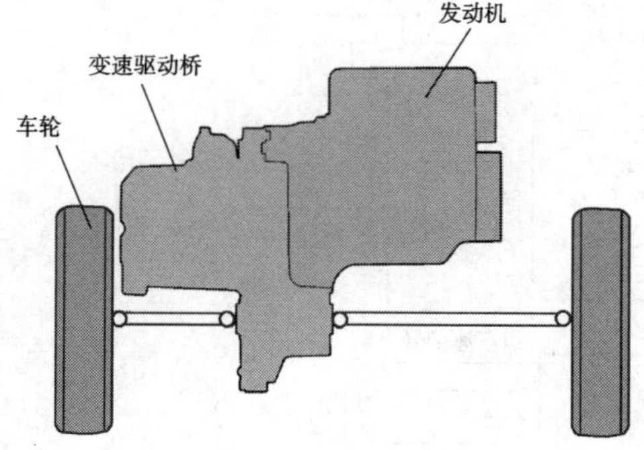

图3-7 前轮驱动传动系统

图3-8 解剖的前驱动自动变速器

3 按控制方式分类

变速器分为：液力控制自动变速器和电子控制自动变速器。

在液力控制自动变速器中，节气门开度阀把发动机负荷大小转换成相应的油压，并且把该油压作用于换挡阀的一端；调速器把汽车车速高低转换成相应的油压，并且把该油压作用于换挡阀的另一端，换挡阀两端的油压比较大小后，决定换挡阀的位置状态，从而决定变速器的升降挡，如图3-9所示。其信号采集和控制方式都采用机械和液压的方法。

在电子控制自动变 速器中，换挡的最主要信号仍然是发动机负荷和汽车车速两个信号,但是反映发动机负荷大小的是节气门位置传感器，反映汽车车速的是车速传感器。传感器把采集的信号转换成电量传送给电脑，电脑接受信息后，与存储在内部的程序加以比较，并给执行换挡的电磁阀发出通、断点的指令，实现升降挡位的变化，如图3-10所示。在电控的自动变速器中，信号的采集应用了电子传感器，而控制方法依靠电脑（ECU）。

二 自动变速器的结构与拆装

自动变速器由液力变矩器、电子-液压控制系统、换挡执行机构以及齿轮变速机构等组成，如图3-11所示。

1 液力变矩器的结构与拆装

（1）液力变矩器的结构。液力变矩

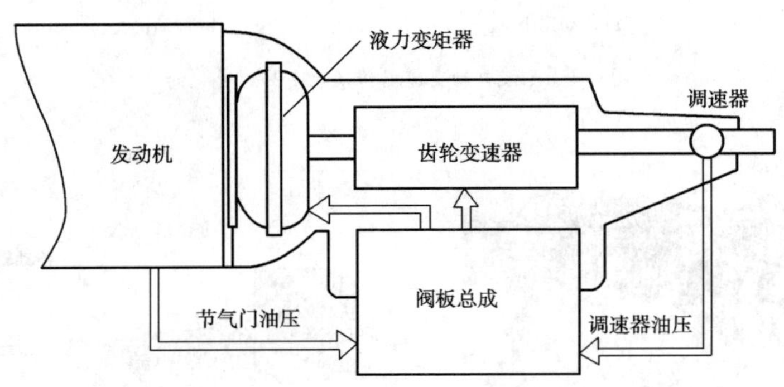

图3-9 液压控制自动变速器的控制方式

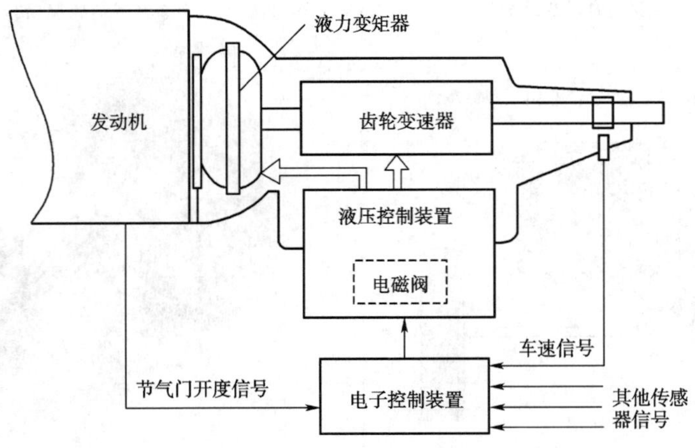

图3-10 电子控制自动变速器的控制方式

器安装在发动机和变速器之间，以液压油为工作介质，起传递转矩、变矩、变速及离合的作用，其外形如图3-12所示。

液力变矩器由可转动的泵轮、涡轮、固定不动的导轮以及锁止离合器等组成，如图3-13所示。

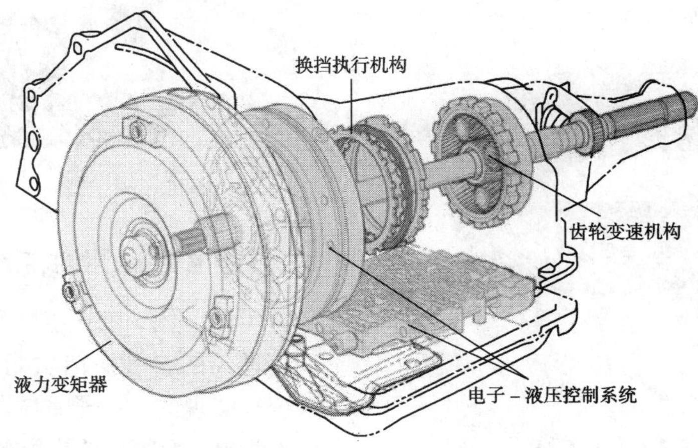

图3-11 自动变速器的基本组成

图3-12 液力变矩器

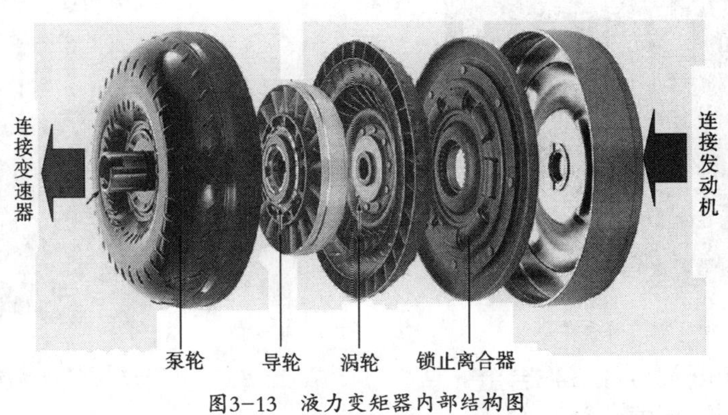

图3-13 液力变矩器内部结构图

（2）液力变矩器的工作原理。将两个电风扇相对摆放，其中一个通电，在工作电风扇产生的空气流作用下，那个不通电的电风扇也发生了转动，实现了能量的传递，如图3-14所示。

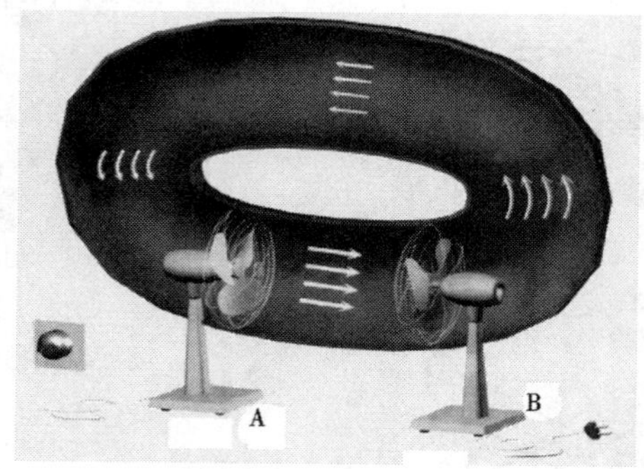

图3-14　液力变矩器工作原理图

同样的道理：泵轮与发动机曲轴相连，涡轮与变速器输入轴相连；泵轮和发动机一起旋转，会产生高速的液流；涡轮在液流的推动下，开始向相同的方向旋转。通过液流的“软连接”，实现了发动机工作产生的能量向变速器的传递。

（3）液力变矩器的拆装练习。

①从自动变速器台架上拆下液力变矩器，如图3-15所示。

图3-15　拆下液力变矩器

②将液力变矩器放置在工作台上，认真观察其外形结构，如图3-16所示。

图3-16　观察液力变矩器

② 电子-液压控制系统的结构与拆装

（1）电子-液压控制系统的结构。自动变速器的自动换挡功能是靠电子-液压系统来实现的，电子系统与液压控制系统合称为电子-液压控制系统。

①液压系统。液压系统由动力源、控制机构和执行机构组成。

动力源是被液力变矩器驱动的油泵，如图3-17所示。控制机构主要包括主油系统、换挡信号系统、换挡阀系统和缓冲安全系统，如图3-18所示。执行机构包括各离合器制动器的液压缸。

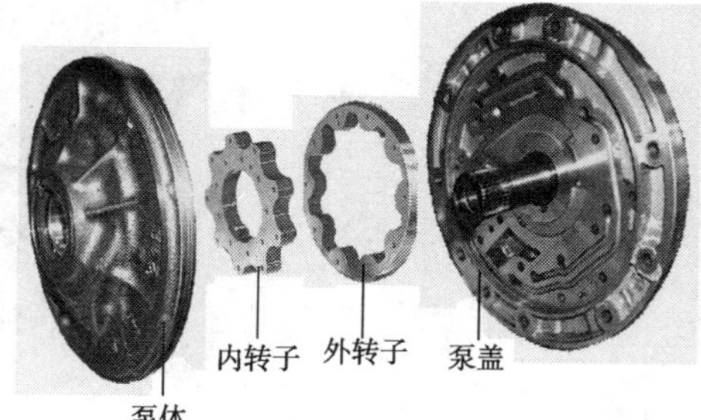

图3-17　油泵

图3-18　控制机构

②电子控制系统。电子控制系统包括

电子控制单元、各类传感器及执行器等。

电子控制单元（ECU）根据传感器检测所得节气门开度、车速、油温等运转参数，以及各种控制开关来的当前状态信号，经运算比较和分析后按设定的程序，向各个执行器发出指令，以操纵阀板总成中各种控制阀的工作，从而最终实现对自动变速器的控制，如图3-19所示。

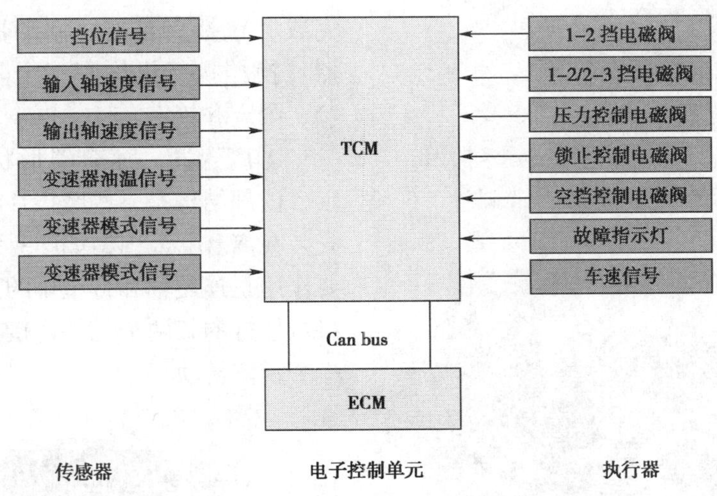

图3-19 电子控制系统

（2）液压控制系统的拆装练习。

①使用工具（12号T形套筒）拆下自动变速器油底壳，如图3-20所示。

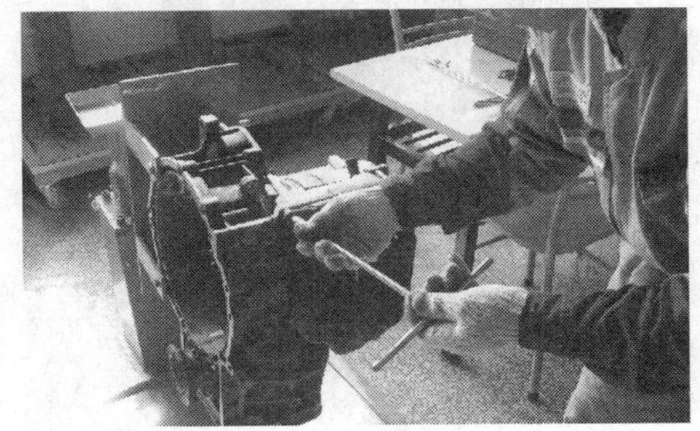

图3-20 拆卸油底壳

②拆卸控制阀体上的电磁阀线束，如图3-21所示。

图3-21 拆卸控制阀体上电磁阀线束

③使用工具（棘轮扳手、接杆和TX40内六角）拆卸控制阀体总成固定螺栓，如图3-22所示。

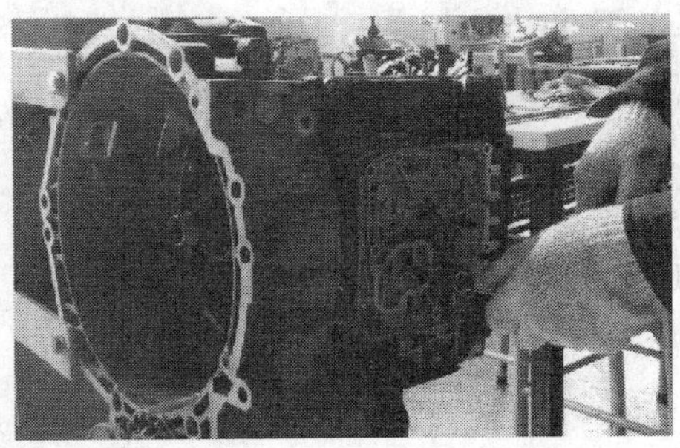

图3-22 拆卸控制阀体总成固定螺栓

④取下控制阀体总成，如图3-23所示。

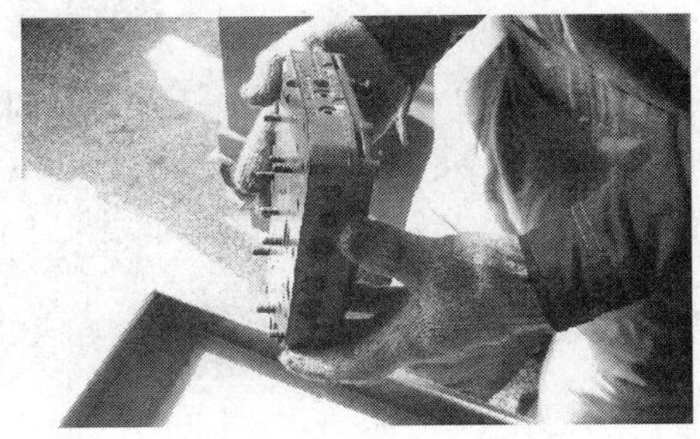

图3-23 取下控制阀体总成

⑤翻转自动变速器，如图3-24所示。

图3-24　翻转自动变速器

⑥使用工具（棘轮扳手、接杆和TX45内六角）拆卸液压油泵固定螺栓，如图3-25所示。

图3-25　拆卸液压油泵固定螺栓

⑦取下液压油泵，如图3-26所示。

图3-26　取下液压油泵

3 换挡执行机构的结构与拆装

（1）换挡执行机构的作用与结构。行星齿轮自动变速器中所有齿轮进行约束来实现的实施约束动作由换挡执行机构来完成，包括离合器、制动器和单向离合器。换挡执行机构有三个基本作用：连接、固定和锁定。

①离合器。离合器形状如图3-27所示，内部结构是一些摩擦片和钢片交替地安装在离合器鼓内，如图3-28所示。其主要作用是连接轴和行星排的某个元件，或将行星排的某两个元件连接在一起，成为一个整体转动。

图3-27　离合器

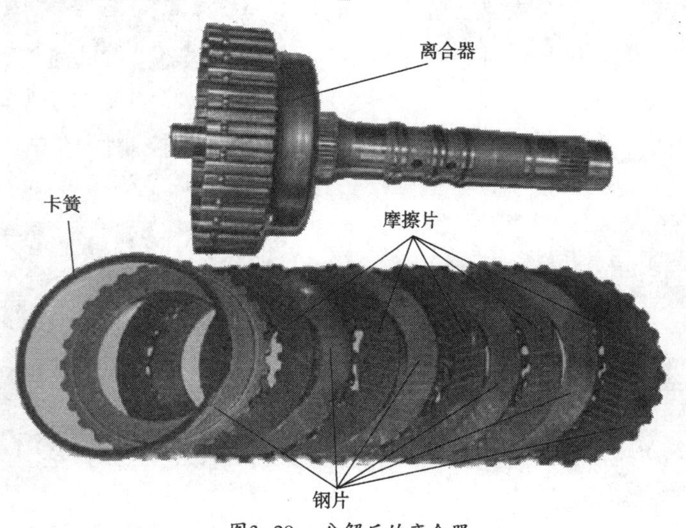

图3-28　分解后的离合器

②制动器。制动器的作用是将行星排中的某一个元件加以固定，使之不能转动，常见型式有湿式多片制动器（图3-29）和带式制动器（图3-30）。

湿式多片制动器内部结构与离合器相同；带式制动器是一种围绕在制动鼓外面可收拢的制动组件。

图3-29　湿式多片制动器

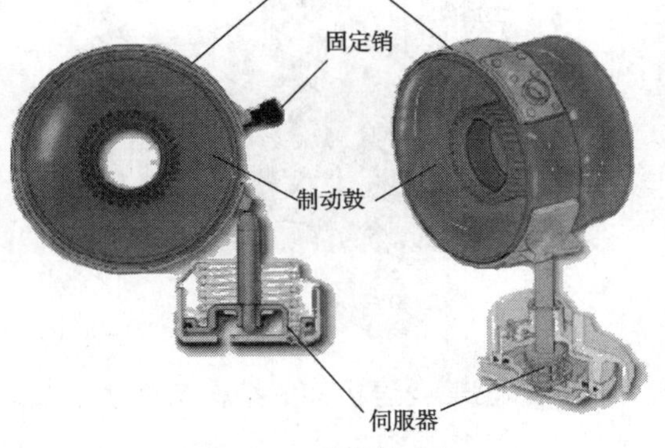

图3-30　带式制动器

③单向离合器。单向离合器是依靠单向锁止原理来发挥固定或连接作用。常见型式有滚柱式（图3-31）和楔块式（图3-32）。

图3-31　滚柱式单向离合器

图3-32　楔块式单向离合器

（2）换挡执行机构的拆装练习。

①从自动变速器壳体内拆下换挡执行机构总成，如图3-33所示。换挡执行机构总成结构，如图3-34所示。

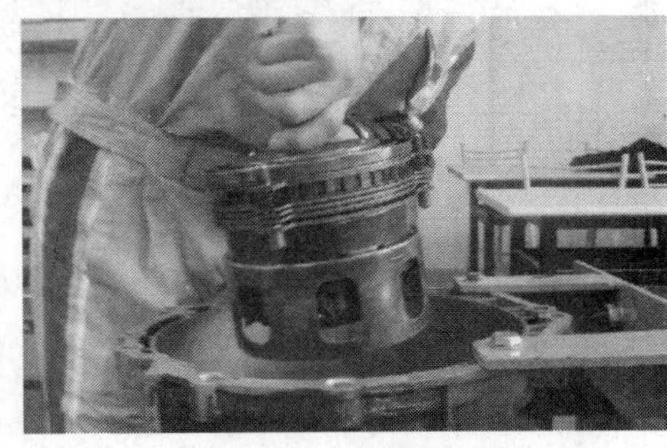

图3-33　拆下换挡执行机构总成

图3-34　换挡执行机构总成结构

②分解2-4挡制动器，如图3-35所示。

图3-35　分解2-4挡制动器

观察湿式多片制动器的结构组成。

③分解3-2-3挡离合器，如图3-36所示；分解后的离合器结构，如图3-37所示。

观察离合器的结构组成。

图3-36 分解3-2-3挡离合器

图3-37 分解后的离合器结构

④翻转自动变速器。

⑤使用工具（12号T形套筒）拆卸自动变速器后端盖，如图3-38所示。

图3-38 拆卸自动变速器后端盖

⑥使用工具（棘轮扳手、接杆和13号套筒）拆卸第二轴固定螺栓，如图3-39所示。

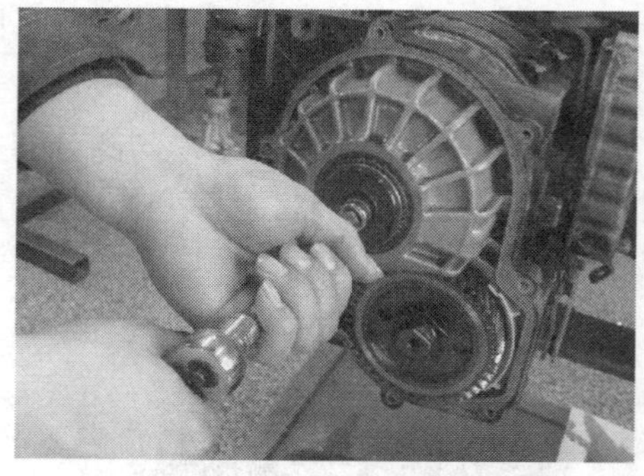

图3-39 拆卸第二轴固定螺栓

⑦翻转自动变速器。

⑧拆卸单向离合器，如图3-40所示。

图3-40 拆卸单向离合器

4 齿轮变速机构的结构与拆装

（1）齿轮变速机构的结构。目前绝大部分自动变速器都采用行星齿轮机构进行变速。按照结构不同可分为单排单级行星齿轮机构（图3-41）和单排双级行星齿轮机构（图3-42）。

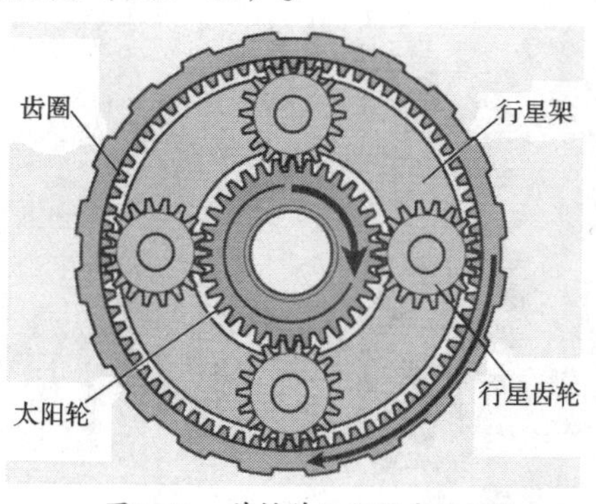

图3-41 单排单级行星齿轮机构

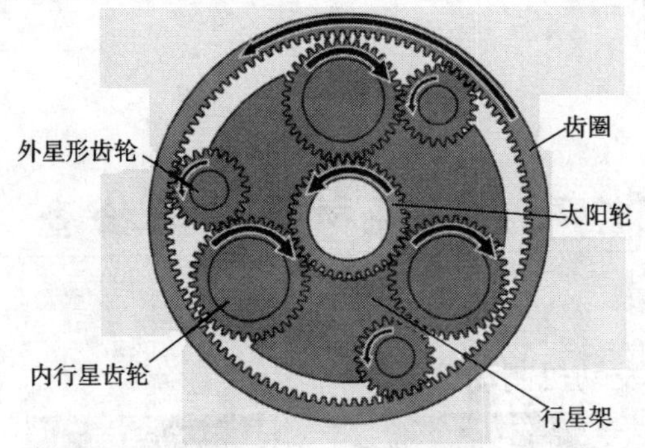

图3-42　单排双级行星齿轮机构

（2）齿轮变速机构的拆装练习。

拆卸行星齿轮机构，如图3-43所示。

注意

观察行星齿轮机构的结构组成。

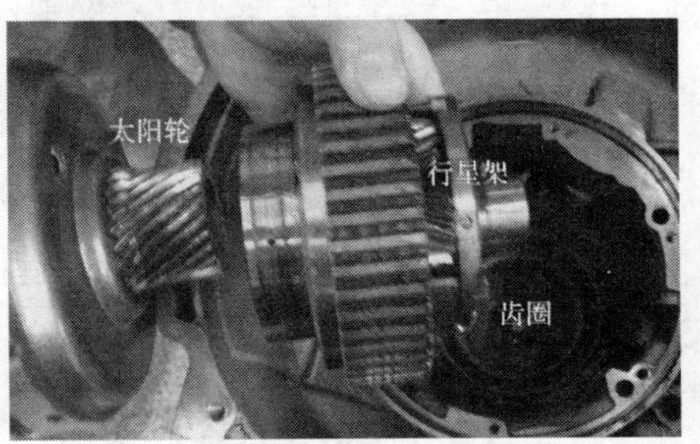

图3-43　拆卸行星齿轮机构

任务2 变速杆及空挡起动开关的检查

一 电控液力自动变速器挡位及挡位开关

1 电控液力自动变速器挡位

电控液力自动变速器的变速杆通常有4～7个位置，如图3-44所示。

P位：停车位；

R位：倒挡位；

N位：空挡位；

（3-D）位：前进挡位；

2（S或称为闭锁挡位）位：中速发动机制动挡；

L位（1位或称为闭锁挡位）：低速发动机制动挡。

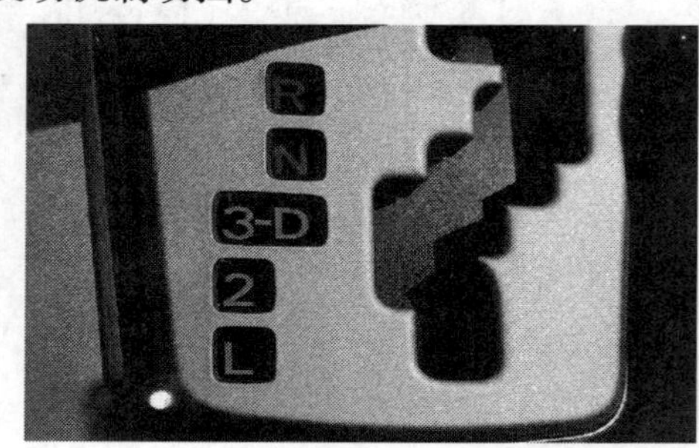

图3-44　电控液力自动变速器挡位（卡罗拉 1.6 GL AT）

2 挡位开关

挡位开关位于自动变速器壳体外部（图3-45），其形状如图3-46所示。

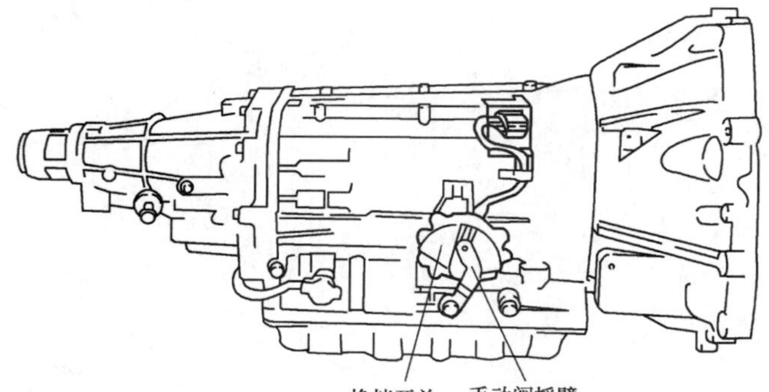

图3-45　挡位开关安装位置

图3-46　挡位开关

在挡位开关内部有启动控制电路、倒挡灯控制电路和挡位位置电路，如图3–47所示。具有以下功能：

（1）向电控单元发送变速杆位置信号，控制变速器进行自动换挡。

（2）当变速杆不在“P”挡或“N”挡位置时，防止发动机起动。

（3）给组合仪表内的挡位指示器发送挡位信号。

（4）选择倒挡时，打开倒车灯。

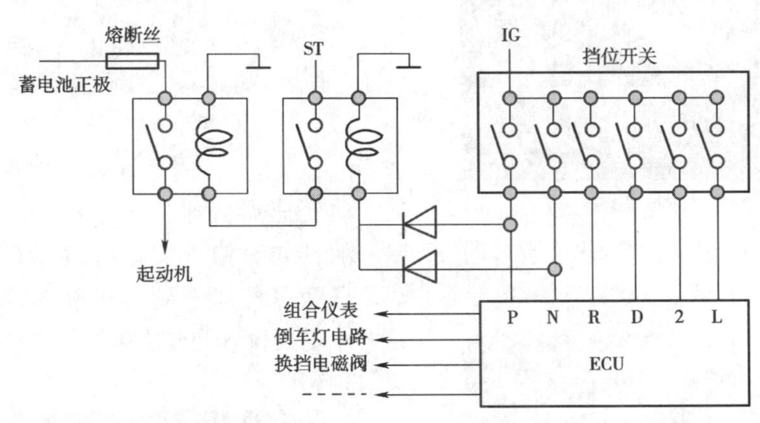

图3–47 挡位开关电路图

二 变速杆及空挡起动开关的检查

1 准备工作

（1）给车辆同一轴车轮安装车轮挡块，可以是前轮或后轮，如图3–48所示。

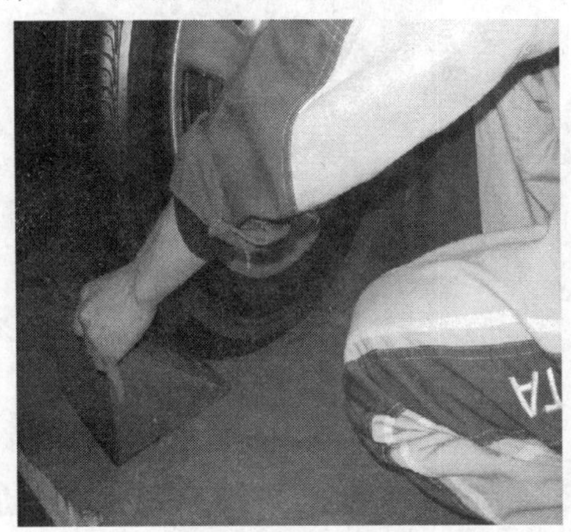

图3–48 安装车轮挡块

（2）安装车内4件套（图3–49）：变速杆套、转向盘套、座椅套、地板垫。

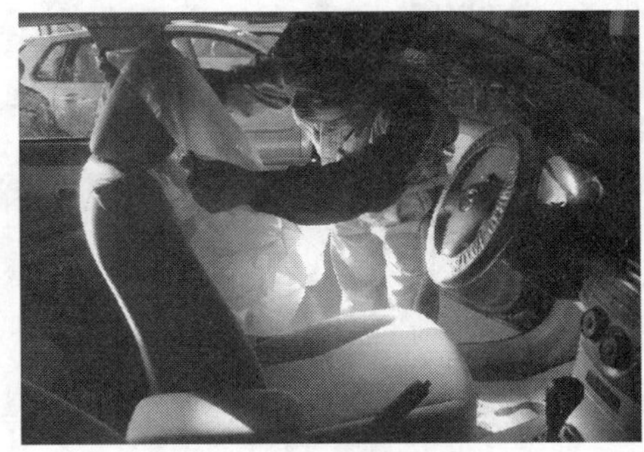

图3–49 安装车内4件套

2 自动变速器变速杆位置检查

（1）拉起驻车制动器操作手柄，如图3–50所示。

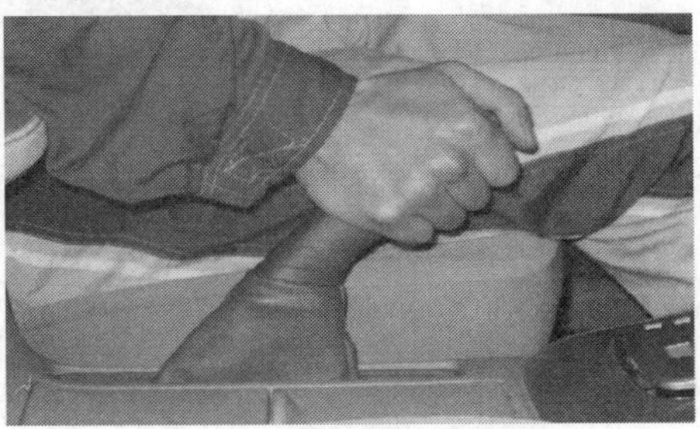

图3–50 拉起驻车制动杠杆

（2）踩下制动踏板，如图3-51所示。

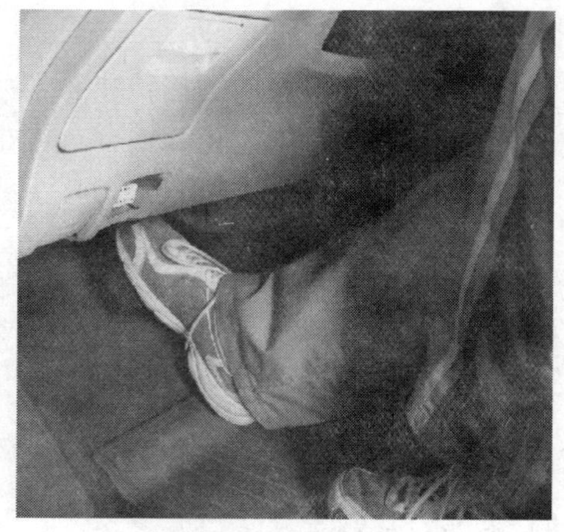

图3-51　踩下制动踏板

（3）打开点火开关，但无须起动发动机，如图3-52所示。

图3-52　打开点火开关

（4）使自动变速器变速杆置于P位，如图3-53所示；同时检查变速杆拨动是否平顺，检查变速杆能否到达正确的位置和定位；并观察仪表台P挡指示灯是否正常，如图3-54所示。

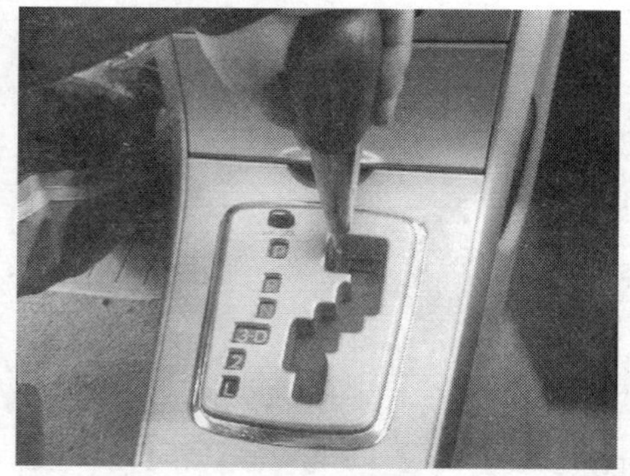

图3-53　变速杆置于P位

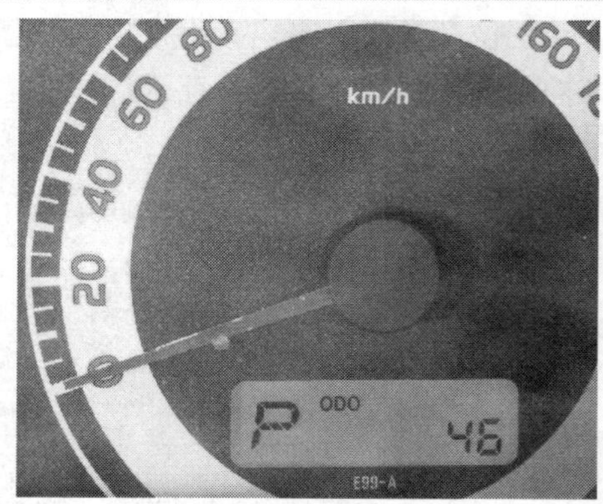

图3-54　观察P挡指示灯

（5）使用变速杆上的倒挡锁，使自动变速器变速杆置于R位，如图3-55所示；同时检查变速杆拨动是否平顺，检查变速杆能否到达正确的位置和定位；并观察仪表台R挡指示灯是否正常，如图3-56所示。

图3-55　变速杆置于R位

图3-56　观察R挡指示灯

（6）使自动变速器变速杆置于N位，如图3-57所示；同时检查变速杆拨动是否平顺，检查变速杆能否到达正确的位置和定位；并观察仪表台N挡指示灯是否正常，如图3-58所示。

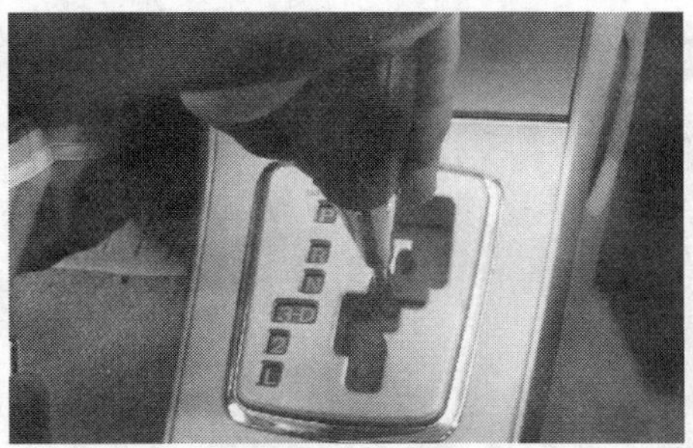

图3-57　变速杆置于N位

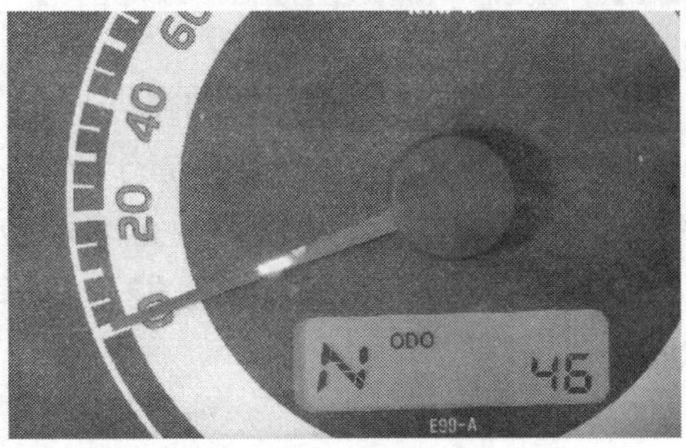

图3-58　观察N挡指示灯

（7）使自动变速器变速杆置于3-D位，如图3-59所示；同时检查变速杆拨动是否平顺，检查变速杆能否到达正确的位置和定位；并观察仪表台D挡指示灯是否正常，如图3-60所示。

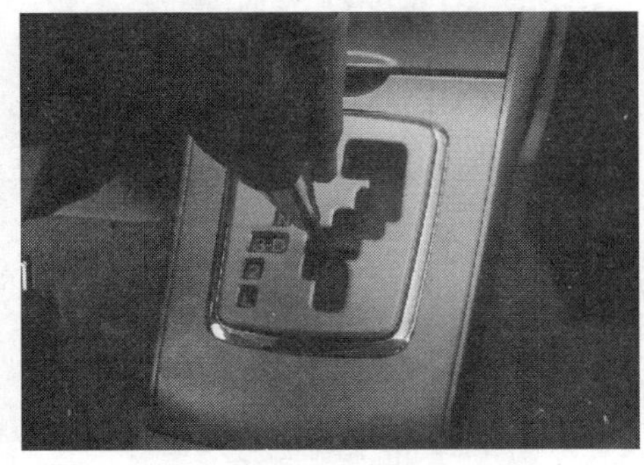

图3-59　变速杆置于3-D位

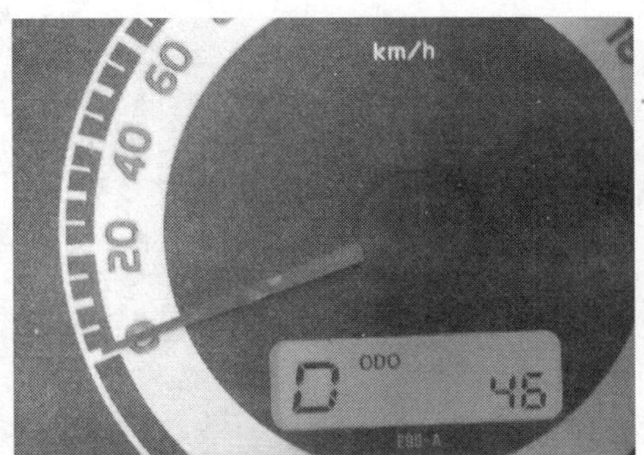

图3-60　观察D挡指示灯

（8）使自动变速器变速杆置于2位，如图3-61所示；同时检查变速杆拨动是否平顺，检查变速杆能否到达正确的位置和定位；并观察仪表台2挡指示灯是否正常，如图3-62所示。

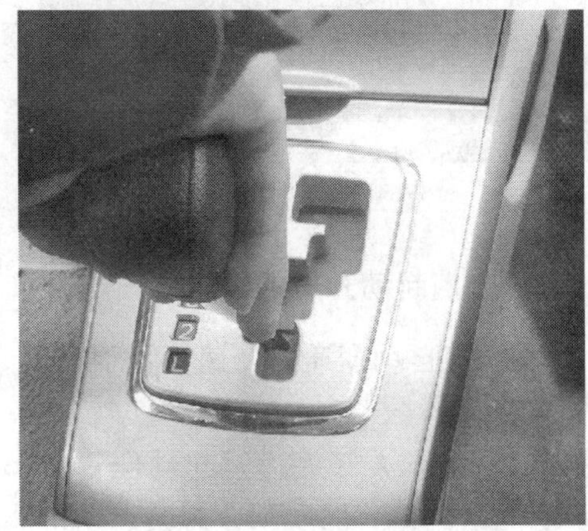

图3-61　变速杆置于2位

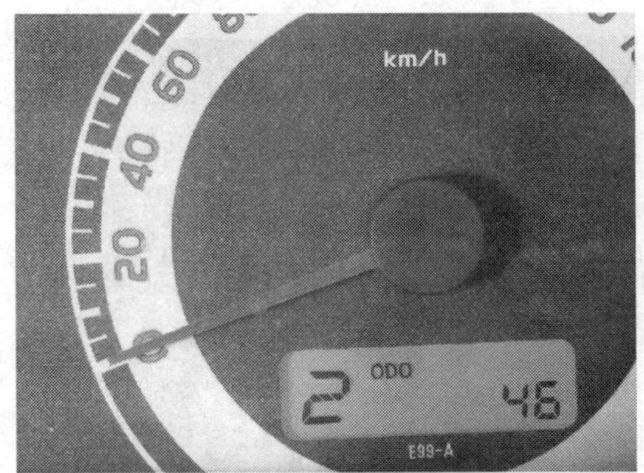

图3-62　观察2挡指示灯

（9）使自动变速器变速杆置于L位，如图3-63所示；同时检查变速杆拨动是否平顺，检查变速杆能否到达正确的位置和定位；并观察仪表台L挡指示灯是否正常，如图3-64所示。

图3-63　变速杆置于L位

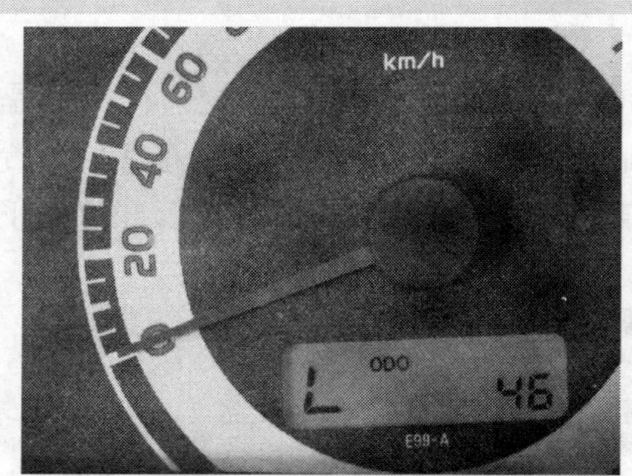

图3-64 观察L挡指示灯

3 空挡起动开关的检查

（1）使自动变速器变速杆置于P位，如图3-53所示。

（2）将点火开关拨至起动位置，起动发动机，如图3-65所示；观察发动机能否正常起动，如图3-66所示。

图3-65 起动发动机

图3-66 观察发动机能否正常起动

（3）关闭点火开关，发动机熄火。

（4）使自动变速器变速杆置于N位，如图3-57所示；将点火开关拨至起动位置，起动发动机；观察发动机能否正常起动。

（5）关闭点火开关，发动机熄火。

（6）使自动变速器变速杆分别置于R、3-D、2、L位，将点火开关拨至起动位置，起动发动机；发动机应无法正常起动。

4 清洁、整理工作

清洁车身内部。

任务3 自动变速器油液的检查

一 自动变速器油（ATF）

1 自动变速器油（ATF）的作用

自动变速器油（ATF）是自动变速器中不可缺少的液体，具体作用见表3-1。

自动变速器油的作用　　表3-1

自动变速器油作用	三大作用	液力传动介质
		自动控制液压油
		润滑运动部件
	三小作用	冷却工作零部件
		清洁摩擦副
		密封配合副

未使用的自动变速器油颜色呈红色，如图3-67所示。

图3-67　自动变速器油的颜色

2 自动变速器油（ATF）的使用

（1）使用原厂规定或推荐的自动变速器油（ATF）。自动变速器油由于来源不同，大致可分为石油基自动变速器油和合成自动变速器油两大类型，详细分类见表3-2。

自动变速器油的类型　　表3-2

ATF来源	汽车公司	具体厂商	具体品牌	添加剂成分
石油基ATF	美国汽车公司	通用	DEXRON®	含有摩擦改良剂
		福特	MERCON®	
			F型	不含有摩擦改良剂
合成ATF	欧洲、日本汽车公司	—	—	—

同样为石油基自动变速器油，不同品牌的产品含有不同的添加剂，导致其性能和使用范围有较大差别。如选用不当，极易造成严重后果，见表3-3。

如何选用自动变速器油　　表3-3

添加剂成分	具体品牌	对应自动变速器的结构特点	用错ATF的后果
含有摩擦改良剂	DEXRON®	离合器、制动器摩擦片数量较多；制动带尺寸较大	换挡冲击大；零部件工作载荷加大，易造成损坏
	MERCON®		
不含有摩擦改良剂	F型	离合器、制动器摩擦片数量较少；制动带尺寸较小	车辆上坡工况，易造成离合器、制动器摩擦材料磨损加剧，使用寿命大幅下降

因此，必须在车辆的使用和维修过程中，加注车辆原厂家规定或推荐的自动变速器油。否则，不仅可能使自动变速器的性能下降或原本可以避免的故障发生，甚至可能造成严重的后果。

（2）保证正确的自动变速器油液面的高度（图3-68）。自动变速器油液面高度均有明确的规定：当自动变速器内部的液力变矩器、各处油道和油缸均充满油液后，变速器油底壳中的油面高度不应高于行星齿轮变速器旋转零部件的最低位置，同时又必须高出阀体与变速器壳体安装的接合面，如图3-69所示。

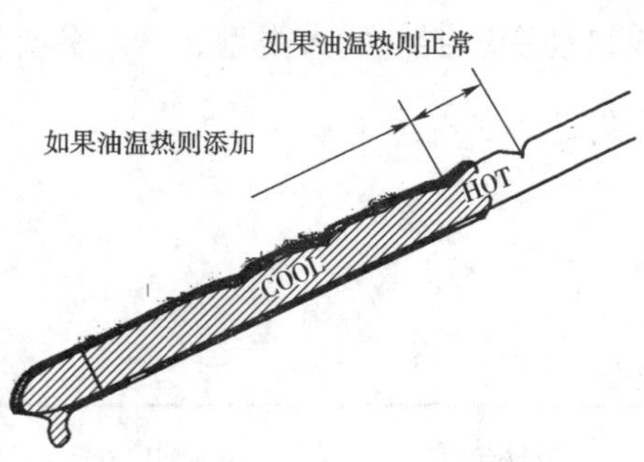

图3-68　正确的自动变速器油液面高度

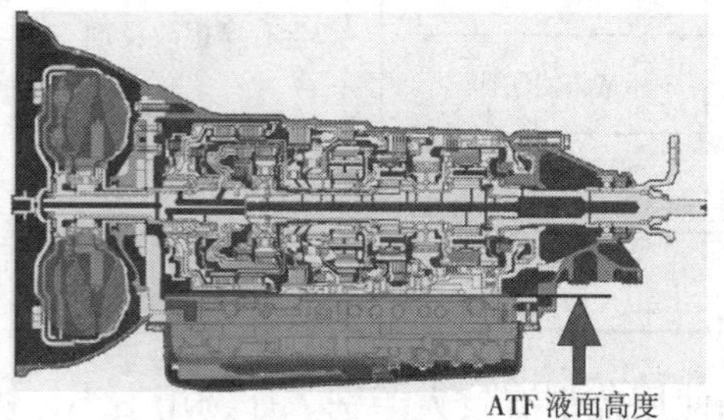

图3-69　自动变速器油液面高度的规定

这样做的目的是防止自动变速器工作时，其内部的旋转零部件产生强烈的搅油作用，使大量的气泡进入油液，加速油液的氧化失效；同时又防止含有大量气泡的油液被吸入，影响系统的正常工作。

（3）遵循原厂规定的换油期限。自动变速器油的使用具有一定周期，超周期使用自动变速器油，会造成以下伤害：

①油泥积炭会形成颗粒，加速摩擦片及部件的磨损，降低使用寿命，严重的还会堵塞滤网。

②油泥积炭会使阀体油管不畅，影响动力传递，从而导致提速慢或失速，严重时会引起烧片。

③脏油会使密封胶圈过早老化，使各缸卸油油压受影响，也会造成提速慢、失速等故障，严重者使各摩擦片打滑、烧片。

自动变速器油的更换周期是以行驶千米数或使用时间为准，若在车辆使用手册中同时给出了这两个指标，则哪一项指标先到就先执行。如果车辆使用手册未标明自动变速器的换油时间，则按照6～8万km的里程来更换。

二　自动变速器油的检查

1　自动变速器油液面高度的检查

（1）准备工作。

①给车辆同一轴车轮安装车轮挡块，可以是前轮或后轮，如图3-48所示。

②安装车内4件套（图3-49）：变速杆套、转向盘套、座椅套和地板垫。

③拉起驻车制动杆，如图3-50所示。

④踩下制动踏板，如图3-51所示。

⑤使自动变速器变速杆置于P位，如图3-53所示。

⑥起动发动机，如图3-65所示。

⑦等待2～3s后，将变速杆置于R位，如图3-55所示。

⑧等待2～3s后，将变速杆置于N位，如图3-57所示。

⑨等待2～3s后，将变速杆置于3-D位，如图3-59所示。

⑩等待2～3s后，将变速杆置于2位，如图3-61所示。

⑪等待2～3s后，将变速杆置于L位，如图3-63所示。

⑫等待2～3s后，重新将变速杆置于P位。

操作步骤⑥～⑫的目的，就是让自动变速器油液达到正常的工作温度（80～100℃）。

（2）检查自动变速器油液面高度。

①打开发动机罩，并正确支撑，如图3-70所示。

图3-70　打开发动机罩

②安装前格栅布，如图3-71所示。

图3-71　安装前格栅布

③拔出自动变速器油标尺，并用干净抹布将其擦拭干净，如图3-72所示。

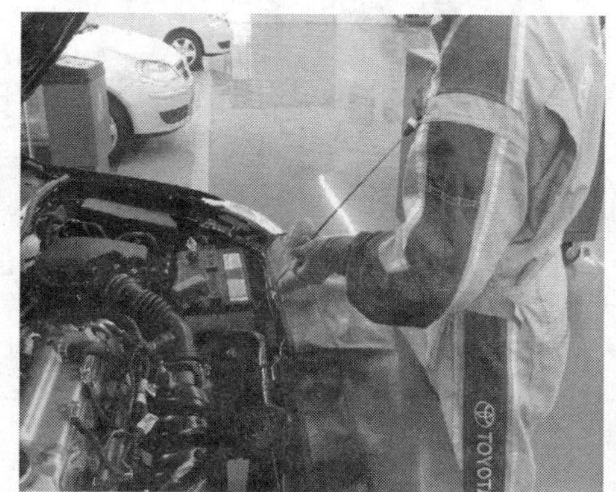

图3-72　将油标尺擦拭干净

④将自动变速器油标尺完全插入标尺管中（图3-73），再次拔出油标尺。

图3-73　油标尺完全插入标尺管中

⑤观察油标尺上自动变速器油液面高度是否在HOT范围内，如图3-74和图3-75所示。

注意

检查ATF液面高度时，油标尺的倾斜角度与插在标尺管内时大致相同。

如果液位低于HOT范围，加注新机油并重新检查液位。否则，可能造成离合器、制动器打滑，加速性能变坏和润滑不良。

如果液位超过HOT范围，排放油一次，添加适量的新机油并重新检查液位。否则，可能造成自动变速器油溢出，控制阀体排油也受阻碍，排油不畅，影响制动器和离合器的分离。

图3-74　观察油标尺上ATF液面高度

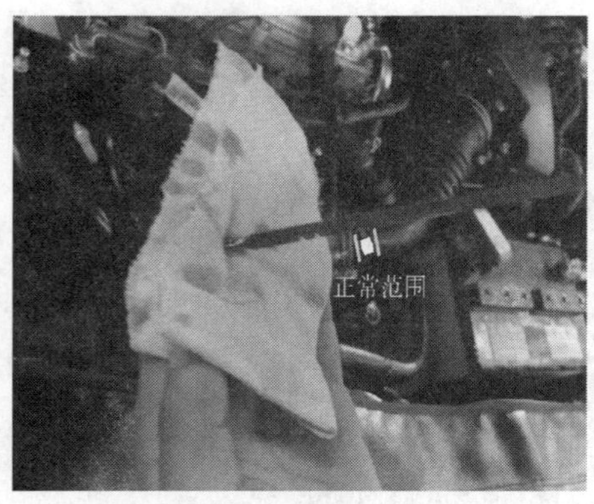

图3-75　油标尺上ATF液面的正常范围

⑥将自动变速器油标尺插入标尺管。

⑦发动机熄火。

2 自动变速器油质的检查

（1）取出一张白纸，平放在手心，白纸与手心之间放置一块干净抹布，如图3-76所示。

图3-76　准备好抹布与白纸

（2）再次拉出自动变速器油标尺，将油标尺上的自动变速器油沾白纸中心位置，如图3-77所示。

图3-77　将自动变速器油沾白纸中心位置

（3）再将自动变速器油标尺完全推回到标尺管中。

（4）自动变速器油质的检查-1：观察自动变速器油的颜色，如图3-78所示。

图3-78　观察自动变速器油的颜色

（5）自动变速器油质的检查-2：闻自动变速器油的气味，如图3-79所示。

图3-79　闻自动变速器油的气味

（6）自动变速器油质的检查-3：观察白纸上自动变速器油形成的油斑中心区域（沉积环）内的污染物情况，如图3-80所示。

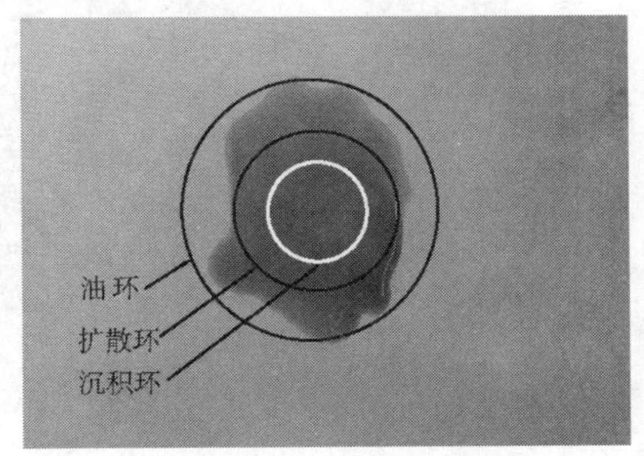

图3-80　观察沉积环内的污染物

自动变速器油油质检查分析的方法见表3-4。

自动变速器油质分析表　　表3-4

油液状态	正常情况下		污染情况下	
颜色	红色	浅棕色	不清澈	深棕色
气味	无异味	少量异味	焦糊味	焦糊味
污染物	无	轻微污染物	污染物和小颗粒	金属或烧损的离合器颗粒
是否需要更换	无须更换	尚可使用	更换	必须更换或维修

（7）根据自动变速器油的颜色、气味、污染物的3项检查结果，确定该车自动变速器油是否需要更换。

3 整理作业工位

（1）收回前格栅布，关闭发动机罩。

（2）取下车内4件套：变速杆套、转向盘套、座椅套和地板垫。

（3）拔下点火钥匙，关闭车门。

（4）垃圾分类。

（5）清洁、整理工具车和工作台，如图3-81所示。

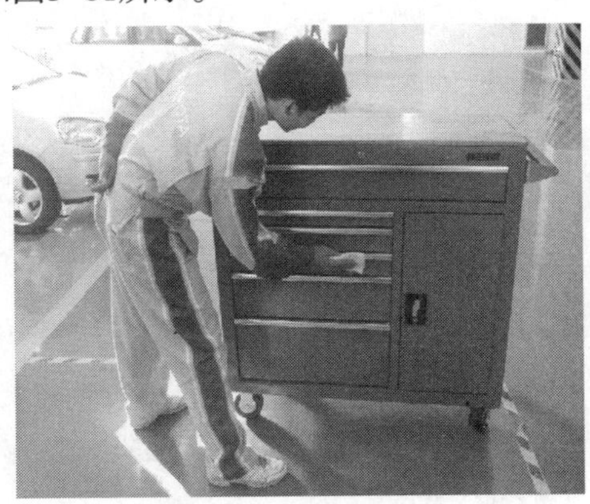

图3-81　清洁、整理工具车和工作台

（6）清洁车辆和场地，如图3-82和图3-83所示。

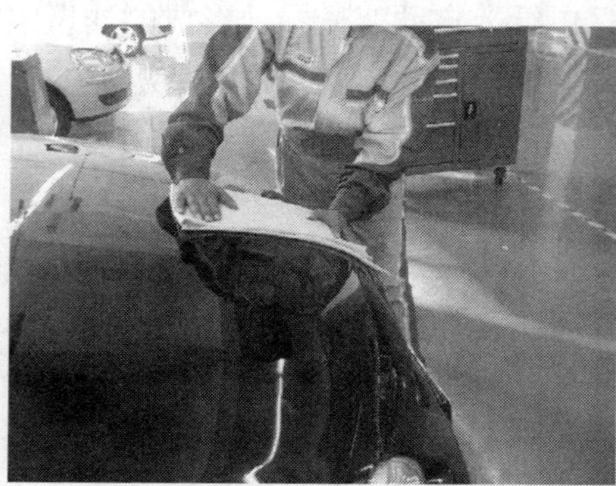

图3-82　清洁车辆

图3-83　清洁场地

项目四

盘式制动器的拆装与检查

知识点

盘式制动器的主要部件与工作原理。

技能点

1.盘式制动器的检查；
2.盘式制动器的更换。

参考学时及教学组织安排

本项目总学时为6学时，其中：理论教学为1学时，示范为1学时，学生练习为4学时。

理论教学采用多媒体辅助教学，并结合实物讲解，使学生掌握盘式制动器的主要部件与工作原理。

实践教学采用项目教学法，根据实训设备的台套数，学生分组进行盘式制动器的检查和盘式制动器的更换项目教学。教师讲解并示范操作步骤和注意事项，适时下达操作指令，并进行工位间巡视、检查、指导和纠正错误。

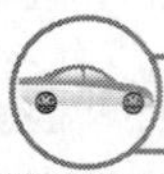

项目实施所需设备、器材

整车或者台架

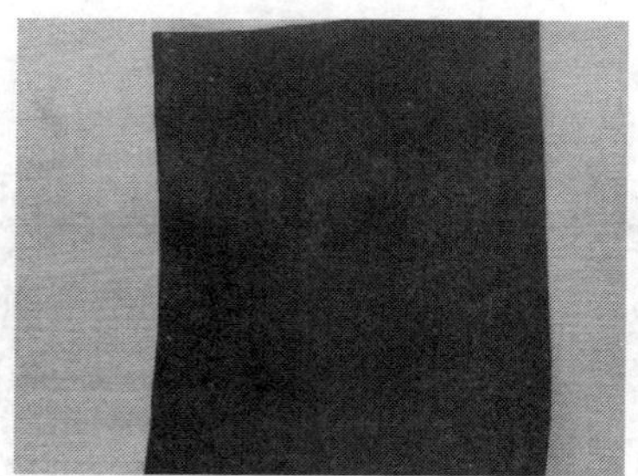

世达工具一套

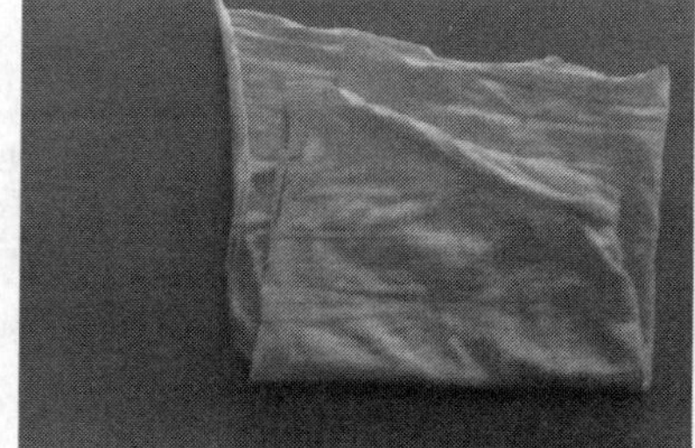

抹布

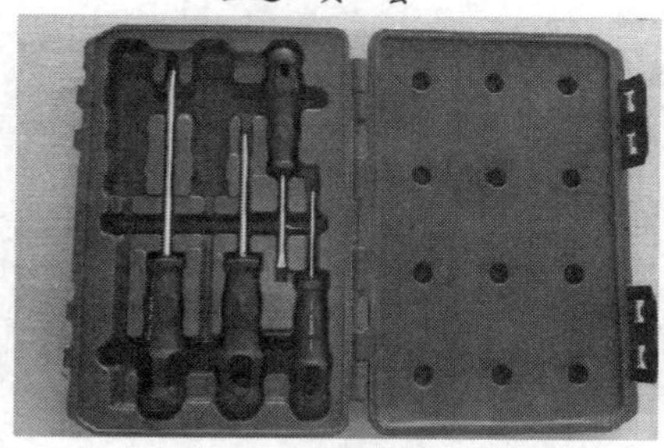

一字螺丝刀

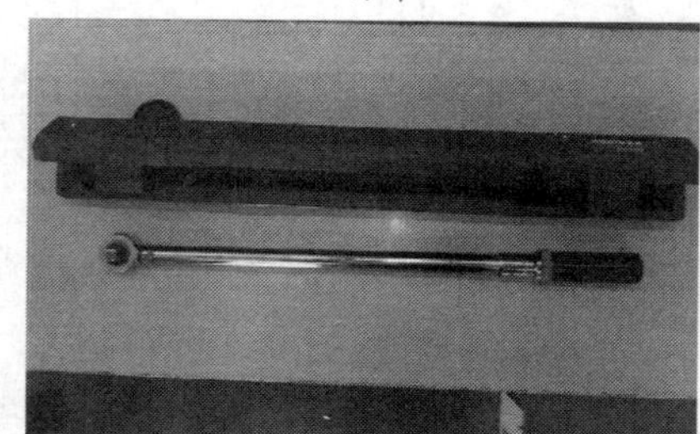

扭力扳手

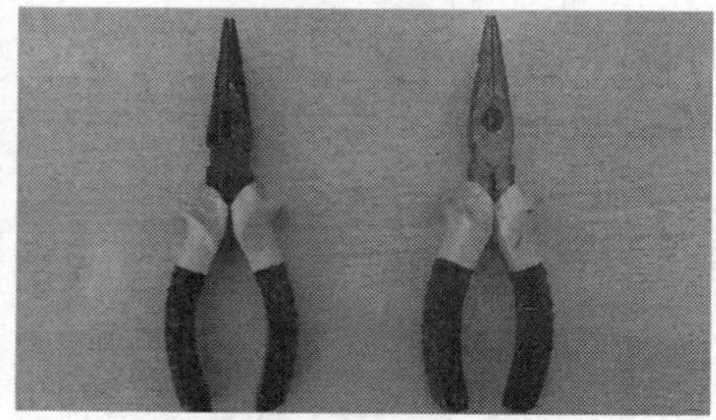

尖嘴钳

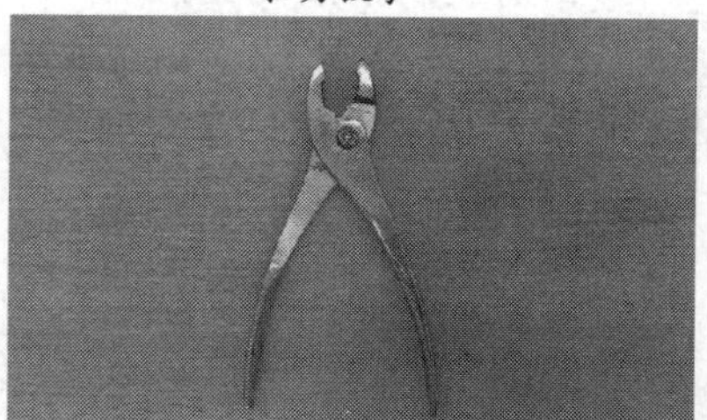

鲤鱼钳

润滑脂

气动扳手及套筒

任务 1 盘式制动器的认知

一 车轮制动器的功用

车轮制动器的功用是将气压或液压转变为制动器制动力，以迫使车轮停转，从而使路面对车轮产生一个与汽车行驶方向相反的汽车制动力，在该力作用下，使汽车迅速减速、维持一定的车速或停车。

二 盘式制动器

1 盘式制动器的分类

根据其固定元件的结构形式盘式制动器可分为钳盘式制动器和全盘式制动器。

钳盘式制动器目前运用在各级小客车及轻型货车上；全盘式制动器只用于重型货车上。

钳盘式制动器又可分为定钳盘式制动器（图4-1）和浮钳盘式制动器（图4-2）。

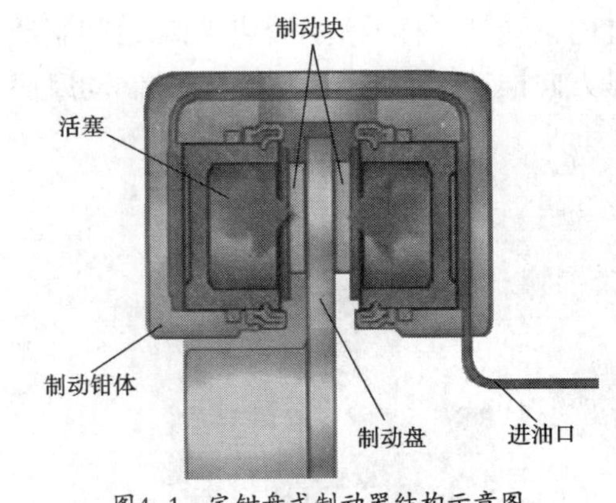

图4-1 定钳盘式制动器结构示意图

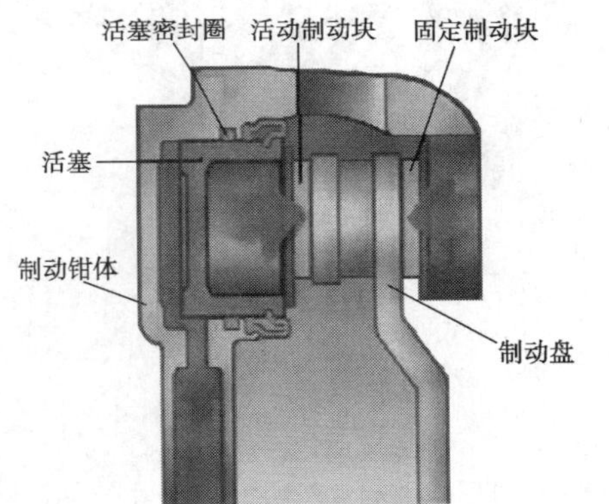

图4-2 浮钳盘式制动器结构示意图

2 浮钳盘式制动器的构造

浮钳盘式制动器主要由制动盘、内外摩擦衬块、制动钳壳体、制动钳支架、前制动轮缸活塞及弹簧等组成，结构如图4-3所示。

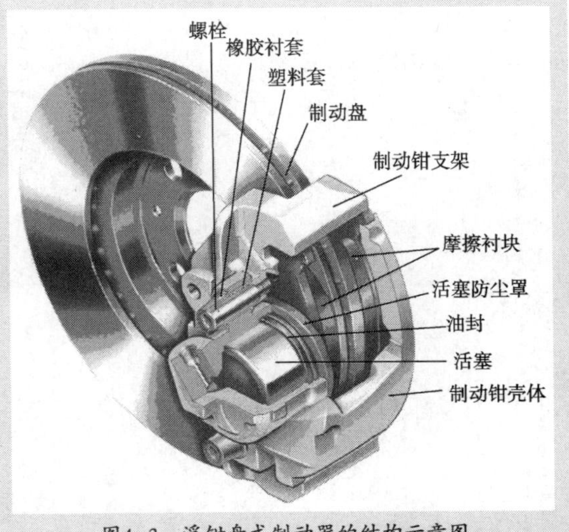

图4-3 浮钳盘式制动器的结构示意图

③ 浮钳盘式制动器的工作原理

（1）浮钳盘式制动器工作时（图4-4）：踩下制动踏板，液压作用于制动轮缸时，制动轮缸内活塞移动，把制动钳内的摩擦衬块压向制动盘，同时，制动轮缸内也受到同样的液压，把制动钳朝制动盘方向推动，而位于相反一侧的制动摩擦衬块也压向制动盘，产生制动力，迫使制动盘停止转动。

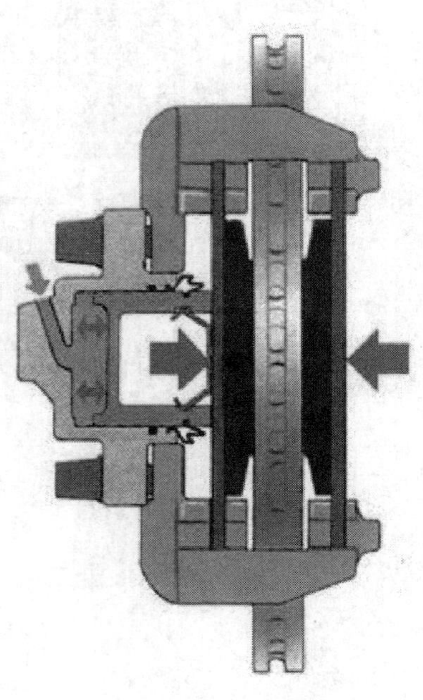

图4-4　浮钳盘式制动器工作时

（2）浮钳盘式制动器不工作时（图4-5）：放松制动踏板，制动轮缸内的液压消失，使原被推压在活塞上而产生变形的橡胶圈恢复原状，把活塞推回原位，使制动摩擦衬块与制动盘之间保持原有的间隙。

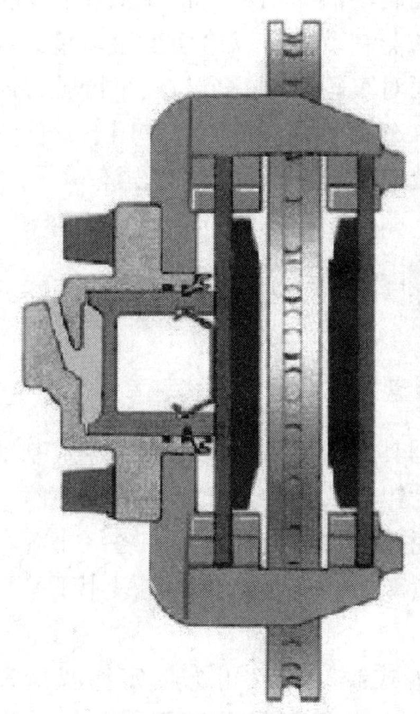

图4-5　浮钳盘式制动器不工作时

任务2 盘式制动器的拆装与检查

（1）车辆进入工位前，学生将工位卫生清理干净，排除障碍物，准备好相关的工具、物品和耗材等。

（2）将车辆停放在举升机的中央位置，1号拉紧驻车制动装置，并将变速器置于空档，3号分别将转向盘套、变速杆套、座椅套、地板垫递给1号进行安装和铺设。

（3）3号将一字螺丝刀递给1号，1号将车轮装饰罩拆下，并将车轮装饰罩和一字螺丝刀递给3号放好。

（4）3号将气动扳手或车轮专用套筒递给1号，2号辅助1号，1号拆卸前注意气动板手的旋转方向，拆卸时一只手握紧气动板手，另一只手护在要拆卸的螺母周围，防止螺母掉落。3号取下车轮，放在车轮专用车或架子上。拆卸车轮如图4-6所示。

图4-6 拆卸车轮

如在整车上学习，从步骤1开始；如在台架上实习，从步骤5开始。

（5）1号拆下制动蹄上、下防振弹簧（保持弹簧），并递给3号放好。

（6）3号递给1号7号专用接头和棘轮扳手，如图4-7所示；1号用工具拆下制动轮缸定位螺栓，如图4-8所示；2号取下制动钳轮缸，并挂好。

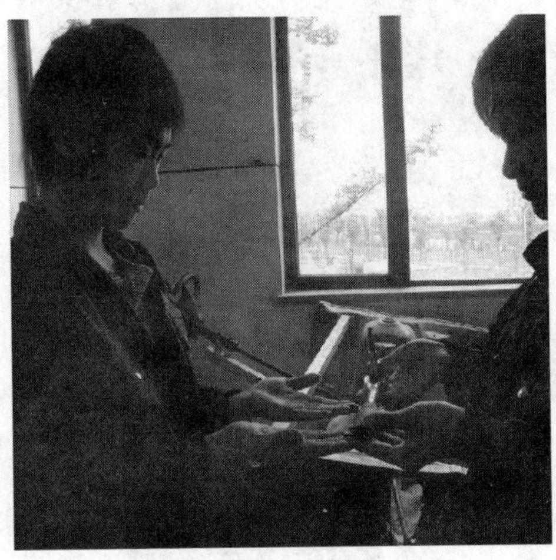

图4-7 专用接头和棘轮扳手

图4-8 拆下制动轮缸定位螺栓

（7）1号从支架上拆下两个制动蹄，注意作好记号，并递给3号放好。

（8）1号把制动钳活塞压回到制动钳壳体内。在压回活塞之前，2号应先将储液罐中的制动液抽出一部分，以免活塞回压时，引起制动液外溢，损坏车身油漆或者用撬具插入制动蹄与制动盘的缝隙中，撬动制动蹄，使之离开制动盘，（图4-9）。

（9）3号递给1号套筒、专用接头和棘轮扳手，1号拆下制动钳固定支架（图4-10）以及制动盘与轮毂的连接螺栓，取下制动钳固定支架和制动盘并递给3号放好。

图4-9 加大制动间隙

图4-10 拆卸制动钳固定支架连接螺栓

（10）检查制动盘外观是否有裂纹和不平现象（端面圆跳动不超过0.06mm，制动盘正常厚度为20mm，厚度极限为17.8mm）；检查摩擦片厚度（如厚度小于7mm，必须更换），检查制动活塞和缸筒间隙（如间隙大于0.15mm时必须更换制动钳总成）。

（11）前轮制动器的清洁：4号用抹布清洁所有零件表面，如图4-11和图4-12所示。

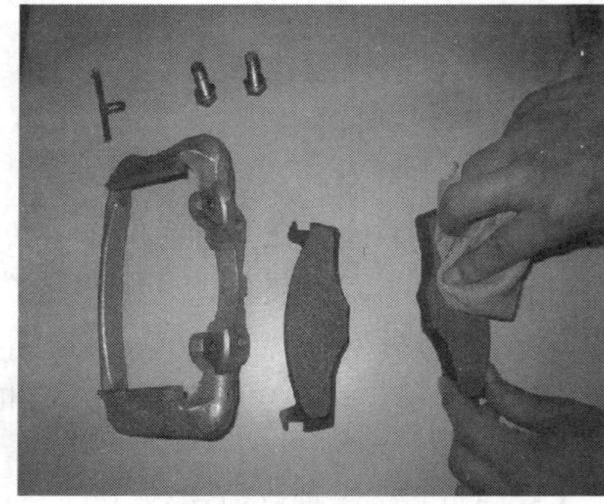

图4-11 清洁制动蹄表面

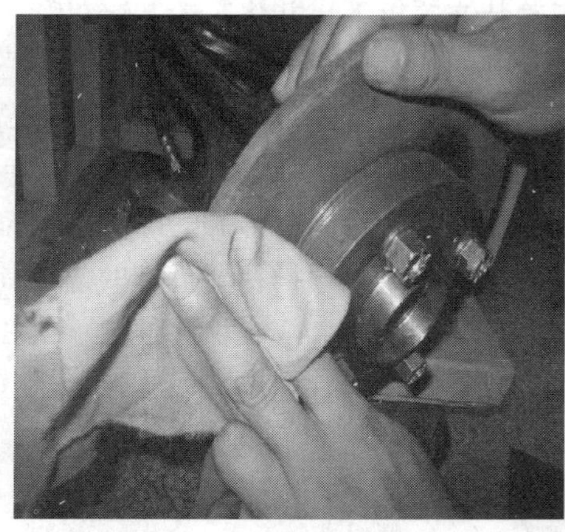

图4-12 清洁制动盘

4号用细砂纸打磨摩擦表面，如图4-13和4-14所示。

图4-13 打磨制动盘

图4-14 打磨制动蹄

（12）各零件如没有损伤（检修可参见相应的内容），按拆卸的相反顺序进行安装。

附：桑塔纳2000制动系统主要螺纹连接件的力矩见表4-1。

制动系统主要螺纹连接件的力矩（N·m） 表4-1

螺纹连接件	力矩	螺纹连接件	力矩
制动钳支架紧固螺栓	70	真空助力器固定螺栓	20
制动钳体定位螺栓	40	后制动轮缸固定螺栓	20
制动底板固定螺栓	60	油管接头螺母	25
真空助力器与主缸连接螺栓	20	轮胎螺母	110
真空助力器支架固定螺栓	15		

项目五

鼓式制动器的拆装与检查

知识点

鼓式制动器的主要部件与工作原理。

技能点

1.鼓式制动器的检查；
2.鼓式制动器的更换。

参考学时及教学组织安排

本项目总学时为6学时，其中：理论教学为1学时，示范为1学时，学生练习为4学时。

理论教学采用多媒体辅助教学，并结合实物讲解，使学生掌握鼓式制动器的主要部件与工作原理。

实践教学采用项目教学法，根据实训设备的台套数，学生分组进行鼓式制动器的检查和鼓式制动器的更换的项目教学。教师讲解并示范操作步骤和注意事项，适时下达操作指令，并进行工位间巡视、检查、指导和纠正错误。

项目实施所需设备、器材

整车或者台架

世达工具一套

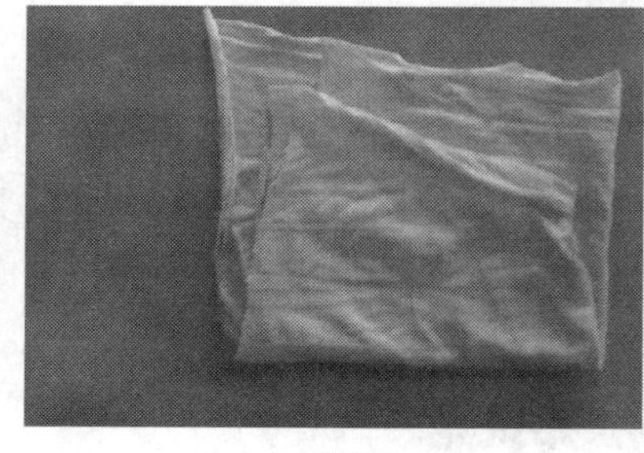

抹布

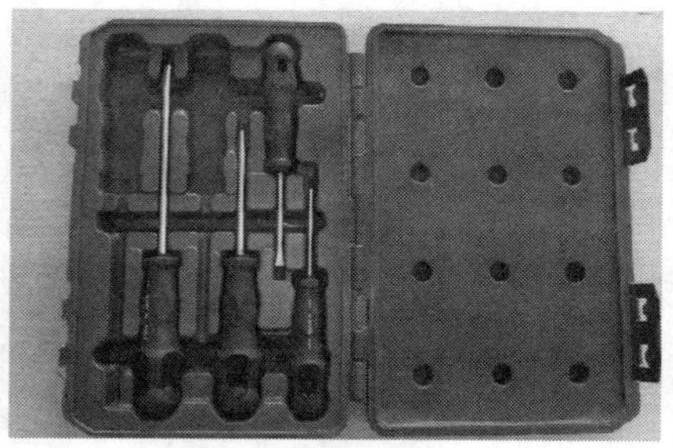

一字螺丝刀

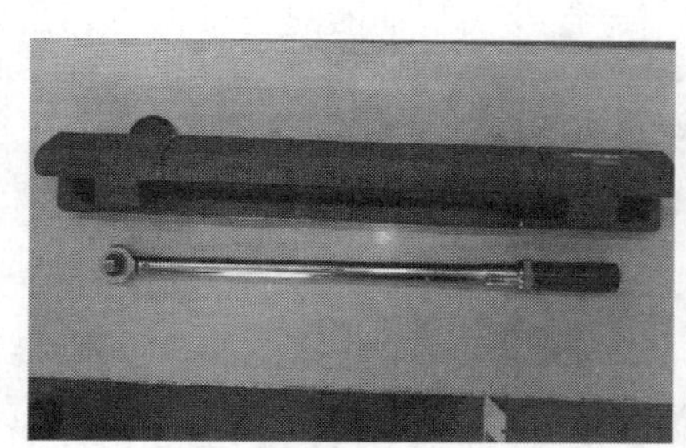

扭力扳手

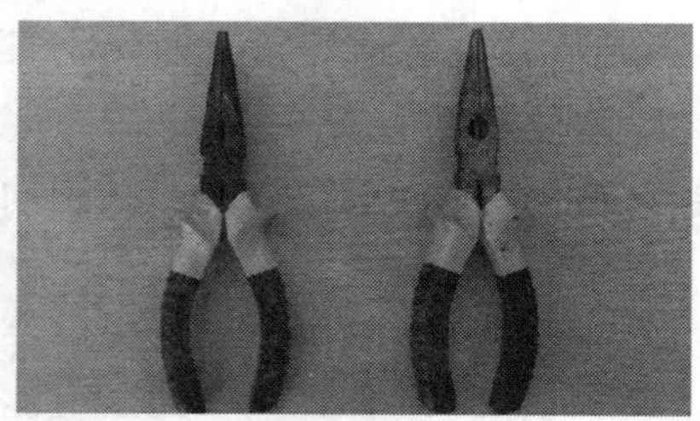

尖嘴钳

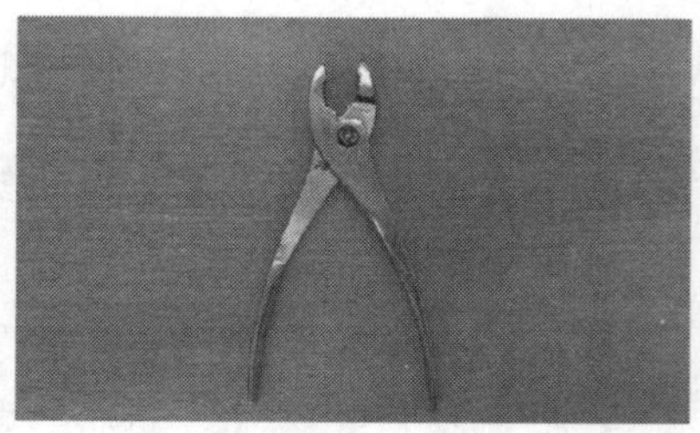

鲤鱼钳

润滑脂

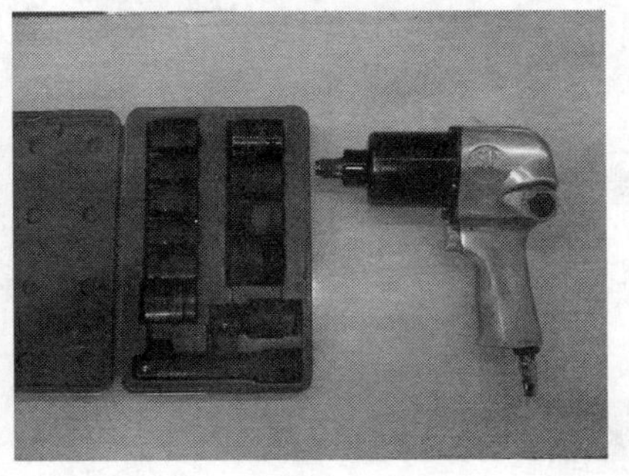

气动扳手及套筒

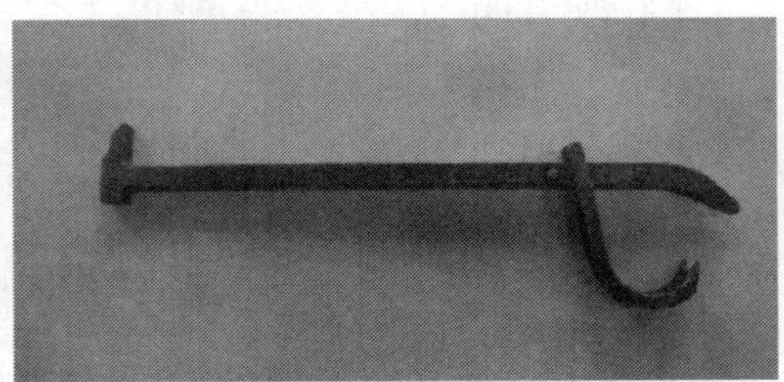

专用工具VW637/2

任务1 鼓式制动器的认知

一 车轮制动器的功用

车轮制动器的功用是将气压或液压转变为制动器制动力，以迫使车轮停转，从而使路面对车轮产生一个与汽车行驶方向相反的汽车制动力，在该力作用下，使汽车迅速减速、维持一定的车速或停车。

二 鼓式制动器

1 鼓式制动器的分类

根据制动蹄促动装置的不同可分为凸轮式制动器（图5-1）和轮缸式制动器（图5-2）。

2 轮缸式制动器的构造

桑塔纳后轮制动器是最典型的轮缸式制动器，因为它是带有驻车制动的轮缸鼓式制动器。该轮缸式制动器一般由制动底板、后制动轮缸、拉力弹簧、制动杆、制动蹄、压杆、楔形块和制动鼓等组成，各零部件如图5-3所示。

图5-1 凸轮式制动器的结构示意图

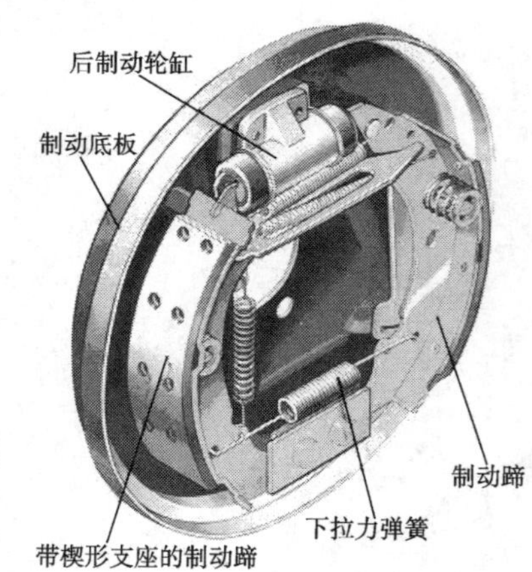

图5-2 轮缸式制动器的结构示意图

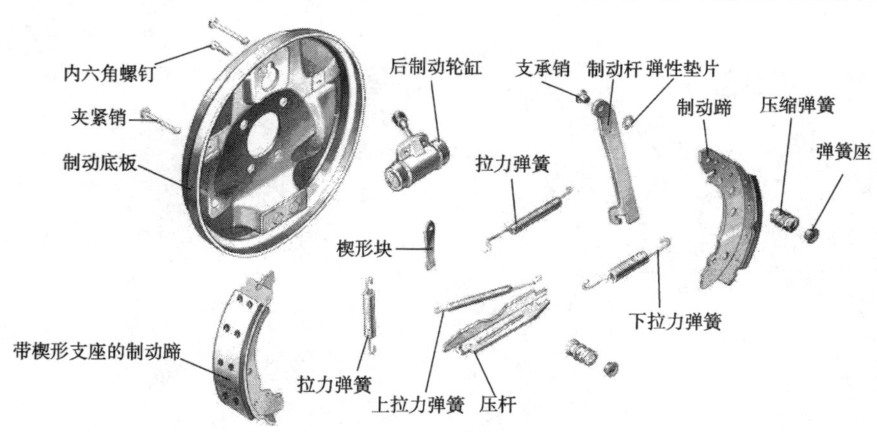

图5-3 桑塔纳后轮制动器分解图

③ 轮缸式制动器的工作原理

（1）轮缸式制动器工作时（图5–4）：踩下制动踏板，液压作用于制动轮缸时，制动轮缸内活塞移动，把制动蹄片推向制动鼓（图中箭头所指），使摩擦衬片压紧旋转的制动鼓产生制动力，使车轮减速或停止转动。

（2）轮缸式制动器不工作时（图5–5）：放松制动踏板，制动轮缸内的液压消失，制动蹄片在拉力弹簧（图中箭头所指）的作用下开始回到原来位置，把活塞推回原位。这样，使制动摩擦衬块与制动鼓之间仍保持原有的间隙。

图5–4　轮缸式制动器工作时

图5–5　轮缸式制动器不工作时

任务2 鼓式制动器的拆装与检查

一 鼓式制动器的拆装与检查（以桑塔纳2000为例）

（1）车辆进入工位前，学生将工位卫生清理干净，排除障碍物，准备好相关的工具、物品和耗材等。

（2）将车辆停放在举升机的中央位置，1号拉紧驻车制动装置，并将变速器置于空档，3号分别将转向盘套、变速杆套、座椅套、地板垫递给1号进行安装和铺设。

（3）3号将一字螺丝刀递给1号，1号将车轮装饰罩拆下，并将车轮装饰罩和一字螺丝刀递给3号放好。

（4）3号将气动扳手（俗称风炮）或车轮专用套筒递给1号， 2号辅助1号，1号拆卸前注意气动扳手的旋转方向，拆卸时一只手握紧气动扳手，另一只手护在要拆卸的螺母周围，防止螺母掉落,如图5-6所示。3号取下车轮，放在车轮专用车或架子上。

图5-6 拆卸车轮

如在整车上学习，从步骤1开始；如在台架上实习，从步骤5开始。

（5）准备拆卸制动鼓，在拆卸前要松开驻车制动（1号操作）才可以取出，3号将专用工具VW637/2递给1号（图5-7），1号用专用工具VW637/2拆下轮毂盖（图5-8），并将轮毂盖和专用工具VW637/2递给3号放好。

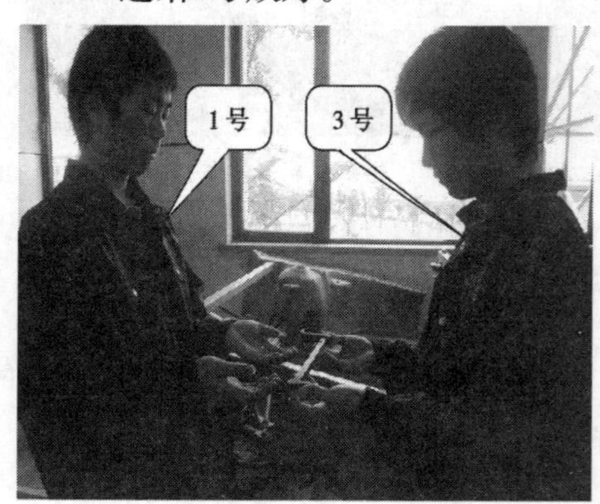

图5-7 3号将专用工具VW637/2递给1号

图5-8 拆卸轮毂盖

（6）3号将尖嘴钳递给1号，1号取下开口销（图5-9）和开槽螺母，旋下调整螺母，取出止推垫圈，3号将零件和工具放好。

（7）3号将一字螺丝刀递给1号，1号用一字螺丝刀通过制动鼓螺孔向上拔动楔形块（图5-10），使制动蹄与制动鼓松开，并拉出制动鼓及其轴承，3号将零件和工具放好。

图5-9 取下开口销

图5-10 拔动楔形块

（8）1号取下制动鼓，3号将尖嘴钳递给1号，1号用尖嘴钳子取下制动蹄定位销、弹簧和弹簧座，并将零部件和工具递给3号放好，如图5-11和图5-12所示。

图5-11 取下制动鼓

图5-12 取下制动蹄定位销、弹簧和弹簧座

（9）3号分别将专用工具VW637/2和鲤鱼钳递给1号，3号帮助1号按照图5-13所示，将制动蹄总成从支承凸台上拆下，1号用鲤鱼钳分离手制动拉索（图5-14），并分别将零部件和工具递给3号放好。

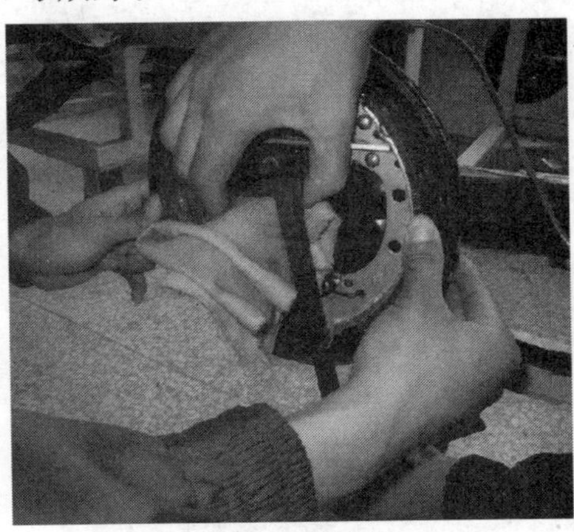

图5-13 制动蹄从支承凸台上分离

图5-14 分离手制动拉索

（10）3号将尖嘴钳递给1号，3号负责固定并辅助1号取下楔形件上的拉力弹簧和上拉力弹簧，如图5-15所示。

（11）1号卸下制动蹄并按照图5-16所示方法，分离压杆和拉力弹簧（或者采用如下方法：卸下制动蹄，将带压力杆的制动蹄卡在台虎钳上，拆下拉力弹簧，取下压杆。注意台虎钳是否有软金属作衬垫），并将零件递给3号放好。

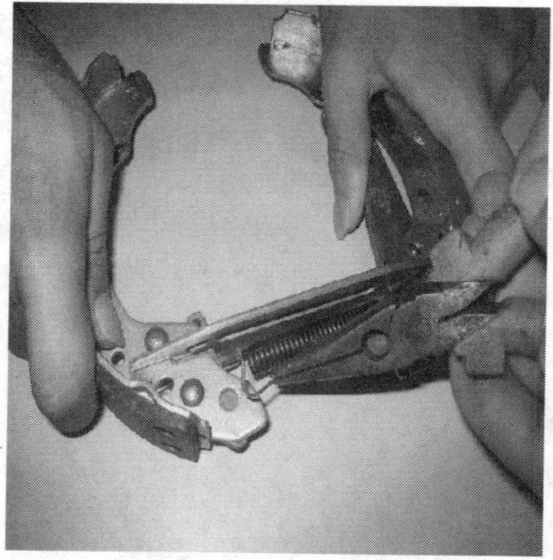

图5-15　取下上拉力弹簧

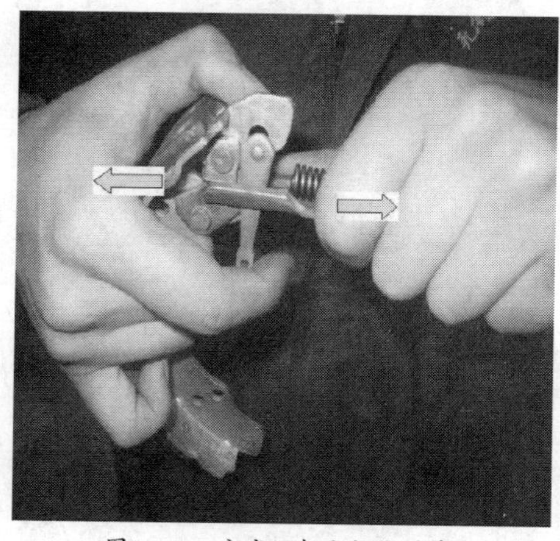

图5-16　分离压杆和拉力弹簧

（12）1号检查摩擦片磨损是否超限（厚度标准为5mm，厚度极限为2.5mm）；检查制动鼓磨损是否超限（制动鼓内径标准为200mm，磨损极限为201mm，摩擦表面径向圆跳动为0.05mm，车轮端面圆跳动为0.20mm）；如果超限，应更换新件。

（13）后制动器的清洁和摩擦件的打磨。4号用抹布清洁所有零件表面，如图5-17和图5-18所示。

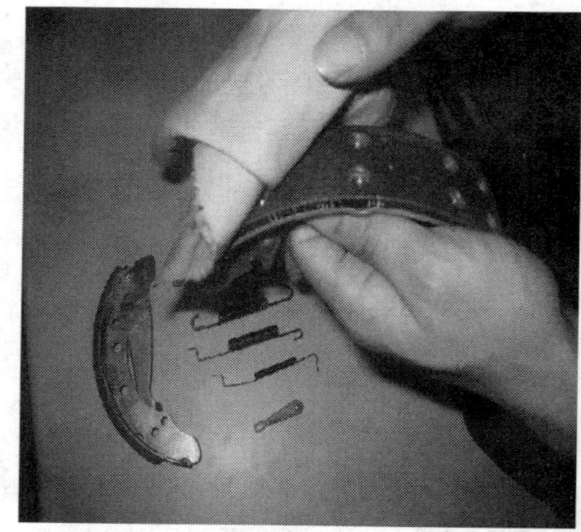

图5-17　清洁制动蹄表面

图5-18　清洁制动底板

4号用细砂纸打磨摩擦表面，如图5-19和图5-20所示。

图5-19　打磨制动蹄

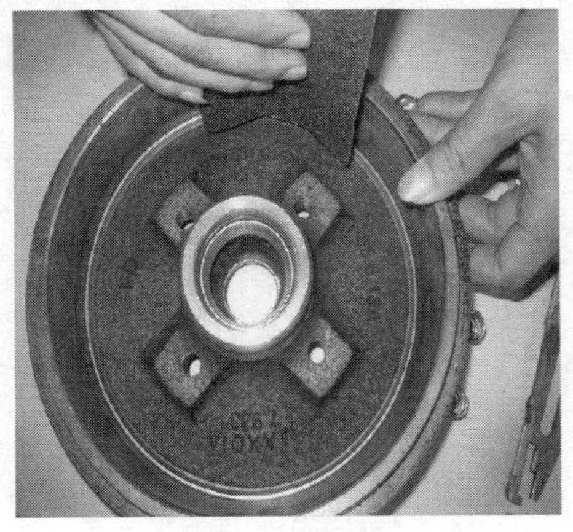

图5-20　打磨制动鼓

（14）各零件如没有损伤（检修可参见相应的内容），装复或更换步骤按拆卸的相反顺序进行。安装时，制动器楔形块上凸点朝向制动底板的方向，轴承要润滑（由4号进行润滑，如图5-21和图5-22所示），零件表面、工具和操作台要清洁。

图5-21　润滑内轴承

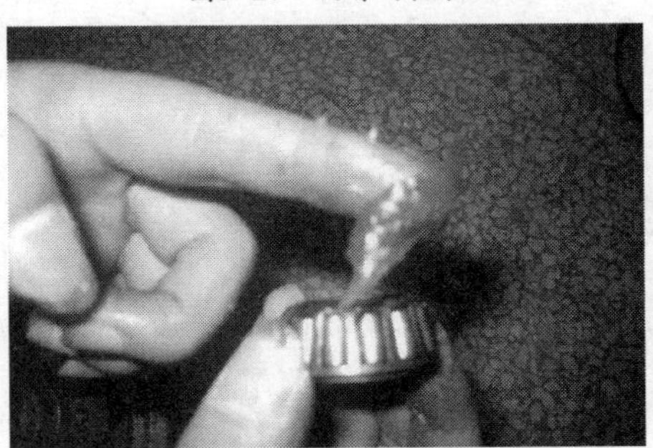

图5-22　润滑外轴承

项目六

驻车制动器的检查与调整

知识点

1.驻车制动器的主要部件及工作原理；
2.驻车制动器的检查调整。

技能点

1.检查驻车制动器行程；
2.调成驻车制动器行程。

参考学时及教学组织安排

本项目总学时为6学时，其中：理论教学为2学时，示范为1学时，学生练习为3学时。
教学时可以采用工艺化教学法，2名学生为一组,按照1、2进行编号，1号负责驾驶室内操作，2号负责副驾驶室操作。练习完一遍后，2名学生职责变换。
教师讲解并示范操作步骤和注意事项，适时下达操作指令，并进行工位间巡视、检查、指导和纠正错误。

项目实施所需设备、器材

丰田卡罗拉

气动扳手及气源

举升机

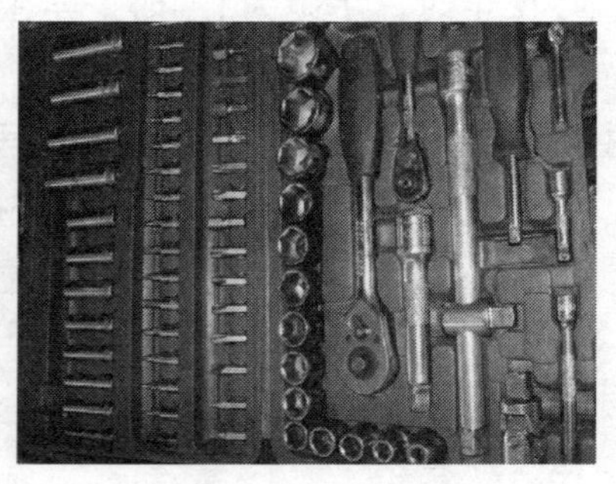

常用工具套筒扳手

制动液

任务 1 驻车制动器的认知

一 驻车制动器的功用

驻车制动器的功用是汽车停驶后防止滑溜；便于上坡起步；行车制动失效后临时使用或配合行车制动进行紧急制动（其位置如图6–1所示）。

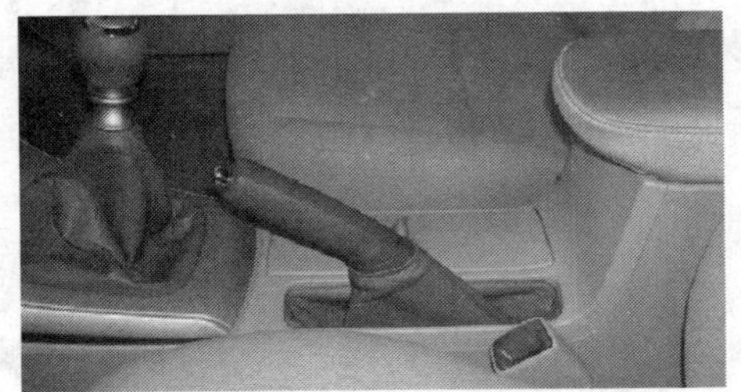

图6–1 驻车制动器位置

二 驻车制动器的类型及工作原理

驻车制动器的结构基本等同于行车制动器，也是由制动器（图6–2）和制动传动机构（图6–3）两部分组成。制动器有中央制动器（图6–4）和复合制动器（图6–5）两种类型。传动机构有机械式（图6–6）、液压式（图6–7）和气压式（图6–8）。

图6–2 制动器

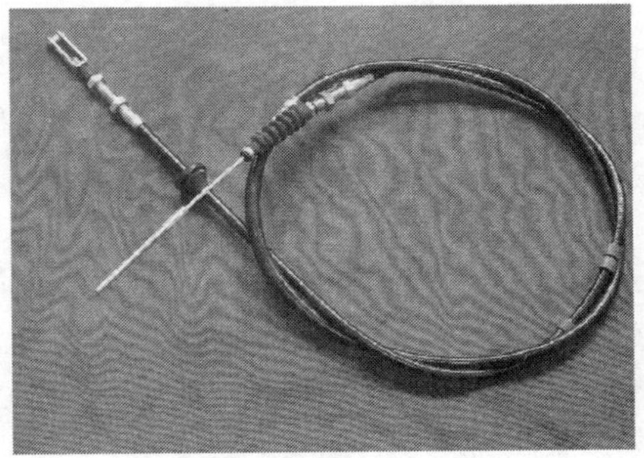

图6–3 制动传动机构——拉索

图6–4 中央制动器

图6–5 复合制动器

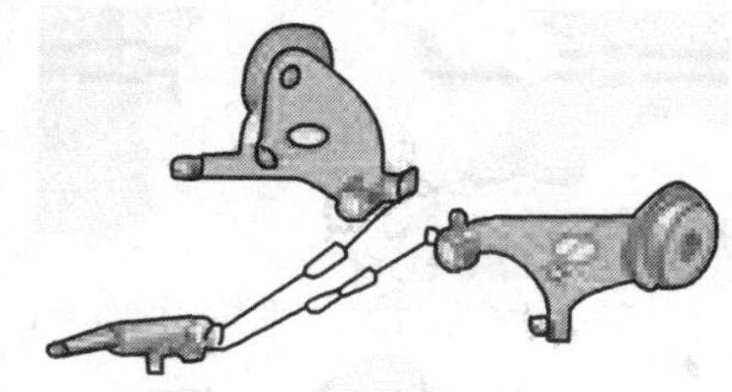
图6-6　机械式制动传动机构

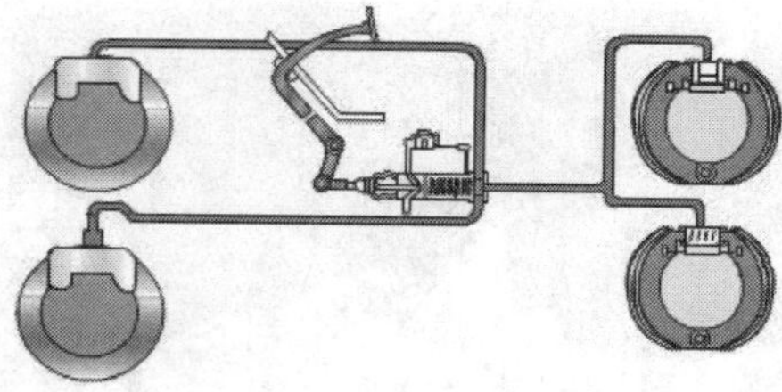
图6-7　液压式制动传动机构

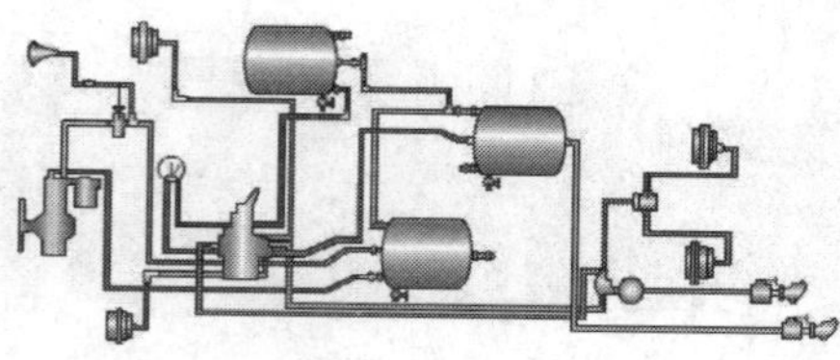
图6-8　气压式制动传动机构

多数汽车的驻车制动器安装在变速器或分动器之后，也有少数装在主减速器主动轴的前端。因为其基本处在汽车中央的位置，所以这类制动装置又称中央制动器。中央制动器多采用蹄鼓式制动器，它可采用高制动效能的自动增力式制动器，其外廓尺寸小，易于调整，防泥砂性能好，停车后没有制动热负荷，因而得到广泛应用。有的汽车由于底盘结构空间的限制或前轮驱动的原因，在后轮制动器中加装必要的机构，使之兼做驻车制动器，即为复合驻车制动器，但是传动机构是相互独立的。复合制动器有强力弹簧式和车轮制动式两种。目前重型载货汽车普遍采用中央制动器，而小客车则较多采用复合驻车制动器。

（1）中央驻车制动器。中央驻车制动器按照制动器的类型又可分为增力式中央驻车制动器和凸轮张开式中央制动器。

①增力式中央驻车制动器。解放CA1092驻车制动器为自增力鼓式制动机构（图6-9）。制动鼓工作直径为254mm，蹄片宽度为75mm，装在变速器之后，传动轴之前。它主要由机械式拉杆操纵机构及驻车制动器等组成。

②凸轮张开式中央制动器（图6-10）。东风EQ1092型汽车驻车制动器采用的就是凸轮张开式中央制动装置，该驻车制动器与CA1092型汽车驻车制动器均为凸轮张开鼓式制动器，基本结构、拆装和维修方法基本相同。区别在于两制动蹄下端支撑方式不一样。

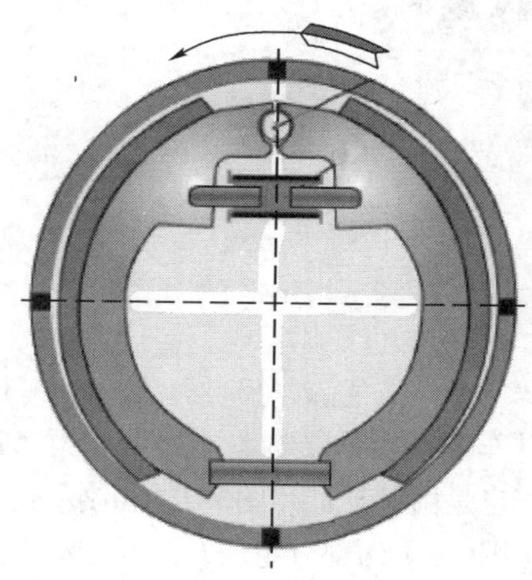
图6-9　增力式中央驻车制动器

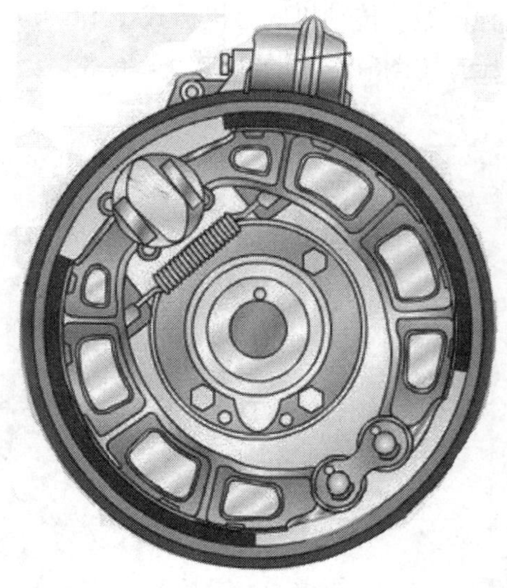
图6-10　凸轮张开式中央制动器

（2）车轮制动式驻车制动器。车轮制动式驻车制动器是在后桥车轮制动器中，加装有必要的机构，使之兼做驻车制动器。目前多用于小客车上，它的驻车制动器与后车轮制动器共用，操纵机构独立，并由拉索驱动，如图6-11所示。

图6-11　车轮制动式驻车制动器

任务2 驻车制动器的检查与调整

一 检查驻车制动器操纵手柄行程（以丰田卡罗拉为例）

（1）用手拉住驻车制动器操纵手柄（图6–12）。

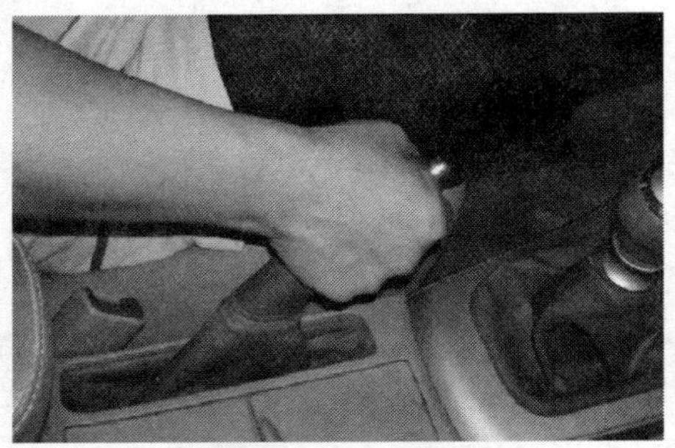

图6–12 拉住驻车制动器操纵手柄

（2）松开驻车制动器锁（图6–13），并将驻车制动器操纵手柄放回到关闭位置（图6–14）。

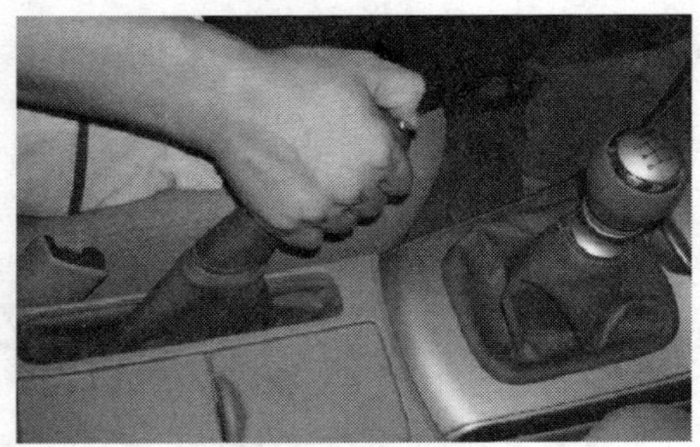

图6–13 松开驻车制动器锁

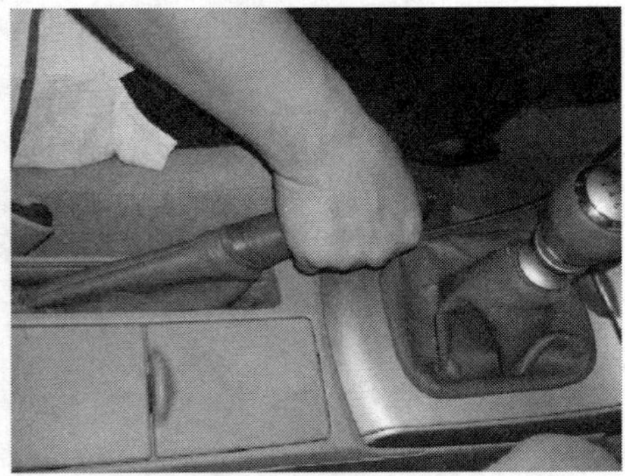

图6–14 将驻车制动器操作手柄放回到关闭位置

注意

松开驻车制动器锁时要先往上拉驻车制动，然后按下驻车制动器锁，否则很难按下。

（3）缓慢将驻车制动器操纵手柄向上拉到底，并计算“咔嗒”声的次数（图6–15）。

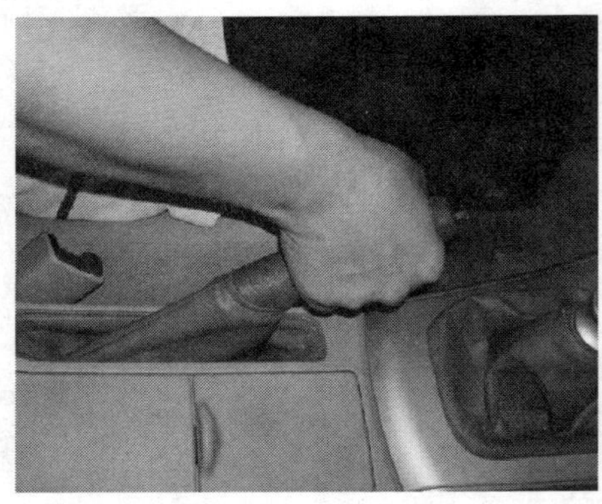

图6–15 缓慢拉动驻车制动器操作手柄

（4）标准驻车制动器操纵手柄行程：200N时为6～9个槽口。

二 调整驻车制动器操作手柄行程

注意事项：在执行驻车制动器调整之前，确保制动管路已放气且不再含有空气。（放空气内容在项目一中已有介绍）

1 准备工作

（1）工具、台架或整车。

（2）2人一组，分别负责左右两侧。

（3）完全松开驻车制动杠杆。

② 拆装步骤

（1）拆下仪表板左右装饰板（卡子）（拆卸时注意卡子的方向，不可使用蛮力硬拉，或者用锤子和螺丝刀等工具大力拆卸，防止卡子折断），如图6–16和图6–17所示。

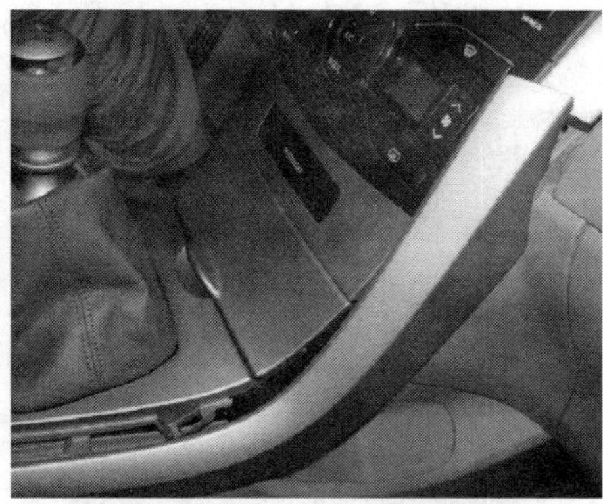

图6–16　拆卸仪表板左右装饰板

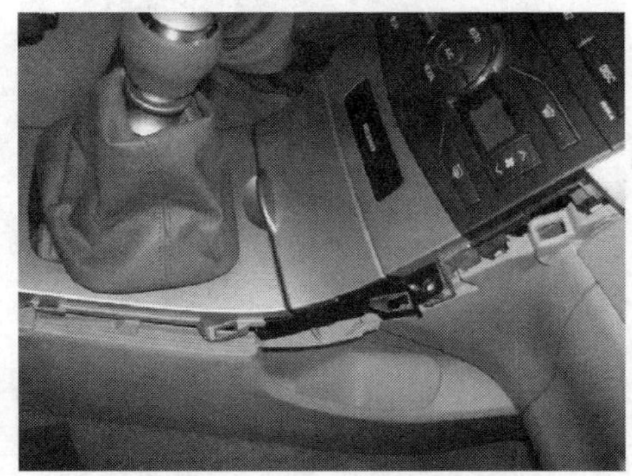

图6–17　拆下仪表板左右装饰板

（2）拆下仪表盒总成（2个梅花螺钉和卡子），如图6–18所示。

（3）拆下变速杆把手分总成（逆时针旋转），如图6–19所示。

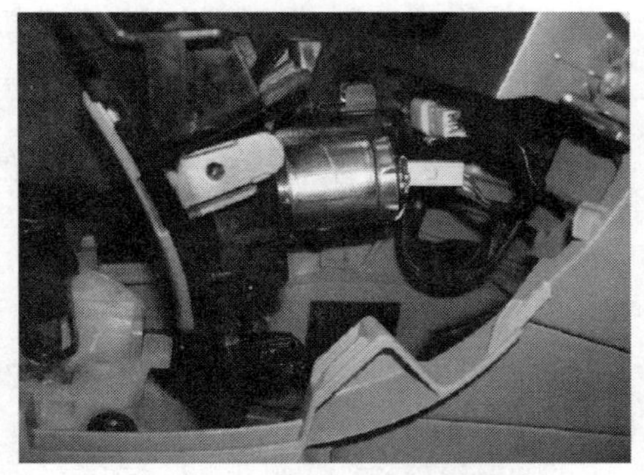

图6–18　拆下仪表盒总成

图6–19　拆下变速杆把手分总成

（4）拆下中央仪表组装饰板总成（卡子），如图6–20所示。

（5）拆下前1、2号地板控制台嵌入件、地板控制台上面板分总成（卡子），如图6–21所示。

图6–20　拆下中央仪表组装饰板总成

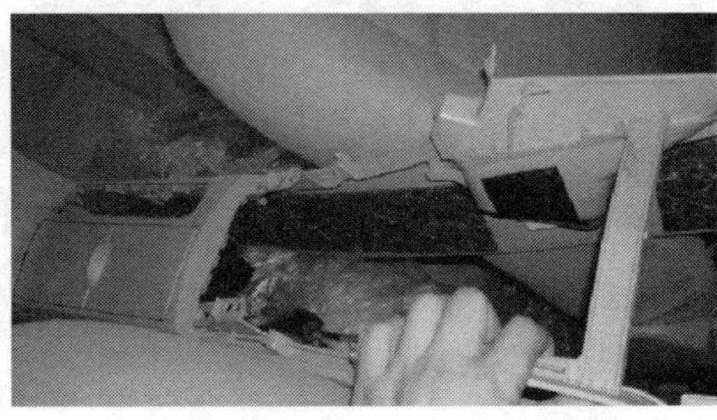

图6–21　拆下地板控制台上面板分总成

（6）取下地板控制台毡垫，拆卸地板控制台后，取下地板控制台总成（4个10号螺栓、2个梅花螺钉和卡子），如图6–22和图6–23所示。

图6–22　拆卸地板控制台

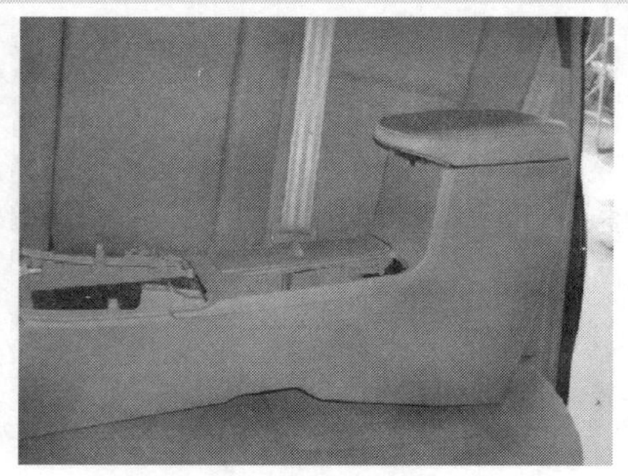

图6-23　取下地板控制台总成

（7）松开锁紧螺母（10号开口扳手和梅花扳手配合，开口扳手固定调整螺母，梅花扳手松开锁紧螺母），如图6-24所示。

（8）旋转调整螺母使驻车制动器操纵手柄行程修正至规定范围内（驻车制动器操纵手柄行程：200N（20kgf,45Ibf）时为6~9个槽口），需多次试验，如图6-25所示。

图6-24　松开锁紧螺母

图6-25　旋转调整螺母

（9）旋紧锁紧螺母（方法同松开锁紧螺母），力矩：6.0N·m（61kfg·cm，53in·Ibf），如图6-26所示。

（10）发动机停机时，完全踩下制动踏板3～5次。

（11）操作驻车制动器操纵手柄3～4次，并检查驻车制动器操作手柄行程。

（12）检查驻车制动是否卡滞，如图6-27所示。

图6-26　旋紧锁紧螺母

图6-27　检查驻车制动是否卡滞

（13）将驻车制动器操纵手柄行程调整之规定范围后，按相反顺序将零件逐一安装。

三　其他相关部件介绍

（1）驻车制动器平衡器，如图6-28所示。

（2）驻车制动开关总成，如图6-29

所示，作用：始终在拉起手制动至第一个槽口时，制动灯点亮。

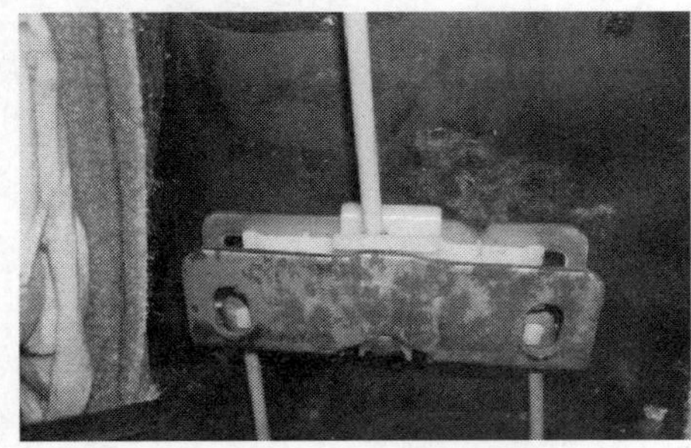

图6-28　驻车制动器平衡器

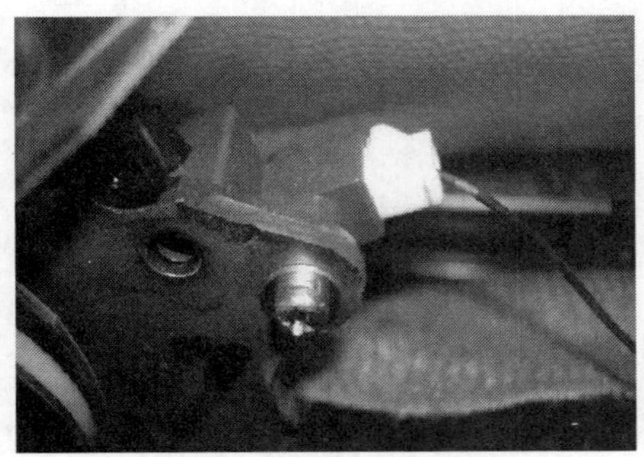

图6-29　驻车制动开关总成

（3）驻车制动拉索与制动器连接件，如图6-30所示。

（4）松开驻车制动杆，检查并确认后盘式制动器制动缸操作杆和挡块之间的间隙在规定范围内，如图6-31所示，间隙：0.5mm或更小。

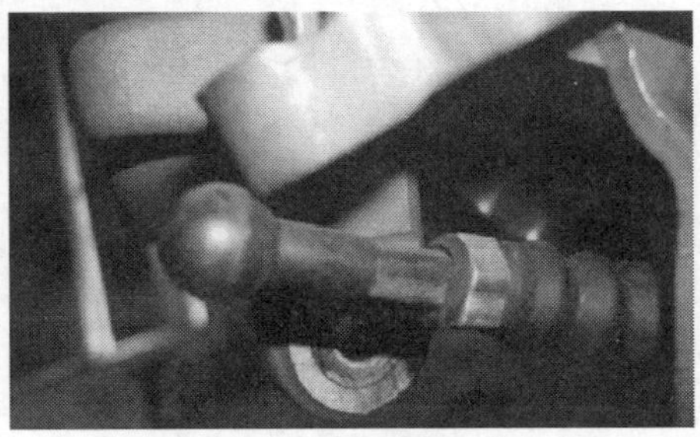

图6-30　连接件

图6-31　制动缸操作杆和挡块之间的间隙

项目七

制动液的检查、添加与更换

知识点

1.掌握汽车液压制动系统的基本结构、工作原理以及液压制动回路；
2.掌握制动液的检查及添加方法；
3.掌握更换制动液的方法。

技能点

1.能正确、熟练进行制动液的检查及添加；
2.能了解制动液更换的方法。

参考学时及教学组织安排

本项目总学时为12学时。

任务一：液压制动系统的认知

本任务学时为2学时。

教师充分利用多媒体教学的优势，通过生动形象的图片和课件，便于学生了解、掌握液压制动系统的基本知识。

任务二：检查和添加制动液

本任务采用工艺化教学法，学时为4学时。

首先，教师对自动变速器的挡位以及挡位开关的功用进行讲解，为后面学生的实际操作进行适当的知识准备、增强学生的学习效果和技能的掌握。

实践教学根据实训设备的台套数，学生分组进行。教师讲解并示范操作步骤和注意事项，适时下达操作指令，并进行工位间巡视、检查、指导和纠正错误。

任务三：制动液的更换

本任务采用工艺课方式进行教学，学时为6学时。

首先，教师对自动变速器油液的作用以及使用的注意事项进行讲解，为后面学生的实际操作进行适当的知识准备，增强学生的学习效果和技能的掌握。

实践教学根据实训设备的台套数，学生分组进行。教师讲解并示范操作步骤和注意事项，适时下达操作指令，并进行工位间巡视、检查、指导和纠正错误。

项目实施所需设备、器材

丰田卡罗拉

油管扳手

手电筒（检查制动液泄漏或液面高度）

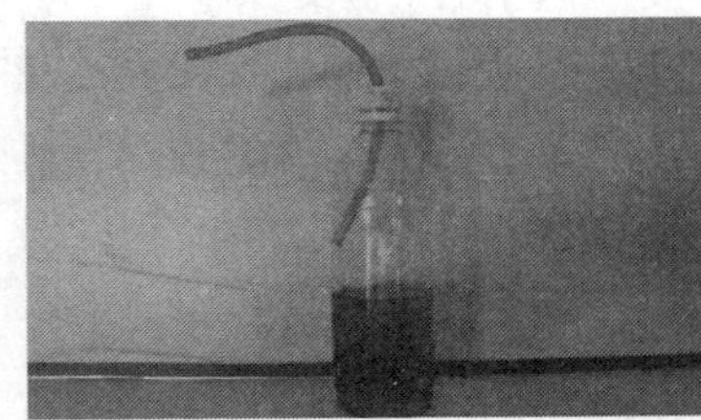

制动液收集器（排放制动液或空气）

丰田专用制动液（DOT3）

翼子板布

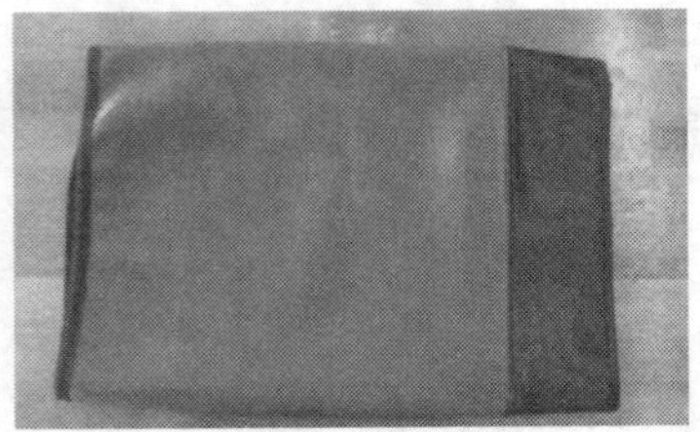

前格栅布

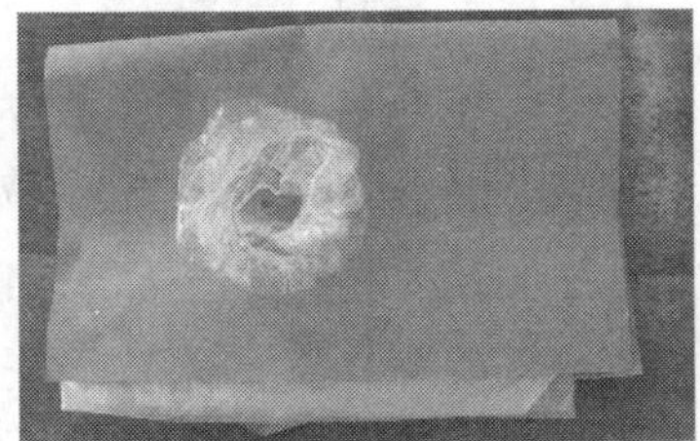

车内4件套

任务 1 液压制动系统的认知

一 液压制动系统的基本结构

液压制动系统主要由车轮制动器和液压传动机构组成。

车轮制动器主要由旋转部分、固定部分和调整机构组成。旋转部分是制动鼓；固定部包括制动蹄和制动底板；调整机构由偏心支承销和调整凸轮组成，用于调整蹄鼓间隙。

液压传动机构主要由制动主缸、制动轮缸、管路和制动液组成，如图7–1所示。

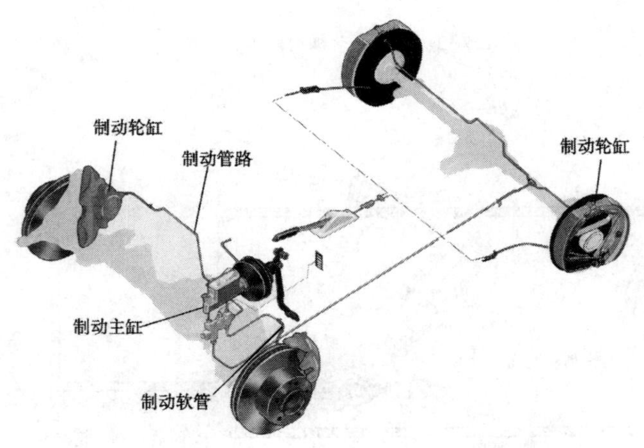

图7–1 液压传动机构的组成

二 液压制动系统的工作原理

（1）制动系统不工作时，制动摩擦片与制动盘之间有间隙，车轮和制动盘可一起自由旋转。

（2）制动时，要是汽车减速，脚踏下制动踏板通过推杆和主缸活塞，使主缸油液在一定压力下流入轮缸，并通过制动卡钳上的轮缸活塞推使制动摩擦片向制动盘一侧移动，同时制动卡钳反方向移动，使得内外两块摩擦片压紧在制动盘上，产生摩擦力矩。制动盘的转动受到阻力，从而产生制动器制动力，如图7–2所示。

（3）解除制动：当放开制动踏板时，内外两块制动蹄返回原位，制动力消失。

三 液压制动回路

液压制动回路就是连接制动主缸与各个车轮制动轮缸的制动管路的布置形式。常见的液压制动回路有单回路和双回路。

1 单回路液压制动管路

单回路液压制动管路是最简单的液压制动回路，同时也是最危险的。如果在该制动回路中发生泄漏，则车辆所有制动器都丧失制动能力，如图7–3所示。

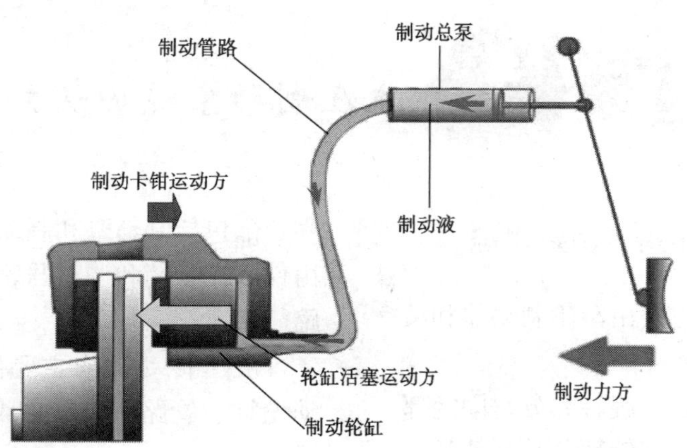

图7-2　液压传动机构的工作原理

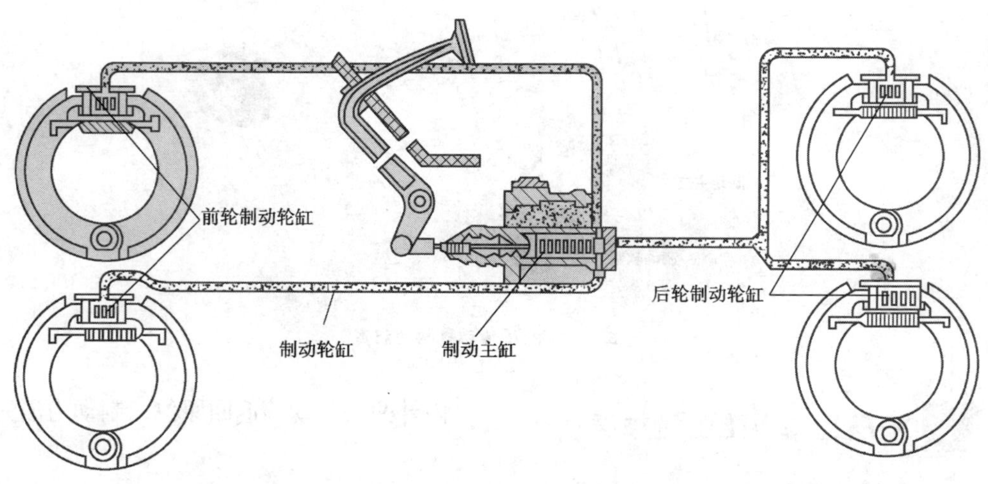

图7-3　单回路液压制动管路

2 双回路液压制动管路

双回路液压制动管路的优点是每个制动回路都拥有各自独立的液压体系，即便一个回路出现了故障，另一个回路也能保持最低限度的制动效能。

常见类型有：前后分开双液压回路（图7-4）和交叉双液压回路（图7-5）。

在前后分开双液压回路中，当一套管路失效时，另一套管路仍能保持低于正常时50%的制动效能。而在同样的情况下，交叉双液压回路则可以保持正常时50%的制动效能。

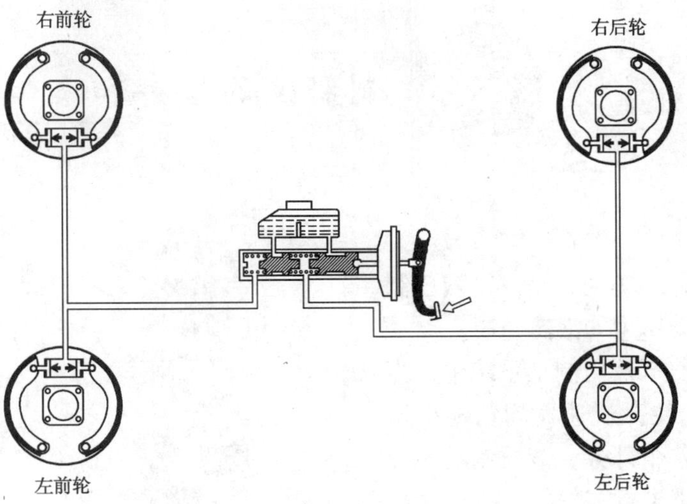

图7-4　前后分开双液压回路

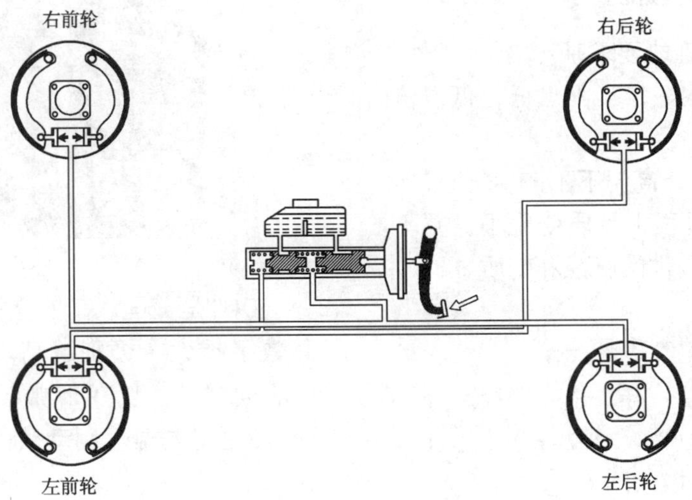

图7-5　交叉双液压回路

任务 2 制动液的检查和添加

一 制动液

制动液，又称刹车油，是汽车液压制动系统中传递制动压力的液态介质。

制动液用于汽车液压制动系统中，当液体受到压力时,便会快速而均匀地把压力传送到液体的各个部分，液压制动系统就是利用这个原理进行工作的。

制动液的优劣直接影响汽车行驶中的安全。

1 制动液的性能要求

对制动液的性能要求是：

（1）黏温性好，凝固点低，低温流动性好；

（2）沸点高，高温下不产生气阻；

（3）使用过程中品质变化小，并不引起金属件和橡胶件的腐蚀和变质。

2 制动液的规格

制动液如机油一样，也有等级之分。目前常见的有DOT3（图7-6）、DOT4（图7-7）、DOT5（图7-8）。

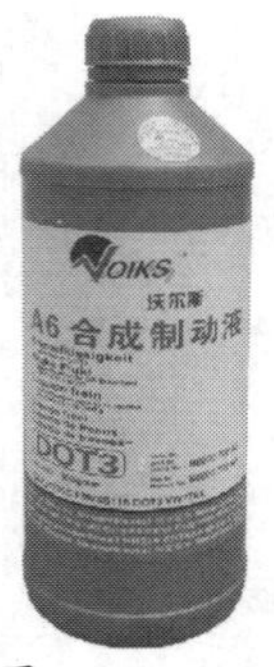

图7-6　DOT3

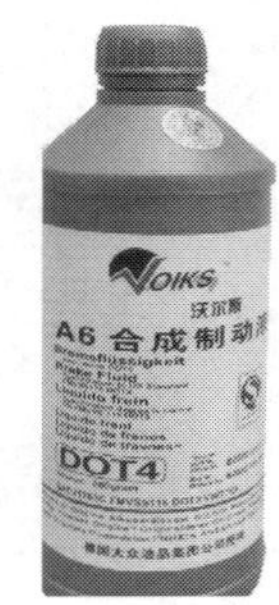

图7-7　DOT4

图7-8　DOT5

DOT是美国汽车安全标准规定标称，其数字越大，级别越高。DOT3与DOT4的不同之处主要在于沸点不同，DOT4比DOT3更耐高温。制动液的性能指标见表7-1。

制动液性能指标　　表7-1

	工作情况	DOT3	DOT4
沸点（平衡环流沸点）	干	205° C以上	230° C以上
	湿	140° C以上	155° C以上

不同类型、不同等级的制动液都不能混用，以免相互间产生化学反应，影响制动效果。

3 制动液储液罐液面高度

制动液液面必须达到标准，一般应处于储液罐最高与最低两标记之间，如图

7-9所示。正确的液面高度应在储液罐的上限（MAX）和下限（MIN）标线之间。若制动液液面过低，应向储液罐内加入制动液至上限位置。若行驶中制动液液面过低报警灯（图7-10）发亮时，应立即添加制动液。

图7-9　制动液储液罐液面高度

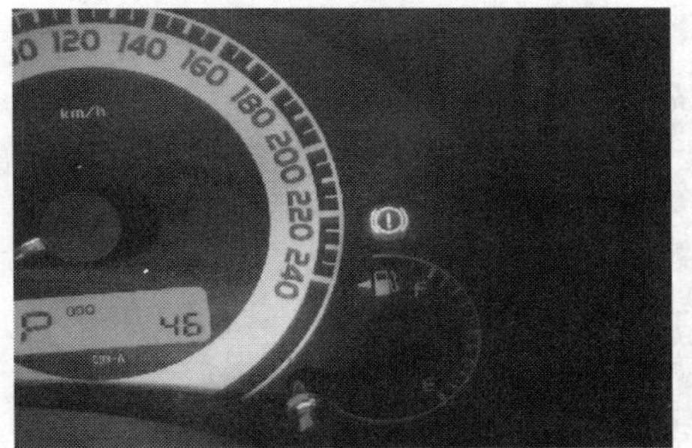

图7-10　制动液位报警灯（丰田卡罗拉）

4 制动液缺少的原因

随着车辆的使用，制动主缸储液罐会发生制动液缺少现象，其主要原因有以下3点：

（1）正常挥发，导致制动液缺少。

（2）制动摩擦材料的磨损，导致液压管路中制动液量的增加。现代汽车都装有摩擦片自动调整机构，该机构可自动调整片与盘之间的间隙。因此，在使用过程中，制动液面可能略有下降，这种情况属于正常现象。

（3）制动管路发生泄漏，导致制动液缺少。若短期内液面明显下降或降至最低标志以下，则表明制动系统内出现泄漏，此时，应立即进行检修，万不可凑合或拖延。导致制动液泄漏的原因有很多，如管路老化，以及制动轮缸、制动主缸、分配阀、储液灌等处泄漏。

二 制动液的检查

（1）将车辆停放在水平路面上。

（2）打开发动机罩，并正确支撑，如图7-11所示。

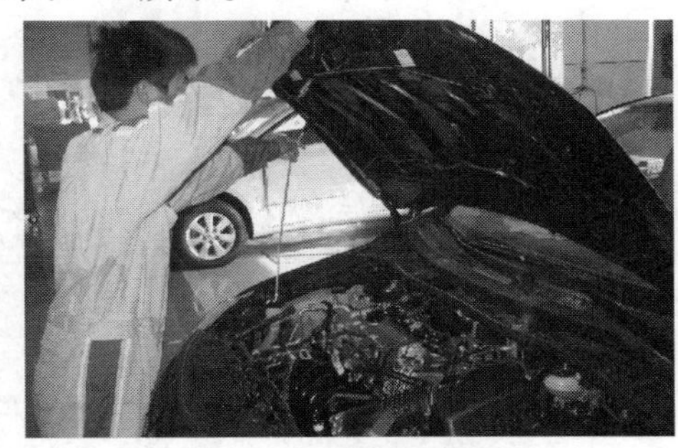

图7-11　打开发动机罩

（3）安装前格栅布，如图7-12所示。

图7-12　安装前格栅布

（4）使用工作灯或手电筒，检查制动主缸储液罐内制动液液面高度是否在上限（MAX）和下限（MIN）标线之间，如图7-13和图7-14所示。

图7-13　检查制动液液面高度

图7–14　制动液液面高度的正常范围

三　制动液添加

制动液添加的前提条件：经检查发现制动主缸储液罐内制动液液面高度明显低于上限（MAX）标线。

1 检查制动液泄漏

（1）检查制动主缸及制动管、软管是否有泄漏，如图7–15所示。

图7–15　检查制动主缸及管路

（2）检查制动防抱死系统（ABS）是否有泄漏，如图7–16所示。

图7–16　检查ABS系统管路

（3）操作举升机，将车辆举升至高位，如图7–17所示。

举升前，必须检查车辆在举升机上停放的稳定性。

图7–17　将车辆举升至高位

（4）检查底盘的制动管路是否有泄漏，如图7–18所示。

图7–18　检查底盘的制动管路

（5）检查前轮制动轮缸、后轮制动轮缸及管路是否有泄漏，如图7–19和图7–20所示。

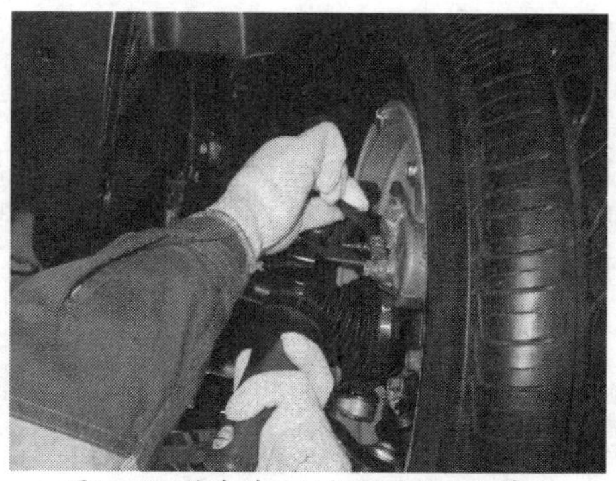

图7–19　检查前、后轮制动轮缸和管路

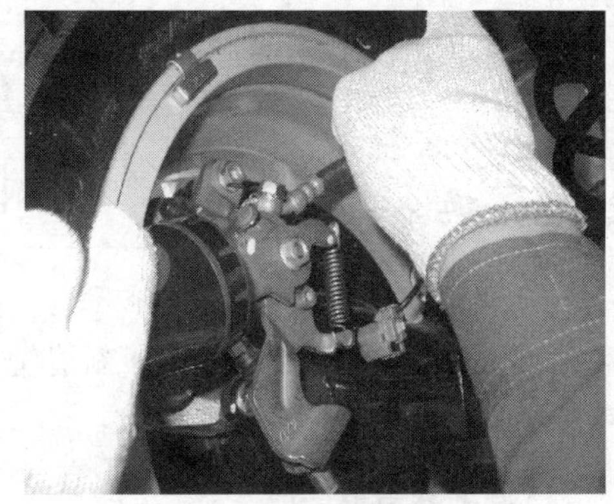
图7-20　检查后轮制动轮缸和管路

2 添加制动液

（1）打开制动主缸储液罐的密封盖，如图7-21所示。

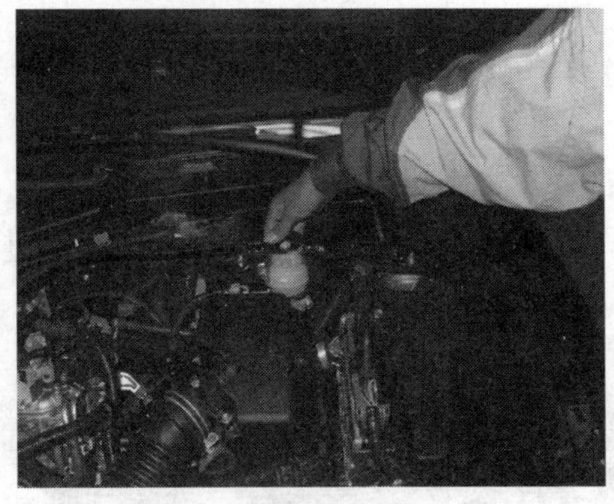
图7-21　打开储液罐的密封盖

（2）添加制动液，如图7-22所示。

图7-22　添加制动液

（3）确认制动液量未超过上限（MAX）标线。

（4）迅速盖上制动主缸储液罐的密封盖。

制动液具有较强的吸湿性，长时间打开储液罐的密封盖，会导致制动液变质。

3 整理作业工位

（1）收回前格栅布，关闭发动机罩。

（2）垃圾分类。

（3）清洁、整理工具车和工作台，如图7-23所示。

图7-23　清洁、整理工具车和工作台

（4）清洁车辆、场地，如图7-24和图7-25所示。

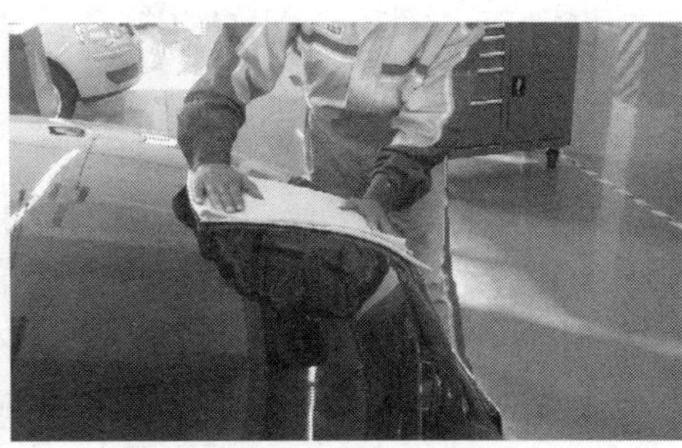
图7-24　清洁车辆

图7-25　清洁场地

任务3 制动液的更换

一 为什么要更换制动液

1 制动液在使用中易变质

车辆制动时，会有大量的热量传给制动液，长期处于这种高温条件下，制动液发生氧化变质，失去原有性能，这是无法避免的，严重时会导致液压制动系统制动能力下降与丧失。

制动液色泽慢慢的变化，就是制动液在变质，如图7-26所示。

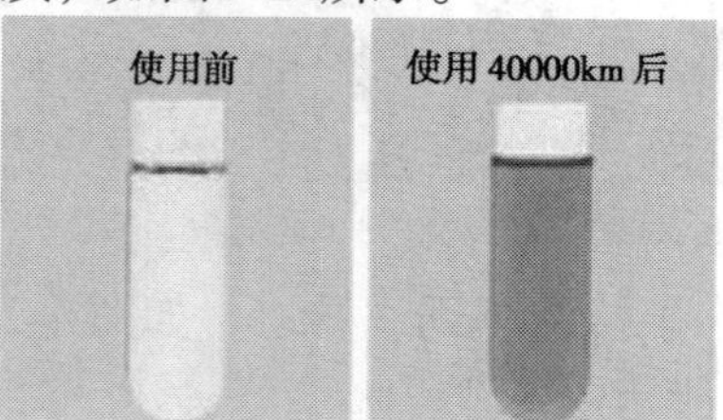

图7-26 使用前后的制动液对比

2 制动液的吸湿性

制动液具有较强的吸湿性：吸纳周围环境中的水分。

随着时间的推移，在制动液中积累的水分越来越多，沸点越来越低。如再遭遇频繁制动，制动液温度上升，很可能会导致制动液沸腾，并产生气泡。另一方面，制动液中的水分会对制动主缸、轮缸的缸体和活塞造成腐蚀，造成主缸泄漏、轮缸咬死。

因此，应避免制动液长时间暴露在空气中，及时盖上制动储液罐密封盖。

3 制动液的腐蚀性

制动液是腐蚀性液体，严禁接触人体和汽车漆面，如果接触必须即刻清洗干净！

4 制动液更换周期

汽车生产厂家规定的制动液更换周期都有规定，一般都为2年或车辆行驶4万km。

二 更换制动液

1 分工安排

要想顺利完成本任务，需3名同学进行配合，如图7-27所示：

图7-27 1号、2号、3号同学的作业位置

（1）1号同学在车内负责踩制动踏板；

（2）2号同学在车下负责放出制动液；

（3）3号同学负责向制动储液罐内添加制动液。

2 具体操作步骤

（1）排出旧制动液。

①1号同学进入驾驶室内。

②2号同学打开发动机罩，安装前格

栅布，如图7-12所示。

③3号同学打开制动主缸储液罐的密封盖，并准备好新的制动液。

④2号同学操作举升机，将车辆举升至中位，如图7-28所示。

举升前，必须检查车辆在举升机上停放的稳定性。

图7-28　将车辆举升至中位

⑤2号同学在4个制动轮缸放气阀上各安装一个制动液收集器，如图7-29～图7-32所示。

图7-29　将制动液收集器安装到左前制动轮缸

图7-30　将制动液收集器安装到右前制动轮缸

图7-31　将制动液收集器安装到左后制动轮缸

图7-32　将制动液收集器安装到右后制动轮缸

⑥使用工具（8号和10号油管扳手）拧松4个制动轮缸的放气阀，如图7-33～图7-36所示。完成操作后，并告知1号同学。

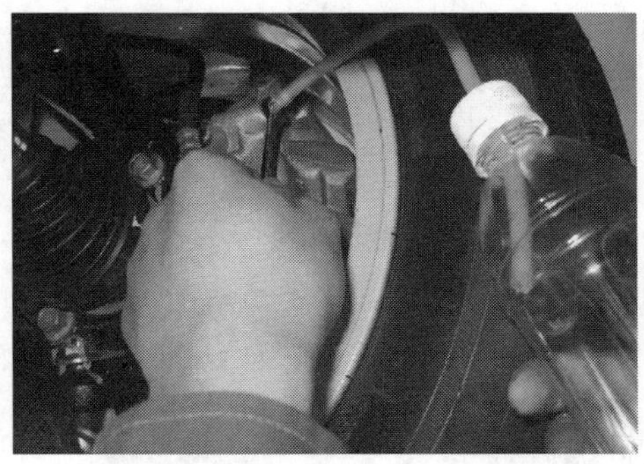

图7-33　松开左前制动轮缸的放气阀

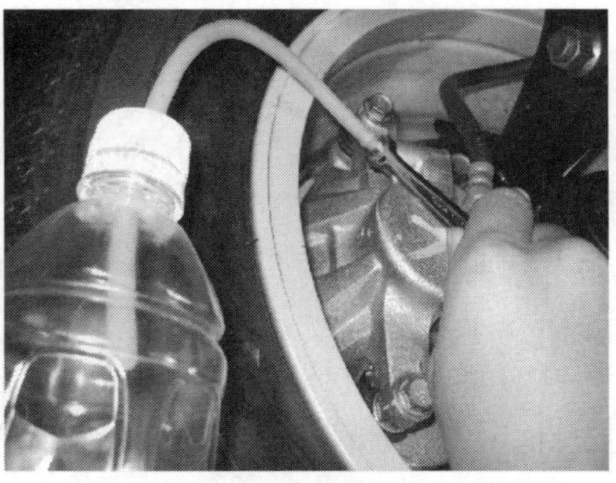

图7-34　松开右前制动轮缸的放气阀

图7-35　松开左后制动轮缸的放气阀

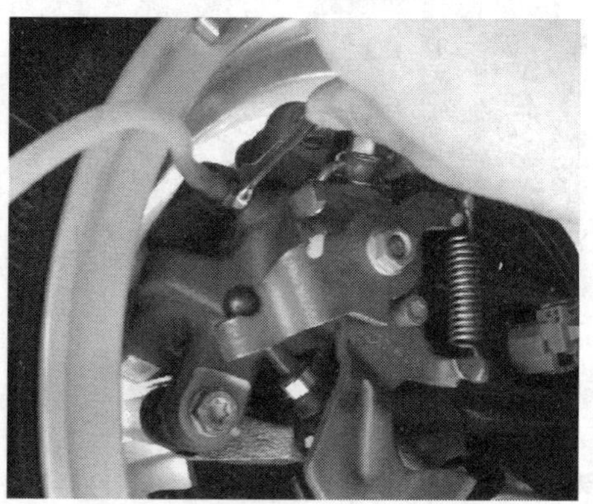

图7-36　松开右后制动轮缸的放气阀

⑦1号同学起动发动机，连续踩下制动踏板，如图7-37所示。

图7-37　起动发动机，连续踩下制动踏板

⑧2号同学观察放气阀的出油情况，直到制动液不再流出，告知1号同学踩住制动踏板。

⑨2号同学分别拧紧4个制动轮缸上的放气阀。

（2）加注新制动液。1号同学向制动主缸储液罐内加注适量新制动液，如图7-38所示。

图7-38　加注新制动液

（3）制动管路排放空气。

①1号同学连续踩下制动踏板5～6次，然后踩住制动踏板不放，同时按喇叭鸣笛。

②2号同学立刻拧松右后轮制动轮缸空气阀，排出空气，再瞬间拧紧，并告知1号同学。

③如此重复（1）、（2）项动作，直至制动液从空气阀以直线射出（喷油强劲且无气泡产生，图7-39）为止。

1号和2号同学的配合非常重要：制动踏板未踩住，不得拧松空气阀；空气阀未拧紧，不得松开制动踏板。

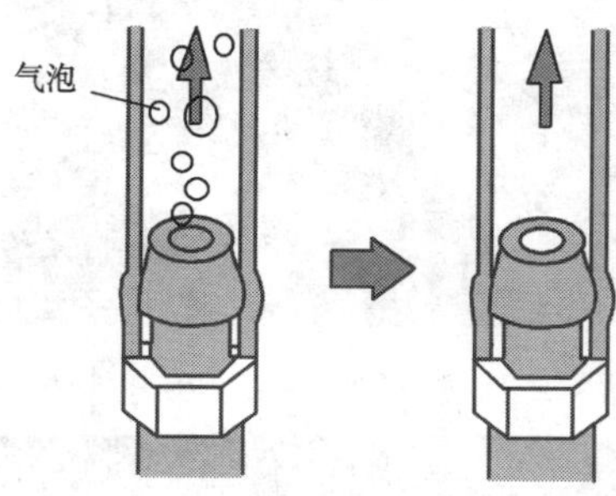

图7-39　排放空气的要求

④在储液罐内制动液缺少后，3号同学适时加注适量新制动液。

⑤排放空气的顺序是：右后轮—左后轮—右前轮—左前轮。

⑥3号同学补充制动液时，液量不得超过上限（MAX）标线。

（4）制动管路排放空气后检查。

①1号同学连续踩下制动踏板5～6次，然后踩住制动踏板不放，同时按喇叭鸣笛。

②2号同学检查4个放气阀是否存在泄漏现象，同时使用油管扳手检查放气阀是否拧紧，如图7–40所示。

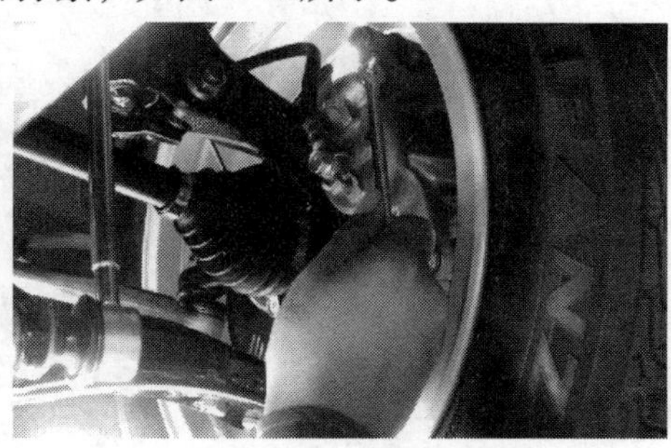

图7–40　检查放气阀是否拧紧

③装好空气阀防尘套。

④残余制动液的清洁：用清水清洁溅在轮胎、车身以及皮肤上的制动液。

制动液具有较强的腐蚀性。

（5）整理作业工位。

①收回前格栅布，关闭发动机罩。

②垃圾分类。

③清洁、整理工具车和工作台，如图7–23所示。

④清洁车辆、场地，如图7–24和图7–25所示。

项目八

制动助力器、制动主缸和轮缸的更换

知识点

1.掌握汽车制动助力器、制动主缸和轮缸的基本结构及工作原理；
2.掌握更换制动主缸的正确方法和步骤要领；
3.掌握更换制动轮缸的正确方法和步骤要领。

技能点

1.能正确、熟练进行更换制动主缸作业；
2.能正确、熟练进行更换制动轮缸作业；
3.能正确、熟练进行制动系统的空气排放。

参考学时及教学组织安排

本项目总学时为13学时。

任务一：制动助力器、制动主缸和轮缸的认知

本任务学时为3学时。

教师充分利用多媒体教学的优势，通过生动形象的图片和课件，便于学生了解、掌握制动助力器、制动主缸和轮缸的基本知识。

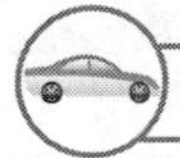

任务二：更换制动主缸

本任务采用示范课方式进行教学，学时为4学时。

首先，教师对任务一中有关制动主缸的知识点进行提问及复习，为后面学生的实际操作进行适当的知识准备，增强学生的学习效果及技能的掌握。

由于制动油管接头处极易损坏，为了避免不必要的损耗，在实践教学中采用教师示范操作演示，学生分组观摩或作为助手的方式参与。

要求教师拆装方法绝对正确，操作步骤严谨科学，动作规范流畅，同时能够引导学生激发兴趣、发现问题、思考问题、解决问题，从而达到提升学生实践能力的教学目标。

任务三：更换制动轮缸

本任务采用工艺化教学，学时为6学时。

首先，教师对对任务一中有关制动轮缸的知识点进行提问及复习，为后面学生的实际操作进行适当的知识准备，增强学生的学习效果及技能的掌握。

由于丰田卡罗拉前后轮都是盘式制动器，可以在每辆车上安排4个小组同时进行实训。教师讲解并示范操作步骤和注意事项，适时下达操作指令，并进行工位间巡视、检查、指导和纠正错误。

项目实施所需设备、器材

丰田卡罗拉

气动扳手 、21号套筒（拆卸轮胎螺母）

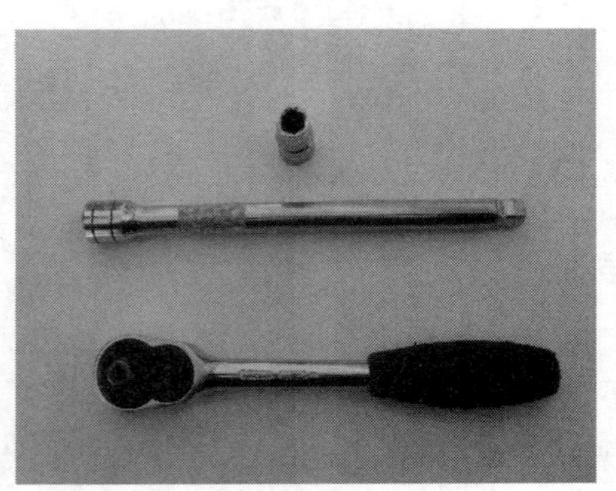

棘轮扳手、短接杆 和14号套筒
（拆装制动主缸螺母）

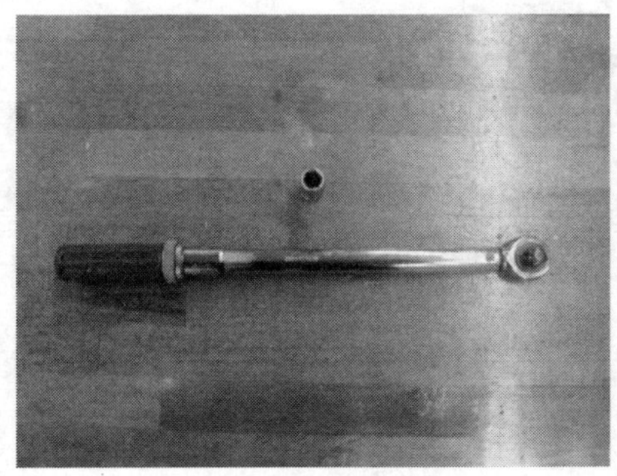

中扭力扳手和14号套筒
（紧固制动轮缸螺栓、油管螺栓）

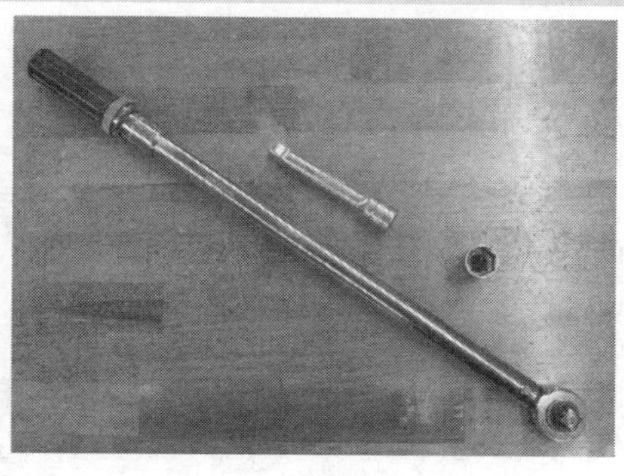

大扭力扳手、短接杆和21号套筒（紧固轮胎螺母）

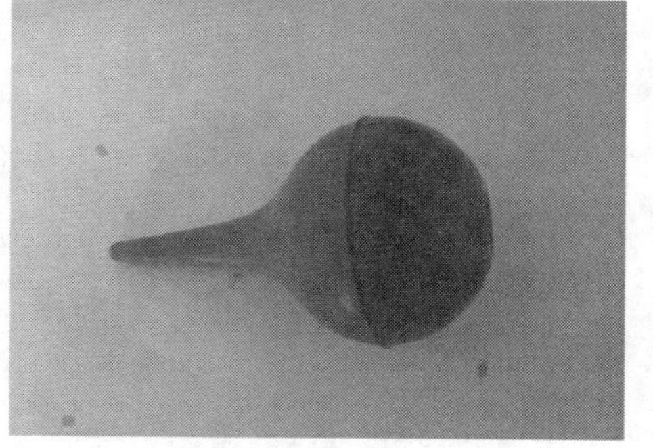

制动液吸取器（吸取储液罐内制动液）

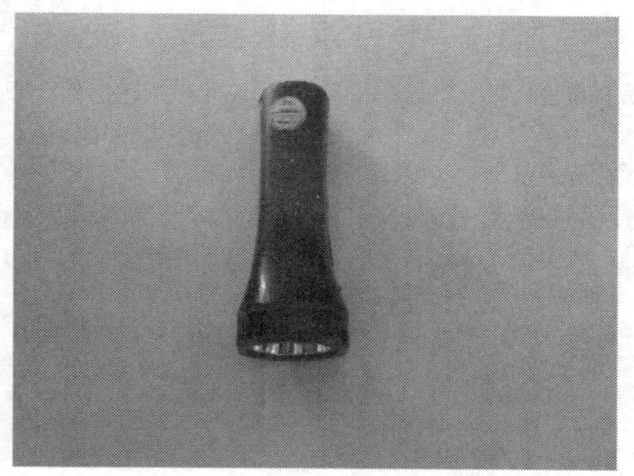

手电筒（检查制动液泄漏或液面高度）

制动液收集器（排放制动液或空气）

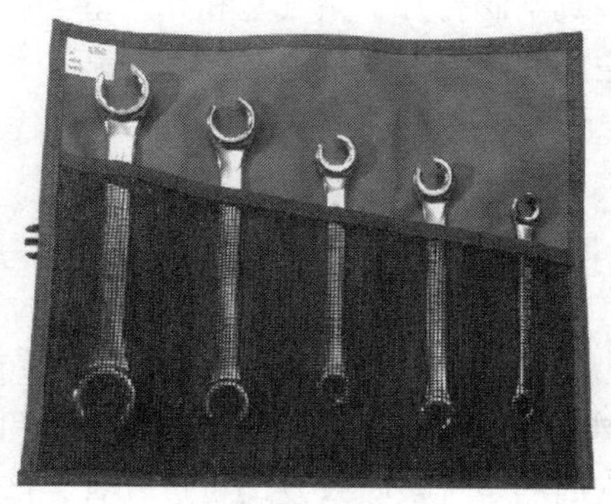

油管扳手

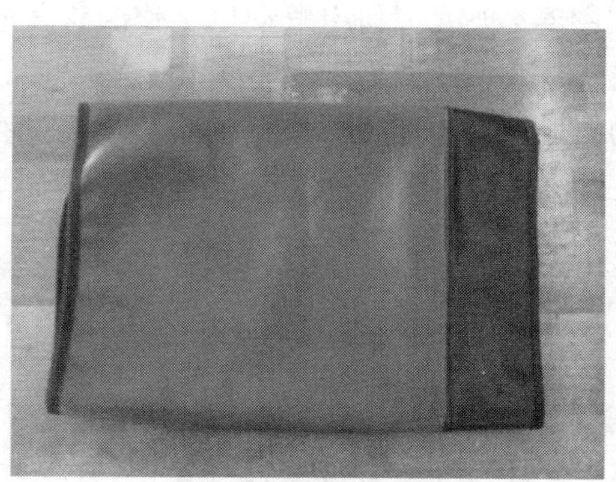

前格栅布

翼子板布

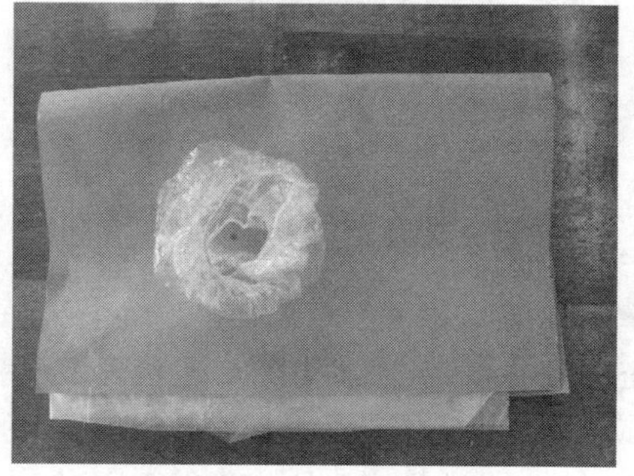

车内4件套

任务1 制动助力器、制动主缸和轮缸的认知

一 制动助力器

为了提高汽车的制动效能，减轻驾驶人的劳动强度，采用液压制动传动机构的汽车多数装有制动助力装置。

根据制动助力装置的力源不同可分为真空助力器和液压助力器。

小客车都采用真空助力器。

1 真空助力器的结构

真空助力器安装在驾驶室前面的发动机隔板上，即制动踏板和制动主缸之间，如图8-1所示。利用发动机工作时进气管的负压，吸引橡胶膜片，并由此产生吸引力推动制动主缸的活塞。由于该助力的存在，使踩下制动踏板更加轻便。

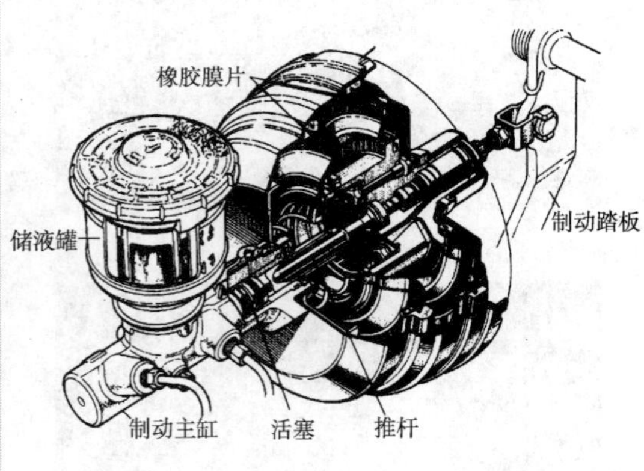

图8-1 真空助力器的安装位置

橡胶膜片将空气室和真空室隔离，真空室与发动机进气管相通。复位弹簧安装在真空室的推杆上和推杆一起运动。橡胶阀门与在膜片座上加工出来的阀座组成真空阀，同时与控制阀柱塞的空气阀座组成空气阀。真空阀连接空气室和真空室，空气阀连接空气室和与外界空气，如图8-2所示。

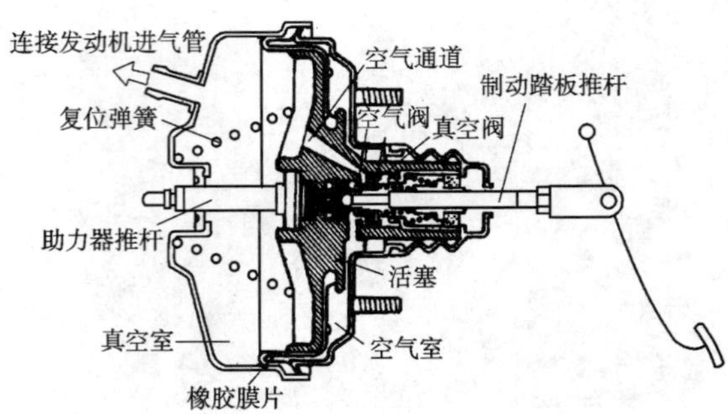

图8-2 真空助力器的结构

真空阀打开，空气室和真空室互通；真空阀关闭，空气室和真空室隔离。

空气阀打开，外界空气进入空气室；空气阀关闭，空气室和外界空气隔离。

2 真空助力器工作情况

（1）真空助力器不工作时：空气阀在弹簧作用下处于关闭状态，真空室和空气室内的空气被吸入发动机进气管，产生真空，如图8-3a）所示。

（2）踩下制动踏板时：真空阀关闭，空气阀打开。空气进入空气室，使空气室压力大于真空室压力，在压差作用下，橡胶膜片发生弯曲，助力器活塞和推杆朝制动主缸方向运动，和人力一起推动制动主缸活塞移动，产生制动油压，如图8-3b）所示。

（3）松开制动踏板时：制动踏板推杆也往回移动，助力器活塞在复位弹簧的作用下恢复到初始位置，空气阀关

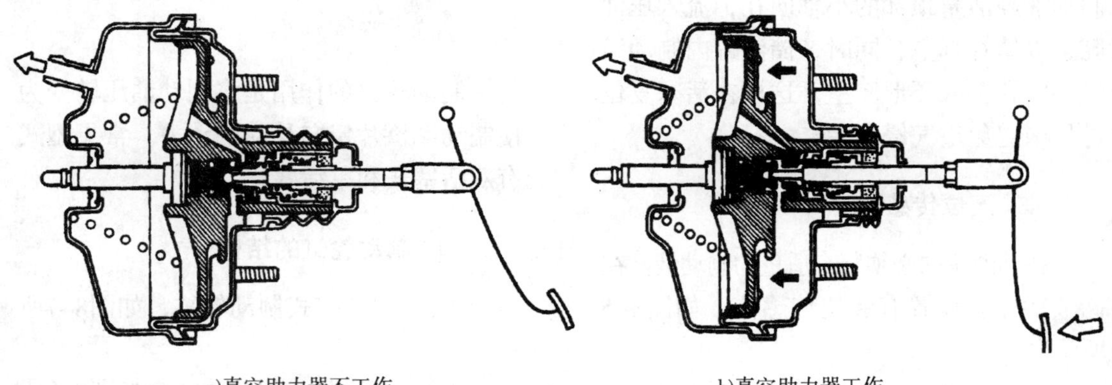
a)真空助力器不工作　　b)真空助力器工作

图8-3　真空助力器工作情况图

闭，真空阀打开，使真空室和空气室相通。真空室和空气室内的空气被吸入发动机进气管，再次产生真空，为下一次助力做好准备。

二 制动主缸

1 制动主缸的结构

制动主缸的作用是将驾驶人作用在制动踏板上的机械能转换成液压能，液压能通过管路再输送给制动轮缸。

目前，制动主缸都采用双腔式，如图8-4所示。主缸有两个相互独立的腔：前腔与后轮制动器相连；后腔与前轮制动器相连。

2 制动主缸的工作情况

（1）制动主缸不工作时：自由状态下、即不踩制动踏板时，活塞在复位弹簧力下复位，补偿孔与旁通孔均保持开放，推杆与活塞之间有一间隙。

（2）踏下制动踏板时：第一活塞前移，主皮碗盖遮住旁通孔，后腔封闭，液压建立；油液被压入前制动轮缸，迫使第二活塞前移；主皮碗盖遮住旁通孔，前腔封闭，液压建立，向后制动轮缸输液。

（3）松开制动踏板时：环形腔室内

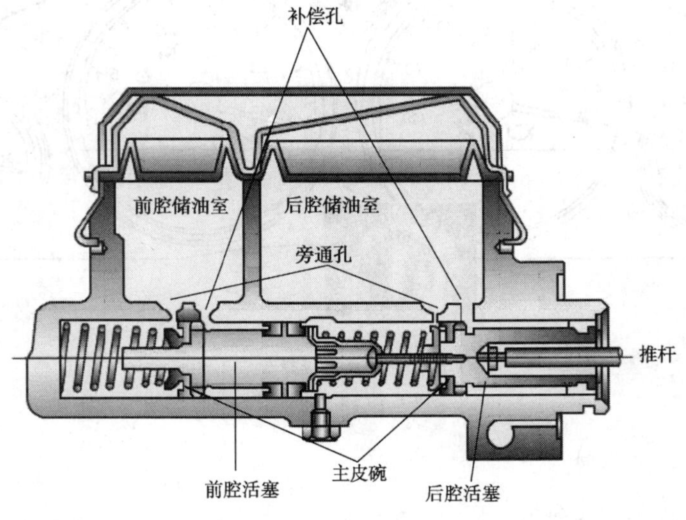

图8-4　制动主缸的结构

项目八　制动助力器、制动主缸和轮缸的更换制动液经活塞顶部的小轴向孔，流入压油腔，以填补真空，同时，储液罐内制动液经补偿孔进入环形腔室，这样在活塞复位过程中避免空气侵入主缸。

3 液位传感器

在储液罐内必须装有适量的制动液。在储液罐盖上设置有液位传感器，如图8-5所示。

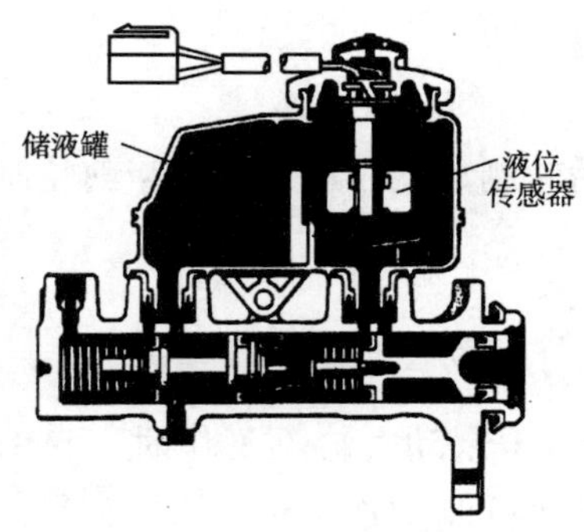

图8-5 液位传感器

当储液罐中的制动液液面低于下限刻度时，就会自动开启报警开关，使仪表台上报警灯点亮，如图8-6所示。

三 制动轮缸

制动轮缸的作用是将制动油压转变为使制动摩擦片定向移动的动力。常见型式有双活塞式和单活塞式。

1 制动轮缸的结构

（1）单活塞式制动轮缸，如图8-7所示。

（2）双活塞式制动轮缸，如图8-8所示。

轮缸缸体上有放气螺栓，能够将液压制动系统内混入的空气排出，以保证制动灵敏可靠。

2 工作过程

制动时，高压制动液进入两活塞间油腔，轮缸活塞在制动压力作用下，沿着缸体向两侧移动，进而推动制动蹄张开，实现制动，如图8-9所示。

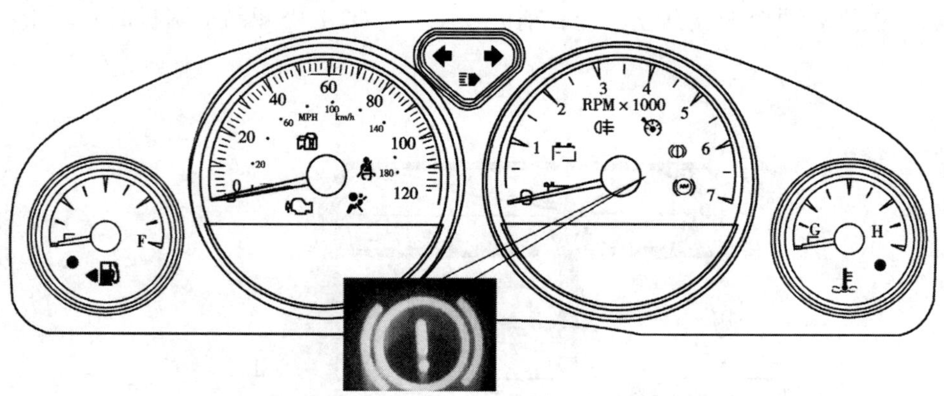

图8-6 制动液位报警灯

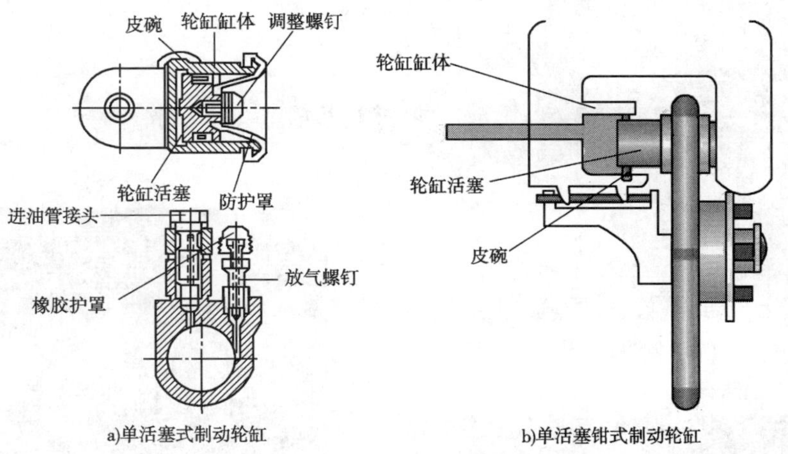

图8-7　单活塞制动轮缸结构图

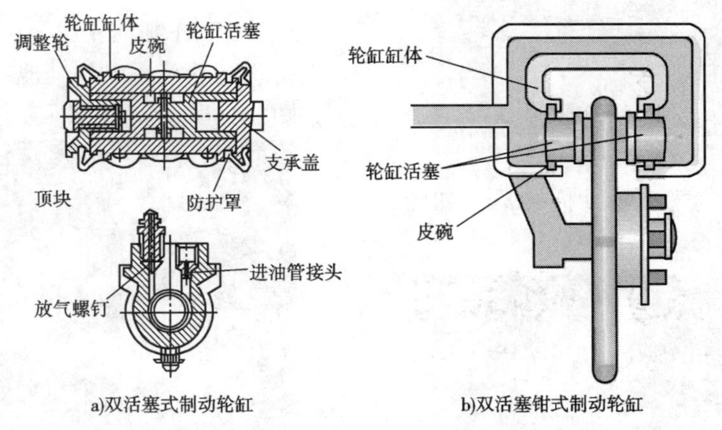

图8-8　双活塞制动轮缸结构图

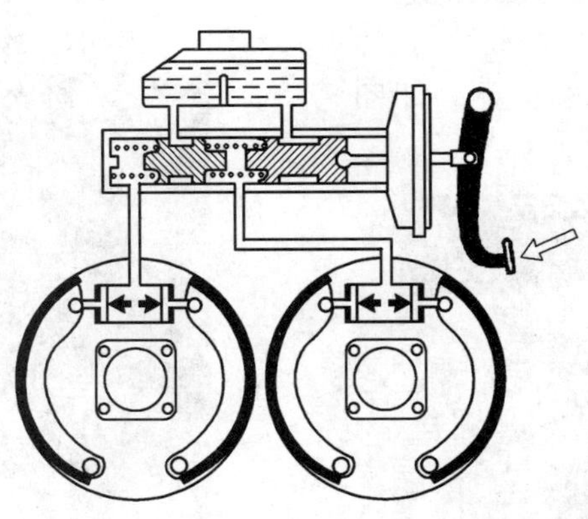

图8-9　制动轮缸工作过程

任务2 制动主缸的更换

一 拆卸制动主缸

（1）打开发动机罩，并正确支撑。

（2）安装左右两侧翼子板布、前格栅布，如图8-10所示。

图8-10 安装翼子板布、前格栅布

（3）拔下空气流量计插接器，如图8-11所示。

图8-11 拔下空气流量计插接器

（4）拆卸空气滤芯器上盖，如图8-12和图8-13所示。

图8-12 松开空气管卡箍螺栓

图8-13 取下空气滤芯器上盖

（5）在制动主缸下方铺开一块布，以防止制动液溢出到其他零件和油漆上，如图8-14所示。

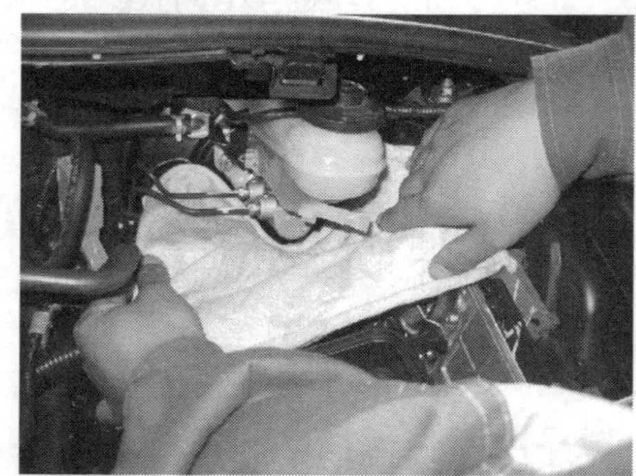

图8-14 制动主缸下方铺开一块布

（6）拆卸制动主缸上方的盖板，如图8-15所示。

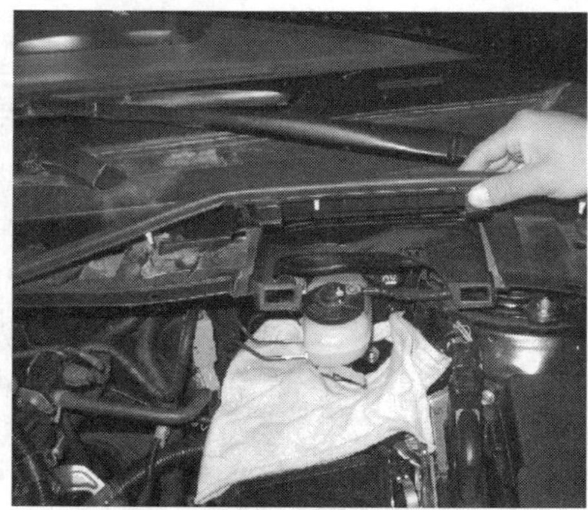

图8-15 拆卸制动主缸上方的盖板

（7）打开制动主缸储液罐盖，如图8-16所示。

图8-16　打开储液罐盖

（8）用注油器从制动主缸储液罐内吸除制动液，如图8-17所示。

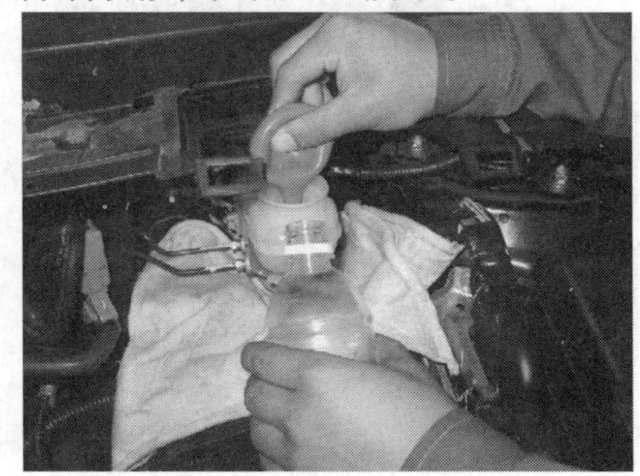
图8-17　吸除储液罐内制动液

（9）拔下制动液液位传感器插接器，如图8-18所示。

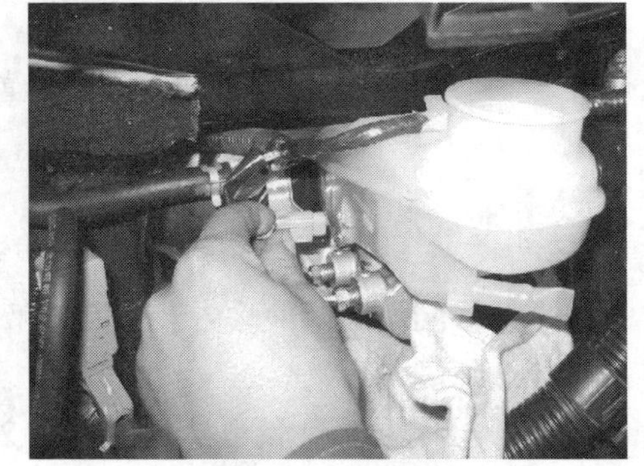
图8-18　拔下制动液液位传感器插接器

（10）用10号油管扳手将制动管路松开，如图8-19所示。

如果使用开口扳手松开制动管路，则开口扳手会损坏制动管路扩口螺母。

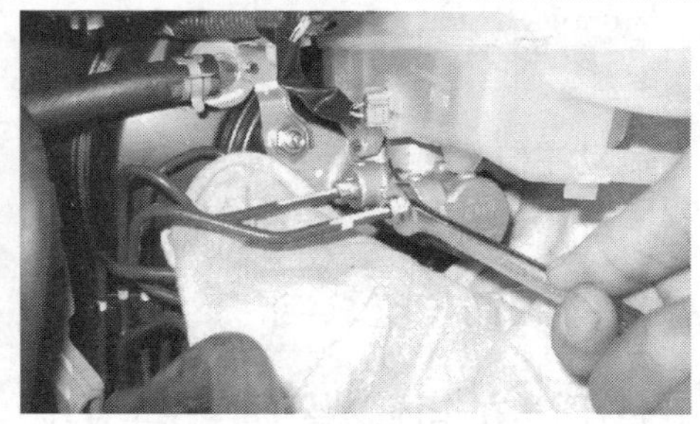
图8-19　松开制动管路

（11）使用工具（棘轮扳手、短接杆和12号套筒）拆卸制动主缸固定螺母，如图8-20所示。

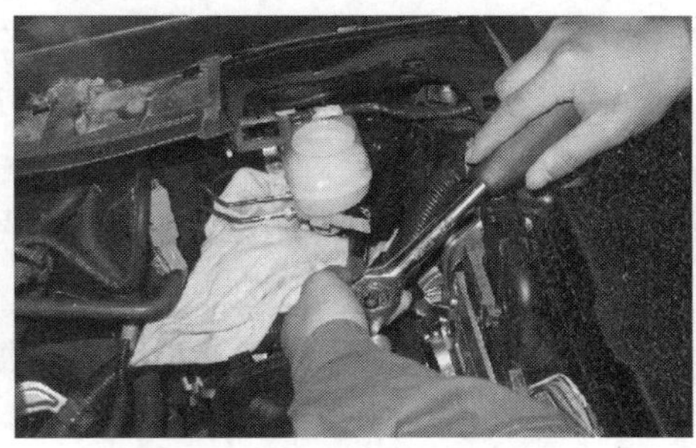
图8-20　拆卸制动主缸固定螺母

（12）拆下制动管路。

（13）取下制动主缸，如图8-21和图8-22所示。

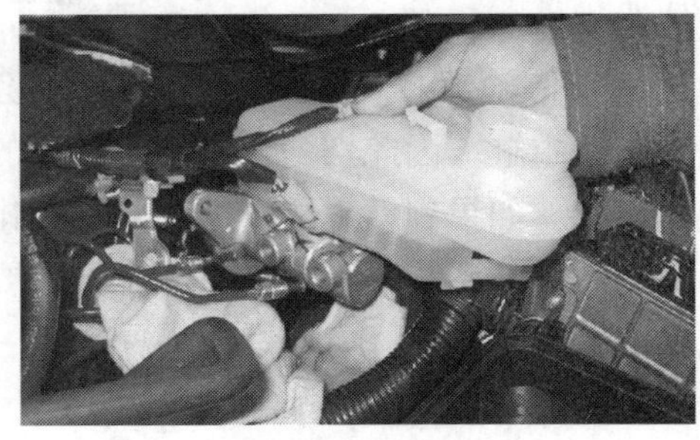
图8-21　取下制动主缸

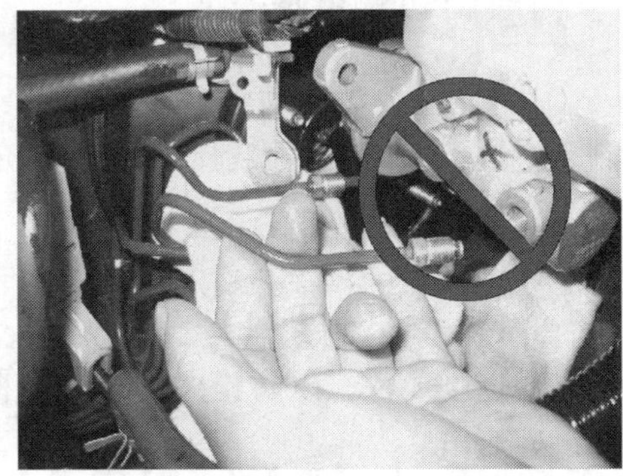
图8-22　不能弯曲制动管路

二 安装制动主缸

制动主缸安装步骤与拆卸步骤相反。

三 制动主缸放气

1号同学在车内，2号同学在车外。

（1）1号同学打开车门，进入车内。

（2）2号同学向储液罐内加入制动液，使其达到最大容量线。

（3）1号同学踩下制动踏板后，并保持踏板被踩下的状态，并告知2号同学。

（4）2号同学用手指堵在主缸的出口上（两个出口同时堵住），并告知1号同学。

（5）1号同学松开制动踏板后，2号同学松开堵在主缸出口上的手指。

（6）重复（3）至（5）步骤直至液体从出口处流出。

（7）清除泼洒出的制动液。

用手指包着布覆盖在出口处，以防止液体泼溅。

如果储液罐内的液体排干，空气会进入制动主缸，因此切勿让制动主缸内的液体用光。如果制动主缸内的空气没有排出，则从制动系统的管路将空气排干需要花费很多时间。

四 制动管路安装

（1）轻轻扳动制动管路，快速安装在制动主缸上，用手将将制动管路螺母充分旋入，如图8-23所示。

操作速度要快，以防止大量的制动液从出口处流出。

禁止一开始就使用扳手将制动管路螺母旋入，如图8-24所示。

在安装制动管路时，不能弯曲制动管路。

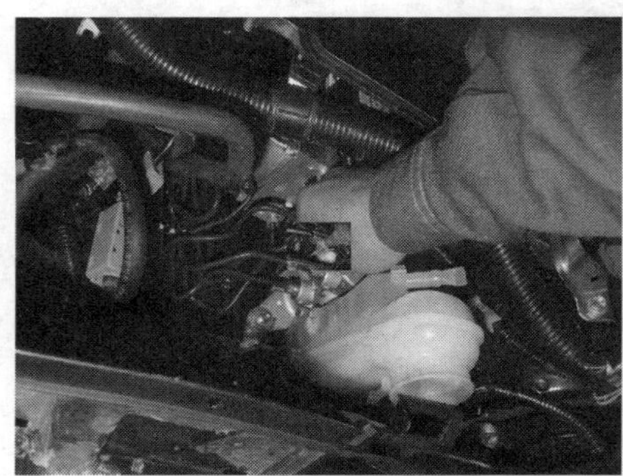

图8-23 用手将制动管路螺母充分旋入

图8-24 禁止使用扳手将制动管螺母旋入

（2）用油管扳手把扩口螺母旋紧。

旋紧制动管路扩口螺母时必须小心谨慎。

五 制动管路排气

（1）2号同学在储液罐内装入制动液体，使其达到最大容量线。

（2）1号同学坐在驾驶人座椅上，2号同学操作举升机，举升起汽车。

（3）2号同学将聚氯乙烯软管连接到放气塞上，并给1号同学发送信号，告知准备工作已完成。

（4）1号同学要多次踩下制动踏板。将制动踏板踩到完全压下的位置。

（5）2号同学将放气塞放松大约1/4

圈，进行排气。快速重新拧紧放气塞。

（6）重复（3）到（5）步骤，直至制动液中的气泡消失。

六 排气后检查

（1）检查当制动踏板被完全压下后，制动踏板和地面之间是否有足够的距离，以及重复压下制动踏板后该距离是否变化，如图8-25所示。

当制动感觉过于柔软或者压下踏板后感觉不明显，则在制动系统管路内可能存在剩余的空气，应再次排放空气。

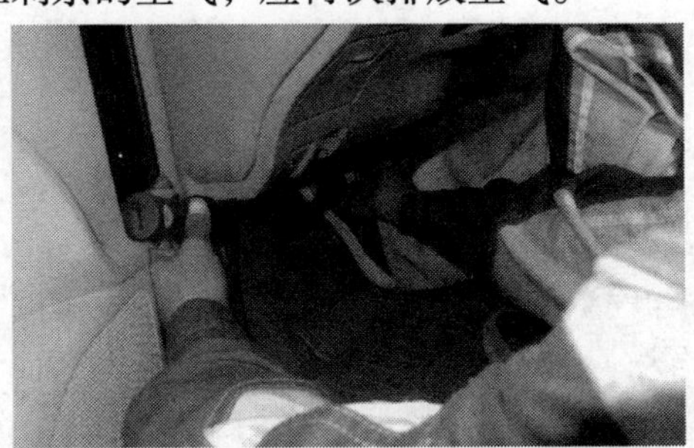

图8-25 检查制动踏板行程余量

（2）检查放气塞是否被拧紧了，并重新安装放气塞帽。

（3）将新的制动液装入制动主缸储液罐直至液面达到最大容量线。

（4）空转发动机，压下制动踏板并检查排放塞是否有制动液泄漏。

（5）清除掉放气塞周围漏出的制动液。

七 整理作业工位

（1）收回前格栅布，关闭发动机罩。

（2）取下车内4件套：变速杆套、转向盘套、座椅套和地板垫。

（3）拔下点火钥匙，关闭车门。

（4）垃圾分类。

（5）清洁、整理工具车和工作台。

（6）清洁车辆和场地。

任务3 制动轮缸的更换

一 准备工作

打开发动机罩，并正确支撑。

二 拆卸轮胎

（1）操作举升机将车辆举升至中位。

（2）使用气动扳手拆卸轮胎螺母（4只），如图8–26所示。

图8–26 用气动扳手拆卸轮胎螺母

（3）在轮胎上做好轮胎拆装记号，如图8–27所示。

图8–27 做轮胎拆装记号

（4）两人合作拆卸轮胎：拆卸最后一个轮胎螺母，移除轮胎，如图8–28所示。

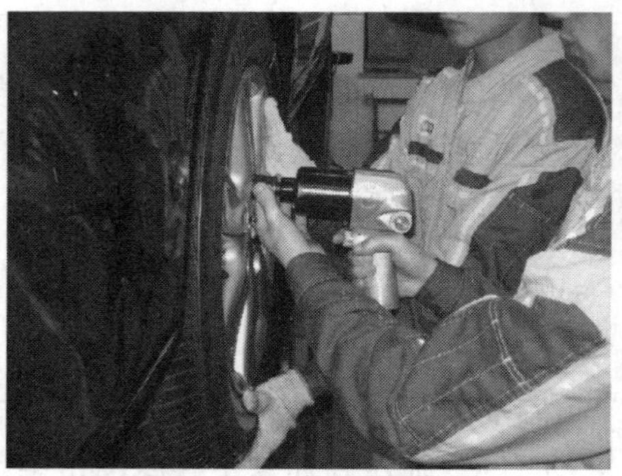

图8–28 两人合作拆卸轮胎

三 拆卸制动轮缸（制动卡钳）

（1）旋上两个轮胎螺母（对角），固定转子盘，如图8–29所示。

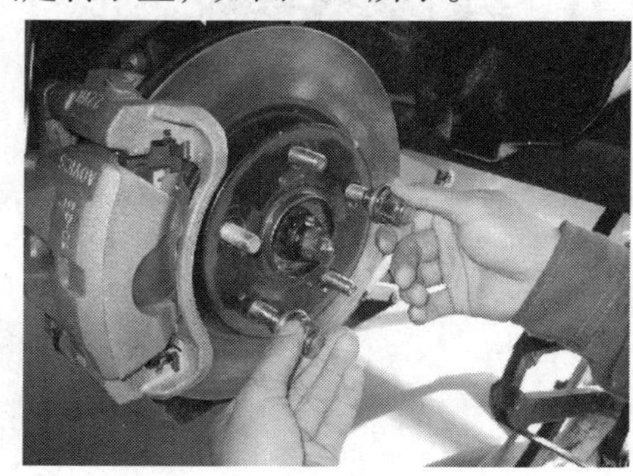

图8–29 固定转子盘

（2）用手扳转转向节，方便制动卡钳拆装，如图8–30所示。

图8–30 用手扳转转向节

（3）使用工具（14号梅花扳手、17号开口扳手）松开制动卡钳固定螺栓，并拆卸下面一只螺栓，如图8-31所示。

图8-31 松开制动卡钳固定螺栓

（4）翻转制动卡钳，并用钩子挂在悬架螺旋弹簧上，如图8-32所示。

图8-32 翻转制动卡钳

（5）拆下制动摩擦片，如图8-33所示。

图8-33 拆下制动摩擦片

（6）重新安装制动卡钳，制动卡钳螺栓只需用手旋上，如图8-34所示。

图8-34 安装制动卡钳

（7）使用工具（棘轮扳手、14号套筒）拆卸制动卡钳油管螺栓，如图8-35所示。

拆卸时，下方放置一块抹布，接住流下的制动液，防止制动液腐蚀地面，同时方便清洁工作。

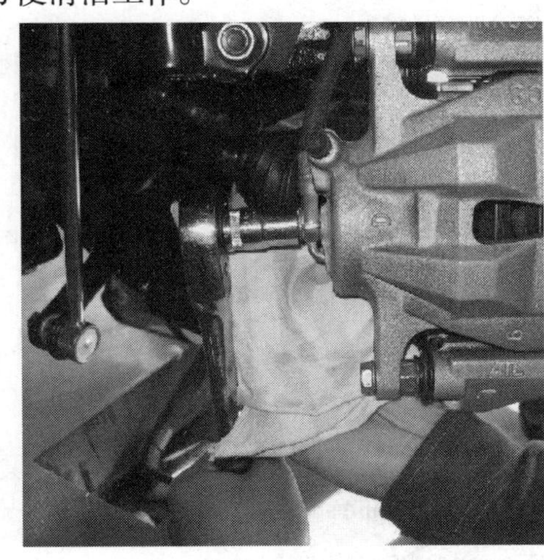

图8-35 拆卸制动卡钳油管螺栓

（8）用干净抹布包裹油管接头，并加以固定。

（9）拆卸制动卡钳螺栓，取下制动卡钳，如图8-36所示。

制动卡钳内残存的制动液不能随处滴漏，应倾倒在废油收集器中。

图8-36 拆卸制动卡钳

四 安装新的制动轮缸（制动卡钳）

（1）安装制动摩擦片。

（2）安装制动卡钳。

（3）安装制动卡钳油管。

安装时应将油管接头的弯钩卡入制动卡钳上的小孔内，确保油管安装到位，如图8-37所示。

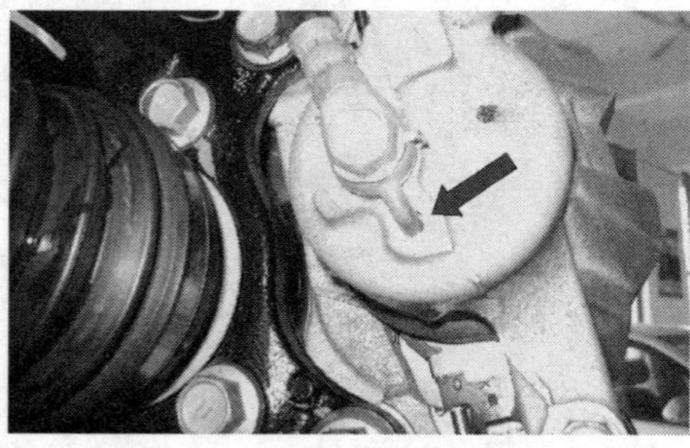

图8-37 弯钩卡入制动卡钳上的小孔内

（4）使用工具（扭力扳手、14号套筒）紧固制动油管螺栓：力矩为29N · m，如图8-38和图8-39所示。

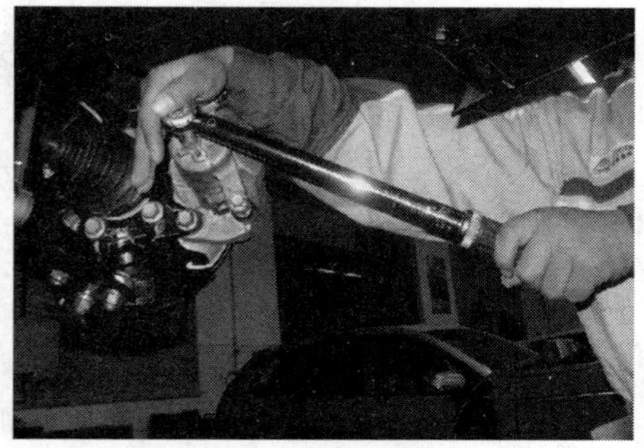

图8-38 紧固制动油管螺栓

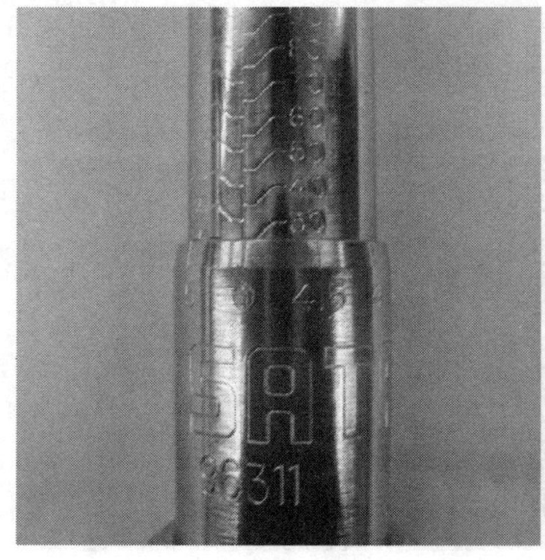

图8-39 拧紧力矩为29N · m

（5）使用工具（扭力扳手、14号套筒、17号开口扳手）紧固制动卡钳螺栓：力矩为34N · m，如图8-40和图8-41所示。

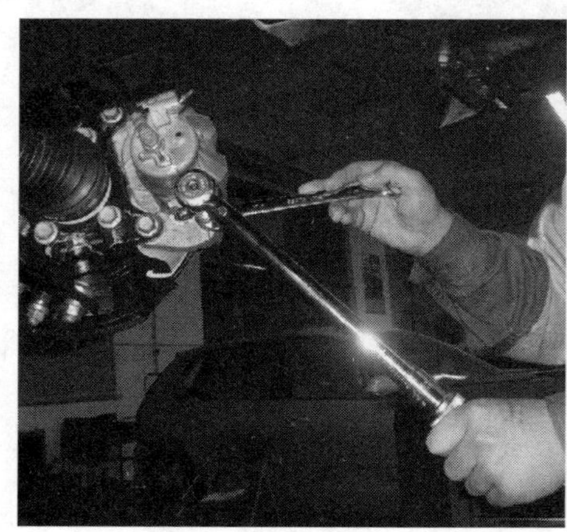

图8-40 紧固制动卡钳螺栓

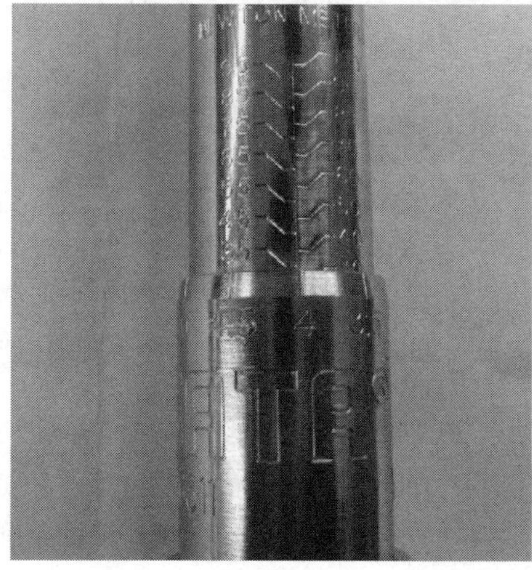

图8-41 拧紧力矩为34N · m

五 制动轮缸（制动卡钳）排放空气

（1）制动轮缸排放空气的具体方法和步骤，可参照本书《项目七：制动液的检查、添加与更换》—《任务三：更换制动液》中制动管路排放空气，如图8–42所示。

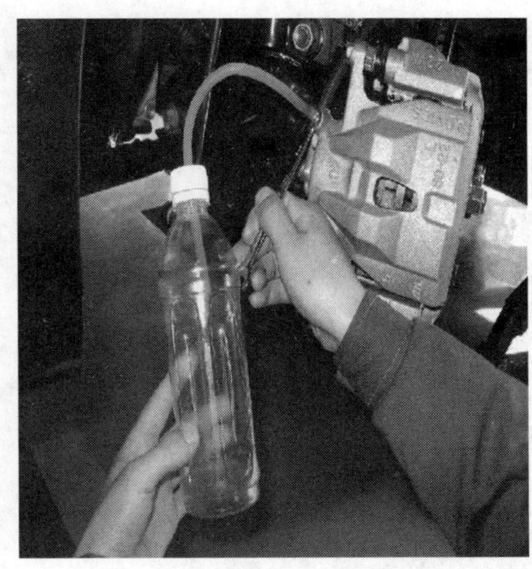

图8–42 制动轮缸（制动卡钳）排放空气

（2）检查制动管路、制动轮缸、空气阀是否有泄漏，如图8–43所示。

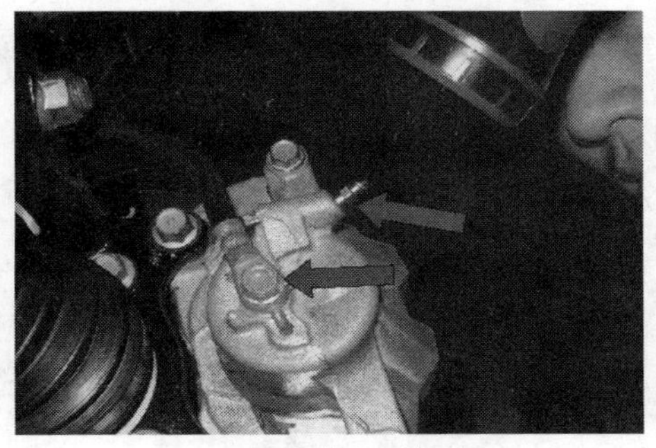

图8–43 检查是否有泄漏

六 安装轮胎

具体操作步骤略。

注意：轮胎安装时，对准拆装记号；轮胎螺母的拧紧力矩为103N·m。

七 结束工作

（1）操作举升机，降下车辆。

（2）向制动主缸储液罐内补充制动液，液量不得超过上限（MAX）标线。

（3）关闭发动机罩。

八 整理作业工位

项目九

ABS轮速传感器的检查与更换

知识点

1.掌握汽车ABS的组成；
2.掌握汽车ABS的工作原理。

技能点

1.能正确使用V.A.G1552检测轮速传感器故障；
2.通过操作，学会ABS轮速传感器的检查与更换。

参考学时及教学组织安排

本项目总学时为18学时，其中：理论教学为3学时，示范为2学时，学生练习为13学时。
理论教学采用多媒体辅助教学，并结合实物讲解，使学生掌握汽车防抱死制动系统（ABS）的组成和工作原理。
实践教学采用工艺化学教法，根据实训设备的台套数，学生分组进行ABS轮速传感器的检查与更换的项目教学。教师讲解并示范操作步骤和注意事项，适时下达操作指令，并进行工位间巡视、检查、指导和纠正错误。

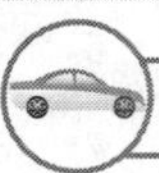

项目实施所需设备、器材

V.A.G1552故障诊断仪

桑塔纳2000GSi

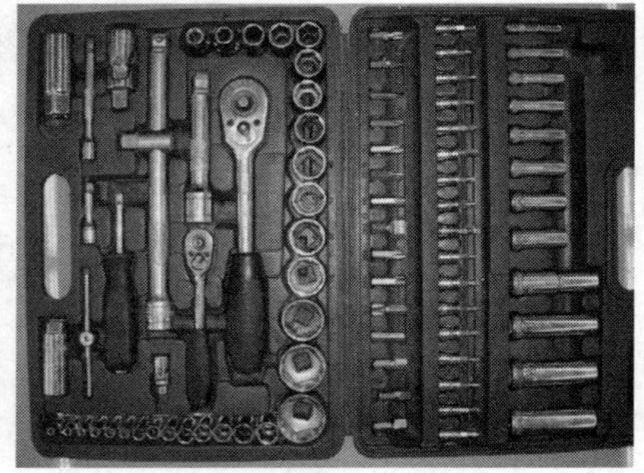

常用工具

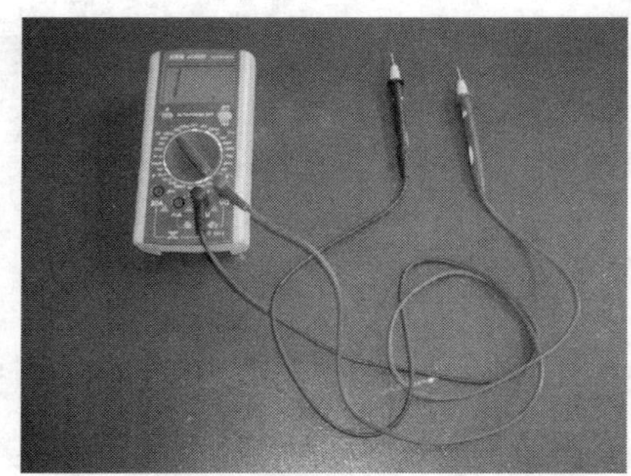

万用表

任务 1 ABS的认知

一 防抱死制动系统（ABS）的概述

防抱死制动系统是英文Anti-lock Braking System的缩写。

ABS作用是保证汽车在任何路面上进行紧急制动时，自动控制和调节车轮制动力，防止车轮完全抱死，从而得到最佳的制动效果。

（1）普通制动系统工作时，基本上分3个阶段：第一阶段车轮作单纯的滚动，如图9-1所示；第二阶段车轮处于边滚动边滑动的状态，如图9-2所示；第三阶段车轮被制动器抱死在路面上拖滑，如图9-3所示。

（2）附着系数ϕ与滑移率S的关系，如图9-4所示。

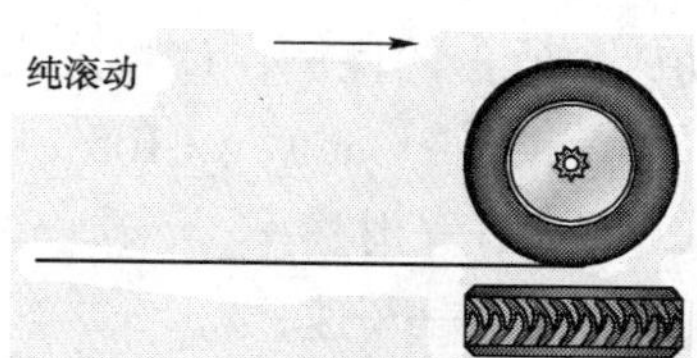

图9-1 路面印痕与胎面花纹基本一致

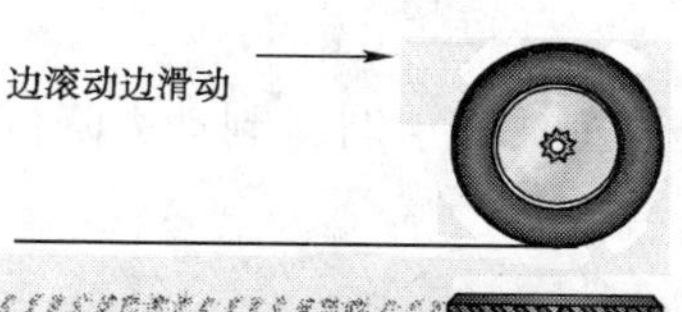

图9-2 路面印痕可以辨认出轮胎花纹，但花纹逐渐模糊

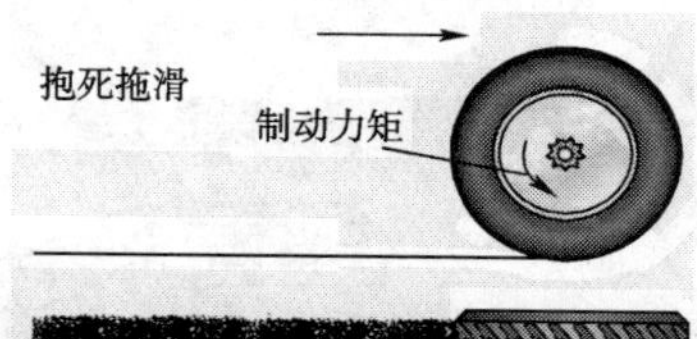

图9-3 路面印痕可以辨认出轮胎花纹，但花纹逐渐模糊

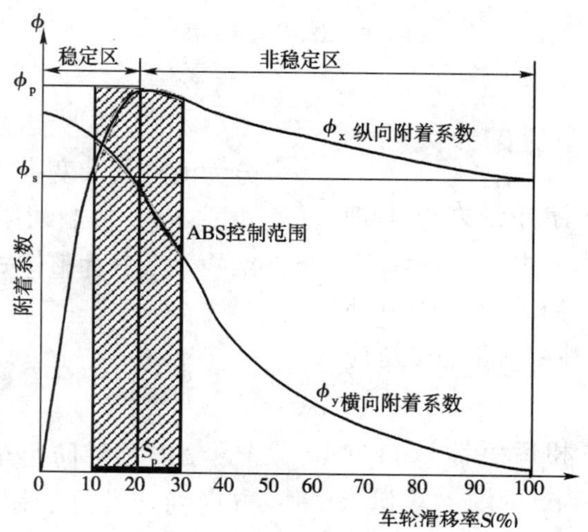

图9-4 附着系数ϕ与滑移率S的关系

$S<20\%$为制动稳定区域；$S>20\%$为制动非稳定区域

附着系数ϕ，是附着力与车轮法向（与路面垂直的方向）压力的比值。它可以看成是轮胎和路面之间的静摩擦因数。这个系数越大，可利用的附着力就越大，汽车就越不容易打滑。

一般用滑移率S表示车轮运动过程中的滑动成分所占的比例，计算公式为：

$$S=(v-r\cdot\omega)/v\times100\%$$

式中：S——滑移率；

v——车速；

ω——车轮转速；

r——车轮半径。

车轮抱死拖滑时，制动力降低，而且无法控制汽车的行驶方向，出现不稳定的状态。实践证明，滑移率在20%时，具有最大的附着系数，可获得最佳制动效果。因而防抱死制动系统能够在汽车制动时将滑移率控制在最有利的20%范围内，从而避免制动过程中的侧滑、跑偏和丧失转向能力，提高了汽车的操纵性能和稳定性能。同时还能得到最大制动力，缩短制动距离，提高制动性能，如图9-5所示。

遇到紧急状况，驾驶人只要尽可能地用力踩下制动踏板即可，其他的事情交给ABS来处理，因此驾驶人可此专心地处理紧急状况。

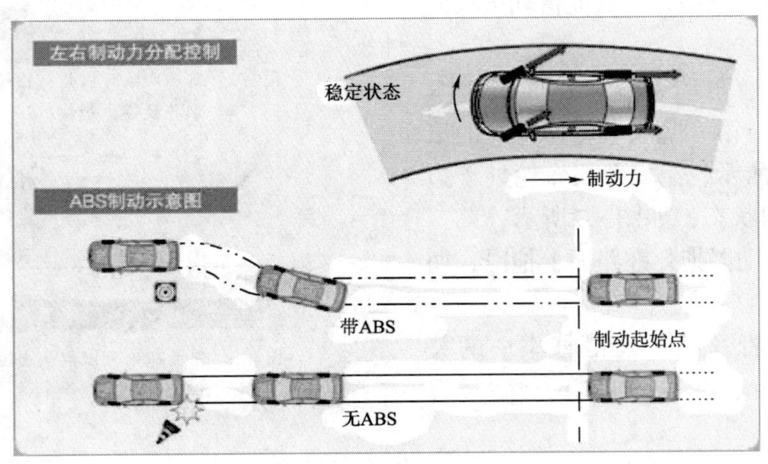

图 9-5　ABS控制示意图

二　防抱死制动系统的分类

（1）ABS从目前看可分为以下种类：博世（Bosch）ABS、坦孚（Teves）ABS、达科（Delco）ABS和本迪克斯（Bendix）ABS，这四种ABS都是广泛应用的ABS。

（2）按控制通道和传感器数目分类：四通道式、三通道式、二通道式和一通道式。

（3）按照制动压力调节器的动力来源分为液压式和气压式。

（4）按照制动压力调节器调压方式分为流通式和变容式。

（5）按制动压力调节器与制动主缸结构关系分为整体式和分离式。

三　ABS的基本组成和工作原理

ABS能够防止车轮抱死，具有制动时方向稳定性好、制动时仍有转向能力、缩短制动距离等优点。桑塔纳2000GSi采用的是美国ITT公司MK20-Ⅰ型ABS，是三通道的ABS调节回路，前轮单独调节，后轮则以两轮中地面附着系数低的一侧为依据统一调节。ABS主要由ABS控制器（包括电子控制单元、液压控制单元、液压泵等）、4个车轮转速传感器、ABS故障报警灯、制动报警灯等组成，如图9-6所示。

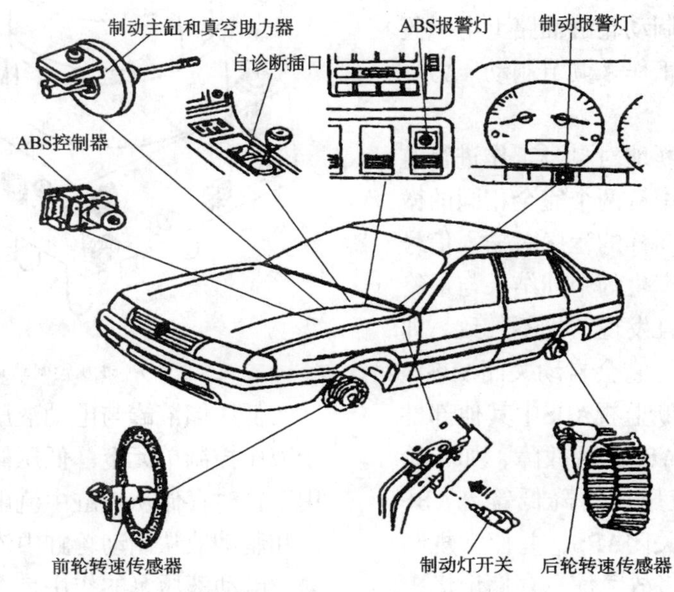

图9-6　ABS组件在车上的安装位置

ABS的基本工作原理是:汽车在制动过程中，车轮转速传感器不断把各个车轮的转速信号及时输送给ABS电子控制单元（ECU）,ABS ECU根据设定的控制逻辑对4个转速传感器输入的信号进行处理，计算汽车的参考车速、各车轮速度和减速度，确定各车轮的滑移率。如果某个车轮的滑移率超过设定值，ABS ECU就发出指令控制液压控制单元，使该车轮制动轮缸中的制动压力减小;如果某个车轮的滑移率还没达到设定值，ABS ECU就控制液压单元，使该车轮的制动压力增大;如果某个车轮的滑移率接近于设定值时，ABS ECU就控制液压控制单元，使该车轮制动压力保持一定。从而使各个车轮的滑移率保持在理想的范围之内，防止4个车轮完全抱死。

在制动过程中，如果车轮没有抱死趋势，ABS将不参与制动压力控制，此时制动过程与常规制动系统相同。如果ABS出现故障，电子控制单元将不再对液压单元进行控制，并将仪表板上的ABS故障报警灯点亮，向驾驶人发出警告信号，此时ABS不起作用，制动过程将与没有ABS的常规制动系统的工作相同。

四　ABS主要部件结构与工作原理

1 电子控制单元

电子控制单元是ABS的控制中心，它实际上是一个微型计算机，所以又常称为ABS（ECU）电脑。ABS ECU由输入电路、数字控制器、输出电路和警告电路组成。主要任务是连续监测接受4个车轮转速传感器送来的脉冲信号，并进行测量比较、分析放大和判别处理，计算出车轮转速、车轮减速度以及制动滑移率，再进行逻辑比较分析4个车轮的制动情况，一旦判断出车轮将要抱死，它立刻进入防抱死控制状态，通过电子控制单元向液压单元发出指令，以控制制动轮缸油路上电磁阀的通断和液压泵的工作来调节制动压力，防止车轮抱死。

ABS ECU还不断地对自身工作进行监控。由于ABS ECU中有两个完全相同的微处理器，它们按照同样的程序对输入信号进行处理，并将其产生的中间结果与最终结果进行比较，一旦发现结果不一致，即判定自身存在故障，它会自动关闭ABS。此外ABS ECU还不断监视ABS中其他部件的工作情况，一旦ABS出现故障，如车轮速度信号消失、液压压力降低等，ABS ECU会发出指令而关闭ABS，并使常规制动系统工作，同时将故障信息存储记忆，并将仪表板上的ABS故障灯点亮，向驾驶人发出警示信号，此时应及时检查修理。

当点火开关接通时，ABS ECU就开始进行自检程序，对系统进行自检，此时ABS故障灯点亮。如果自检以后发现ABS存在影响其正常工作的故障，它将关闭ABS，恢复常规制动系统，仪表板上ABS故障灯一直点亮，警告驾驶人ABS系统存在故障。自检结束后，ABS故障灯就熄灭，表明系统工作正常。由于自检过程大约需要2s，因此在正常情况下，当点火开关接通时，ABS故障灯点亮2s，然后再自动熄灭，是正常的。反之如果点火开关接通时，ABS故障灯不亮，说明ABS故障灯或其线路存在故障，应对其进行检修。

2 液压控制单元和液压泵

液压控制单元装在制动主缸与制动轮缸之间，采用整体式结构，如图9-7所示。主要任务是转换执行ABS ECU的指令，自动调节制动器中的液压压力。

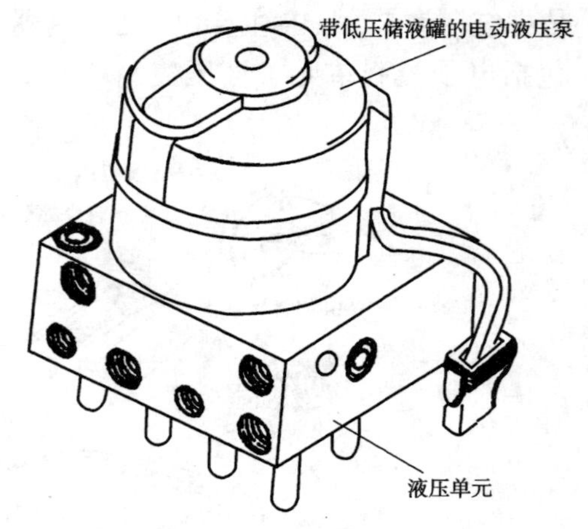

图9-7 液压控制单元结构

低压储液罐与电动液压泵合为一体装于液压控制单元上。低压储液罐的作用是用于暂时存储从轮缸中流出的制动液，以缓和制动液从制动轮缸中流出时产生的脉动。电动液压泵的作用是将在制动压力阶段流入低压储液罐中的制动液及时送至制动主缸，同时在施加压力阶段，从低压储液罐中吸取剩余制动力，泵入制动循环系统，给液压系统以压力支持,增加制动效能。电动液压泵的运转是由电子控制单元控制的。

液压控制单元阀体内包括8个电磁阀，每个回路各一对，其中一个是常开进油阀，一个是常闭出油阀。它在制动主缸、制动轮缸和回油路之间建立联系，实现压力升高、压力保持和压力降低的功能，防止车轮抱死，其工作原理如下:

（1）开始制动阶段（系统油压建立）。开始制动时，驾驶人踩制动踏板，制动压力由制动主缸产生，经常开的不带电压的进油阀作用到车轮制动轮缸上，此时，不带电压的出油阀依然关闭，ABS没有参与控制，整个过程和常规液压制动系统相同，制动压力不断上升，如图9-8所示。

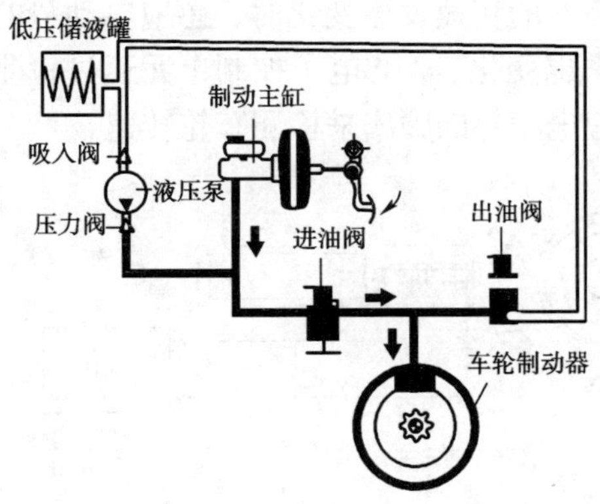

图9-8　系统油压的建立

（2）油压保持。当驾驶人继续踩制动踏板，油压继续升高到车轮出现抱死趋势时，ABS电子控制单元发出指令使进油阀通电并关闭阀门，出油阀依然不带电压仍保持关闭，系统油压保持不变，如图9-9所示。

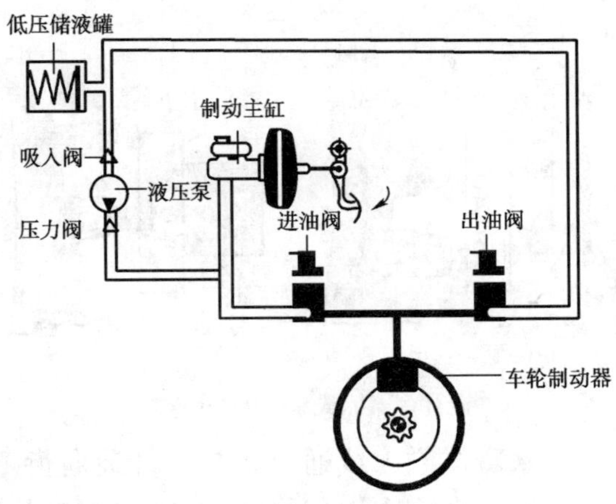

图9-9　油压保持

（3）油压降低。若制动压力保持不变，车轮有抱死趋势时，ABS ECU给出油阀通电打开出油阀，系统油压通过低压储液罐降低油压，此时进油阀继续通电保持关闭状态，有抱死趋势的车轮被释放，车轮转速开始上升。与此同时，电动液压泵开始起动，将制动液由低压储液罐送至制动主缸，如图9-10所示。

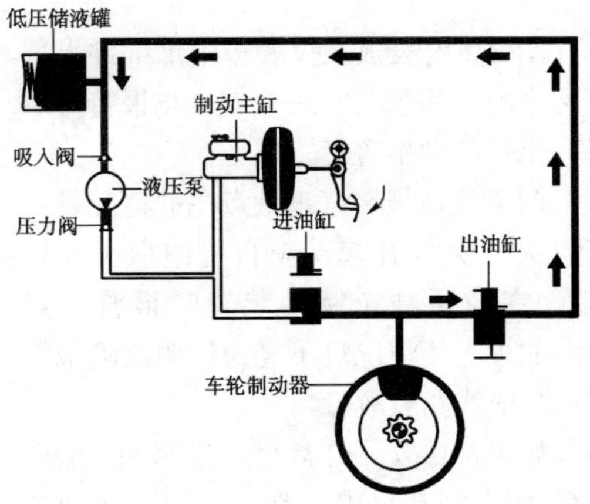

图9-10　油压降低

（4）油压增加。为了使制动最优化，当车轮转速增加到一定值后，电子控制单元给出油阀断电，关闭出油阀，进油阀同样也不带电而打开，电动液压泵继续工作，从低压储液罐中吸取制动液泵入液压制动系统，如图9-11所示。随着制动压力的增加，车轮转速又降低。这样反复循环地控制，工作频率为5～6次/s，将车轮的滑移率始终控制在20%左右。

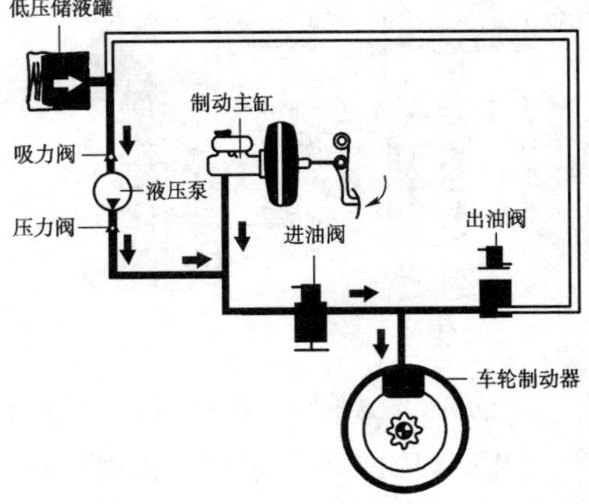

图9-11　油压增加

如果ABS出现故障，进油阀始终常开，出油阀始终常闭，使常规液压制动系统继续工作而ABS不工作，直到ABS故障排除为止。

3 故障报警灯

ABS在仪表板及仪表板附加部件上装有两个故障报警灯：一个是ABS报警灯，另一个是制动报警灯。

两个故障报警灯正常点亮的情况是：当点火开关打开起动至自检结束（大约2s）;在拉紧驻车制动装置时报警灯点亮。如果上述情况灯不亮，说明故障报警灯本身或线路有故障。

如果ABS故障灯常亮，说明ABS出现故障;如果制动报警灯常亮，说明制动液缺乏。

4 车轮转速传感器

车轮转速传感器的作用是接受车速传感器输送的车速信号，并将车速信号转换成电信号传送到电控单元。车轮转速传感器有磁脉冲式和霍尔式。

（1）磁脉冲式。由传感头和齿圈组成，传感头由永磁铁、极轴和感应线圈等组成,如图9-12所示。

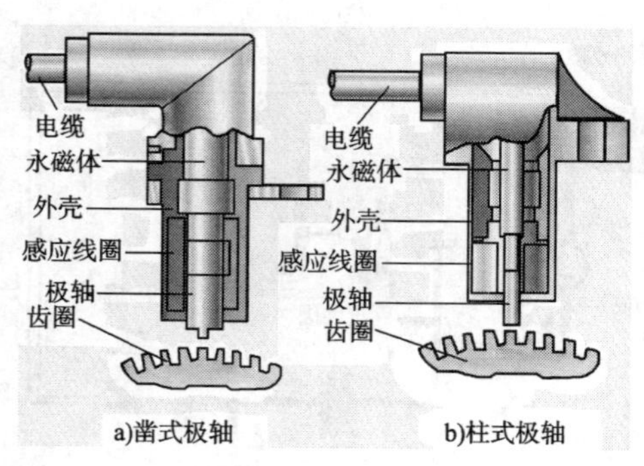

图9-12 磁脉冲式车轮转速传感器

工作原理如图9-13所示。齿圈旋转时，齿顶和齿隙交替对向极轴。在齿圈旋转过程中，感应线圈内部的磁通量交替变化从而产生感应电动势，此信号通过感应线圈末端的电缆输入ABS电子控制单元。当齿圈的转速发生变化时，感应电动势的频率也变化。ABS电子控制单元通过检测感应电动势的频率来检测车轮转速。

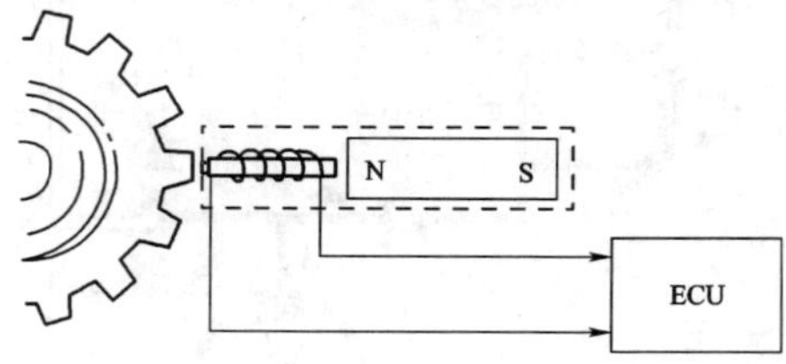

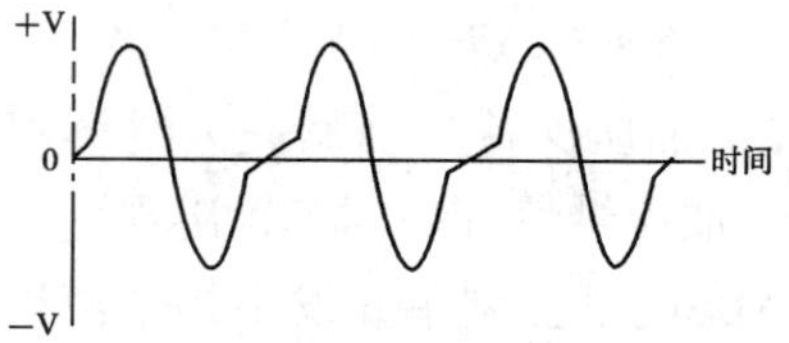

图9-13 工作原理

（2）霍尔式。由传感头和齿圈组成，传感头由永磁体、霍尔元件和电子电路等组成,如图9-14所示。

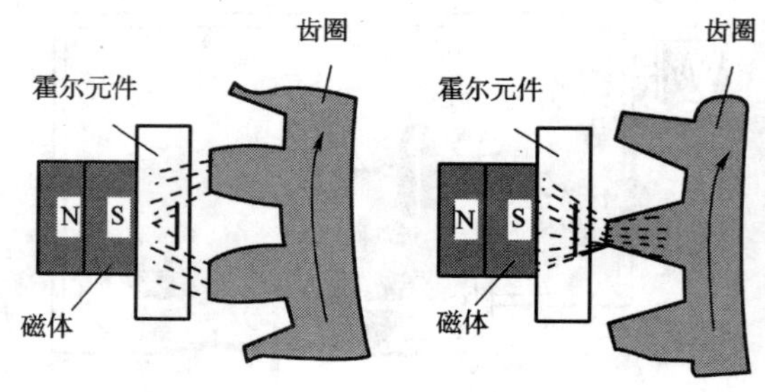

图9-14 霍尔式车轮转速传感器

永磁体磁力线通过霍尔元件通向齿圈，当齿隙正对霍尔元件中心时，穿过霍尔元件的磁力线分散，磁场较弱；当齿顶正对霍尔元件中心时，磁力线集中，磁场较强。齿圈转动时，磁场强弱发生交替变化，从而引起霍尔电压的变化。

优点是输出信号幅值不受转速影响；频率响应高；抗电磁干扰能力强。

任务2 ABS轮速传感器的检查与更换

一 用V.A.G1552检测轮速传感器故障（以桑塔纳2000GSi为例）

1 V.A.G1552故障诊断仪操作方法及功能简介

ABS系统故障诊断可使用V.A.G1552故障诊断仪来操作。

（1）V.A.G1552操作方法：

①在断电情况下，将V.A.G1552故障诊断仪与诊断插座连接后，打开点火开关。

②键入“03”后按“Q”键，即进入ABS工作环境。

③键入所需的功能代码。

④键入“06”后按“Q”键，退出。

⑤在断电后，拆下V.A.G.1552故障诊断仪。

（2）功能简介：功能01—状态信息显示；功能02—故障查询；功能03—液压控制单元诊断；功能04—加液排气；功能05—清除故障码；功能06—结束，退出；功能07—控制器编码；功能08—测量数据显示（如轮速信号等）。

（3）功能键：C键——取消，更改输入数据及当前菜单；Q键——确认输入；→键——下一步；HELP键——帮助信息。

2 查询和清除故障码

在功能选择处输入02，按“Q”键将显示故障数量。之后按“→”键，将依次显示每一故障的故障码和内容。

在功能选择处输入05，按“Q”键即可清除故障码。如果故障码无法清除，表示这个故障码代表的故障一直存在。如果存储的故障可以消除，表示这是一个偶发性故障，须在实车行驶时才能重新检测到。

轮速传感器的故障码见表9–1。

轮速传感器的故障码 表9–1

故障码	故障原因
65535	电子控制单元故障
01276	ABS液压泵V64与ABS连接线路对正极、搭铁短路及开路或液压泵马达故障
00283	左前轮转速传感器（G47）触点开路或松动 左前轮转速传感器电路短路 转速传感器和齿圈的间隙超差（信号不正常）
00285	右前轮转速传感器（G45）触点开路或松动 左前轮转速传感器电路短路 转速传感器和齿圈的间隙超差（信号不正常）
00290	左后轮转速传感器触点开路或松动 左前轮转速传感器电路短路 转速传感器和齿圈的间隙超差（信号不正常）

续上表

故障码	故障原因
00287	右后轮转速传感器触点开路或松动 左前轮转速传感器电路短路 转速传感器和齿圈的间隙超差（信号不正常）
01044	ABS编码错误（ABS 25针插头触点6和22）
00668	供电端子30号线路、连接插头、熔断丝故障
01130	ABS工作信号超差，可能有外界干涉信号源的电气干涉（高频发射，例如：非绝缘的点火电缆线）

（1）查询故障码。

①将V.A.G1552与诊断接口相连接，如图9-15所示。如果屏幕上无显示，则应检查自诊断的插口，打开点火开关，屏幕显示：

Test of vehicle systems Insert address word XX	HELP
汽车系统测试 输入地址指令XX	帮助

图9-15　V.A.G1552与诊断接口的连接

②输入地址码“03”（制动电子系统），屏幕显示：

Test of vehicle systems 03 Brake electronics	Q
汽车系统测试 03-制动电子系统	确认

③按“Q”键确认，屏幕显示：

3A0 907 379 ABS ITT AE 20 GI VOD Coding 04505　　WCS XXXXX
3A0 907 379 ABS ITT AE 20 GI VOD 编码 04505　　WCS XXXXX

其中：3A0 907 379 ABS 为控制单元零件号；ITT AE 20 GI 为公司ABS产品型号；VOD为软件版本；Coding 04505为控制单元编码号；WCS XXXXX为维修站代码。

④按“→”键，屏幕显示：

Test of vehicle systems Select function XX	HELP
汽车系统测试 选择功能 XX	帮助

⑤输入功能码“02”（查询故障码功能）。屏幕显示：

Test of vehicle systems 02-Interrogate fault memory	Q
汽车系统测试 02-查询故障码	确认

⑥按“Q”键确认。然后在显示器上出现所存储的故障数量，或者“未发现

故障”。

X Faults recognized 发现X个故障
No faults recognized 未发现故障

⑦按“→”键，所显示的故障依次显示出来。故障显示完毕后，按“→”键返回初始位置。

（2）清除故障码和结束输出。

①查询故障码后，屏幕显示：

Test of vehicle systems Select function XX	HELP
汽车系统测试 选择功能 XX	帮助

②输入功能码“05”（清除故障码功能）。屏幕显示：

Test of vehicle systems 05–Erase fault memory	Q
汽车系统测试 05–清除故障码	确认

③按“Q”键确认，屏幕显示：

Test of vehicle systems Fault memory is erased!	HELP
汽车系统测试 故障存储已被清除	帮助

④按“→”键，如果在屏幕上出现显示：Attention! Fault memory has not been interrogated（注意：故障存储未被查询），则检测过程有缺陷，应遵循正确的检测过程，即先查询再清除故障码。屏幕显示：

Test of vehicle systems Select function XX	HELP
汽车系统测试 选择功能 XX	帮助

⑤输入“06”（结束输出）功能。屏幕显示：

Test of vehicle systems 06–end output	Q
汽车系统测试 06–结束输出	确认

⑥按“Q”键确认。屏幕显示：

Test of vehicle systems Enter address XX	HELP
汽车系统测试 输入地址指令 XX	帮助

关闭点火开关，拔下V.A.G1552故障诊断仪的插头。打开点火开关后，ABS的报警灯K47和制动报警灯K118亮约2s后必须熄灭。

3 读取轮速传感器测量数据块

功能“08 ”（读取测量数据块）中，“01”和“02”（显示组）可用于检测转速传感器工作情况，“03”（显示组）可用于检测制动灯开关的功能。

（1）连接V.A.G1552，输入地址码“03”（制动电子系统），并按“Q”键确认，屏幕显示：

Test of vehicle systems Select function XX	HELP
汽车系统测试 选择功能 XX	帮助

（2）输入“08”（读取测量数据块）功能，按“Q”键确认。屏幕显示：

Read measuring Value block Enter display group number XX	Q
读取测量数据块 输入显示组号 XX	确认

（3）输入显示组“01”，按“Q”键确认，屏幕显示（汽车静止时）：

Read measuring Value block 1			→
0km/h	0km/h	0km/h	0km/h
读取测量数据块1			→
0km/h	0km/h	0km/h	0km/h

（4）为了检查转速传感器工作情况，必须用举升机升起车辆，使4个车轮离地，另一名维修工用手转动车轮。屏幕显示（用手转动车轮时）：

Read measuring Value block 1			→
1	2	3	4
读取测量数据块1			→
1	2	3	4

其中：显示区域1、2、3和4分别是用手转动左前轮、右前轮、左后轮和右后轮的速度，单位是km/h，范围为0～255。

（5）按“↑”键，进入下一个显示组。屏幕显示（汽车静止时）：

Read measuring Value block 2			→
255km/h	255km/h	255km/h	255km/h
读取测量数据块2			→
255km/h	255km/h	255km/h	255km/h

（6）放下汽车，缓慢行驶，屏幕显示（缓慢行驶时）：

Read measuring Value block 2			→
3km/h	6km/h	2km/h	1km/h
读取测量数据块2			→
3km/h	6km/h	2km/h	1km/h

其中：区域1和2的数据偏差<6km/h为正常，区域3和4的数据偏差<2km/h为正常。

（7）按“↑”键，屏幕显示：

Read measuring value block 3 0
读取测量数据块3 0

其中：不踩制动踏板时为0，踩制动踏板时应为1。

二 ABS前轮速传感器的检修（以桑塔纳2000为例）

（1）车辆进入工位前，学生将工位卫生清理干净，排除障碍物，准备好相关的工具、物品和耗材等，如图9-16所示。

图9-16 做好准备工作

（2）将车辆停放在举升机的中央位置，拉紧驻车制动器操纵手柄，并将变速器置于空挡，如图9-17所示。再将转向盘套、变速杆套、座椅套、地板垫进行安装和铺设。

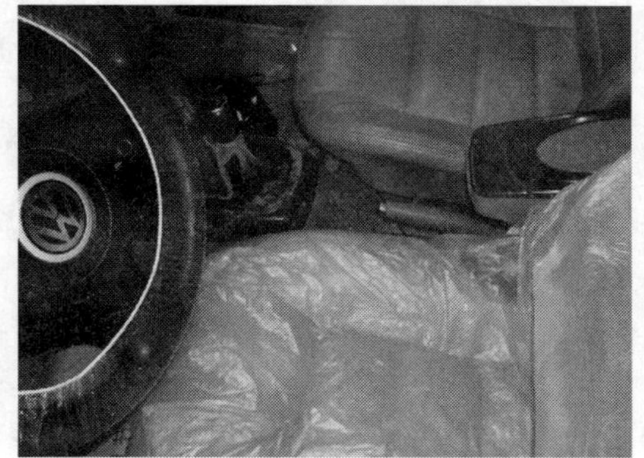

图9-17　拉紧驻车制动器操纵手柄

（3）将举升机上的车辆举升到离地适当的高度,如图9-18所示。拔下轮速传感器导线插头,如图9-19所示。并从减振器卡箍内脱出传感器线束。（注意：拔插轮速传感器导线插头时应关闭点火开关，防止损坏电控单元；拔轮速传感器导线插头时严禁使用一字螺丝刀等类似工具进行撬动，防止损坏插头和电器元件。）

图9-18　操纵举升机

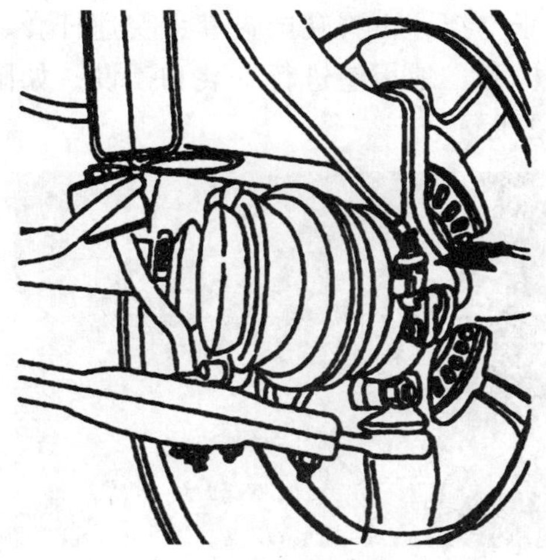

图9-19　拔下轮速传感器导线插头

（4）用内六角扳手拧松轮速传感器的固定螺栓，如图9-20和图9-21所示。取出固定螺栓后，用手转动、拔出轮速传感器，并将工具以及轮速传感器放好。

轮速传感器应放好，否则会损坏轮速传感器。

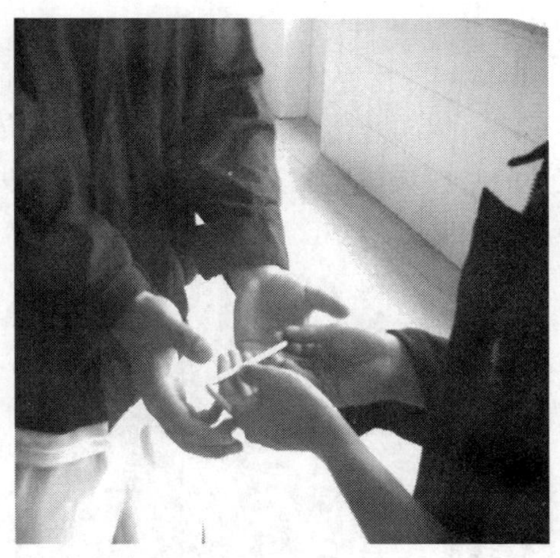

图9-20　递传内六角扳手

图9-21　拆卸轮速传感器

（5）用万用表测量轮速传感器的感应线圈的电阻值，如图9-22所示。

电阻值应为1.0～1.3kΩ,如测量值不在规定范围内,更换轮速传感器。

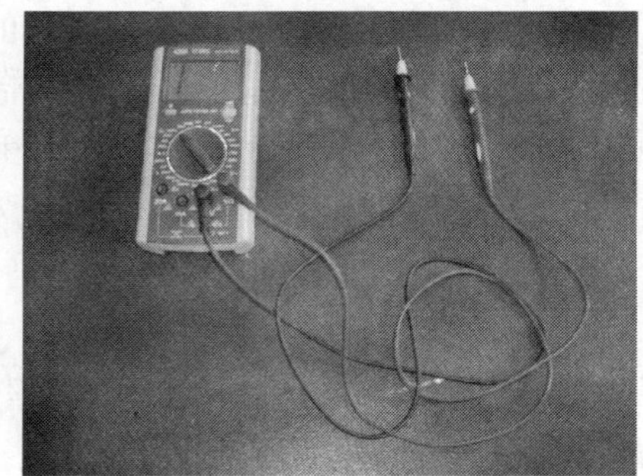

图9-22　万用表

（6）将轮速传感器的传感头用棉布擦干净，以防止传感头脏污而影响轮速传感器的感应灵敏度和造成输出电压信号失准，如图9-23所示。

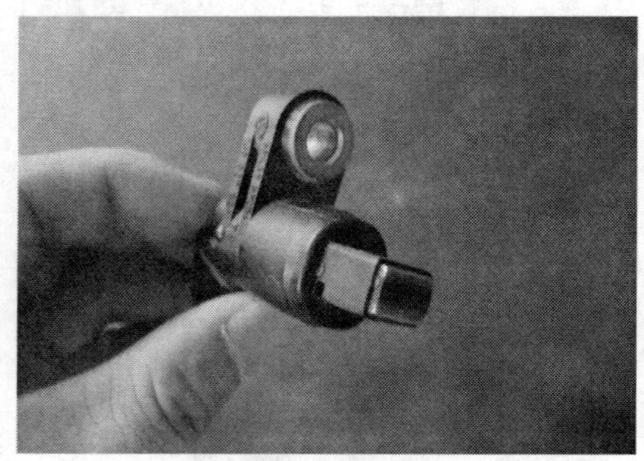

图9-23　轮速传感器

（7）将轮速传感器插入转向节上的轮速传感器孔中，如图9-24所示。用手旋入轮速传感器固定螺栓，用内六角扳手拧紧螺栓，如图9-25所示（力矩为10N·m），最后将轮速传感器插头插到插座上。

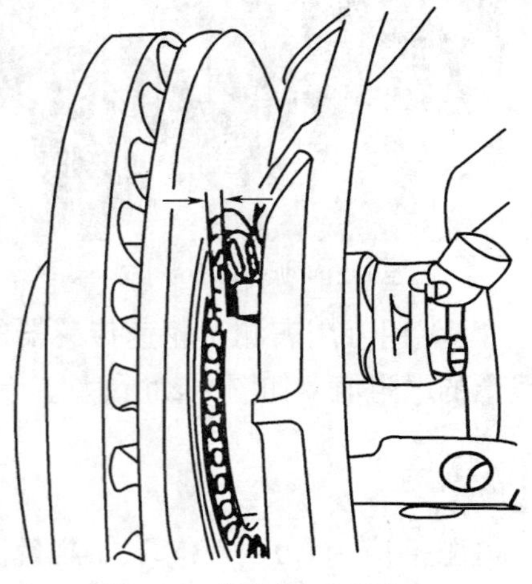

图9-24　传递内六角扳手

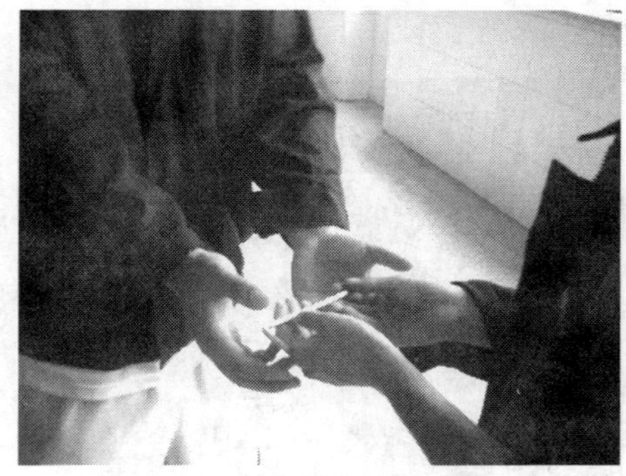

图9-25　安装轮速传感器

（8）放下举升机，清理工具，仪器，清洁场地。

三　ABS后轮速传感器的检修

（1）车辆进入工位前，学生将工位卫生清理干净，排除障碍物，准备好相关的工具、物品和耗材等，如图9-26所示。

图9-26　做好准备工作

（2）将车辆停放在举升机的中央位置，拉紧驻车制动杠杆，并将变速器置于空挡，再将转向盘套、变速杆套、座椅套、地板垫进行安装和铺设，如图9-27所示。

图9-27　拉紧驻车制动杠杆

（3）将举升机上的车辆举升到离地适当的高度，如图9–28所示。拔下后轮速传感器导线插头，并从减振器卡箍内脱出轮速传感器线束，如图9–29所示。

图9–28　操纵举升机

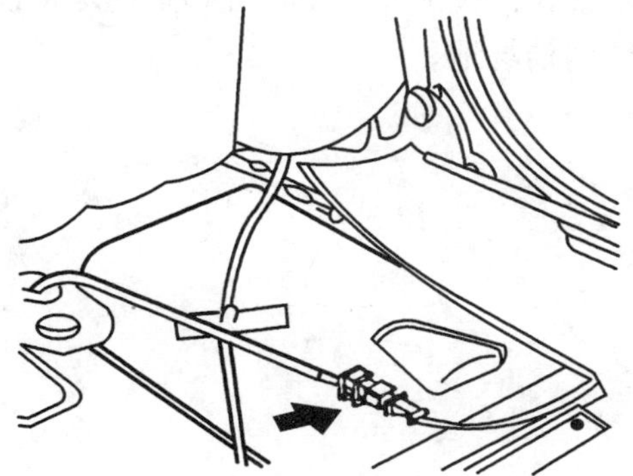

图9–29　拔下后轮速传感器连接插头

（4）用内六角扳手拧松轮速传感器的固定螺栓，如图9–30和图9–31所示。取出固定螺栓后，用手转动、拔出轮速传感器，并将工具以及轮速传感器放好。

轮速传感器应放好，否则会损坏轮速传感器。

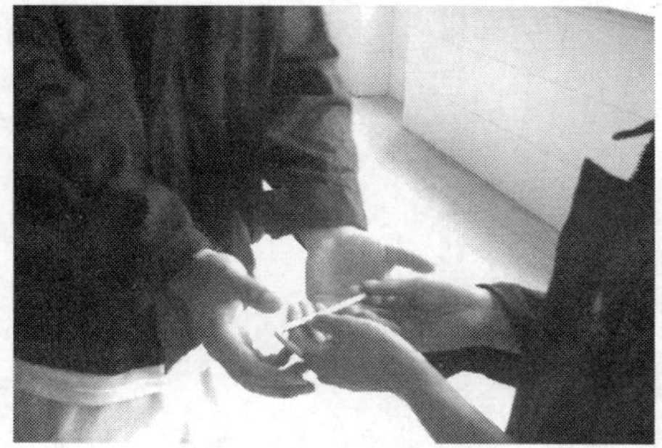

图9–30　内六角扳手

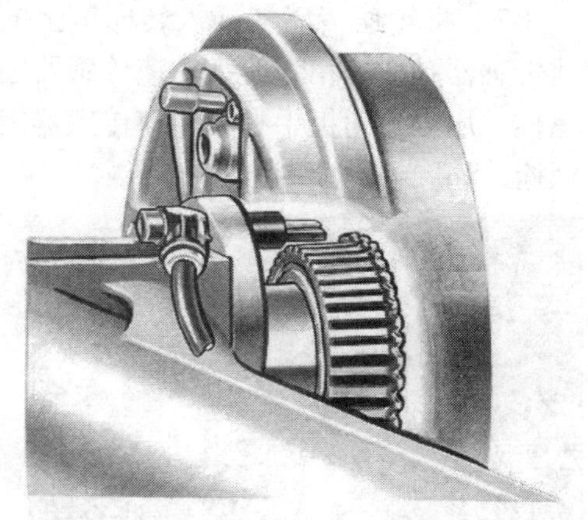

图9–31　拆下传感器紧固螺栓

（5）用万用表测量轮速传感器的感应线圈的电阻值，如图9–32所示。

电阻值应为1.0 ~ 1.3kΩ,如测量值不在规定范围内,更换轮速传感器。

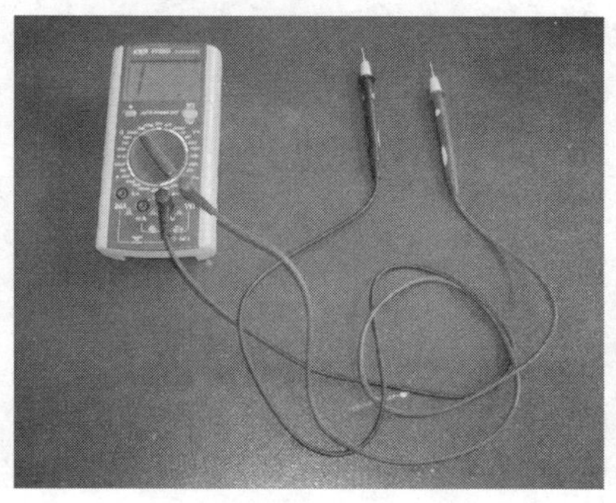

图9–32　万用表

（6）将轮速传感器的传感头用棉布擦干净，以防止传感头脏污而影响轮速传感器的感应灵敏度和造成输出电压信号失准，如图9–33所示。

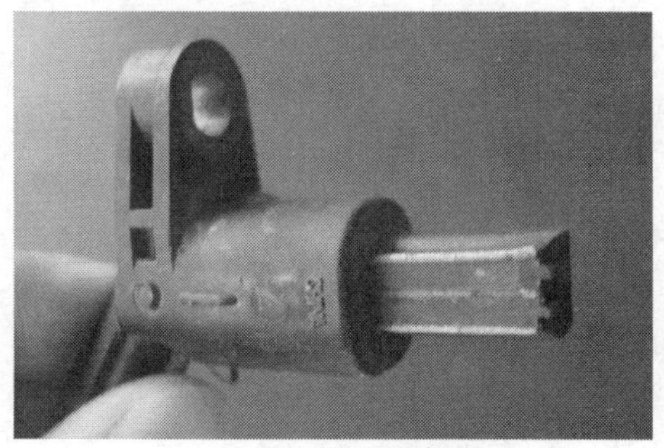

图9–33　轮速传感器

（7）将轮速传感器插入转向节上的轮速传感器孔中，用手旋入轮速传感器固定螺栓，用内六角扳手拧紧轮速传感器固定螺栓，如图9-34和图9-35所示。

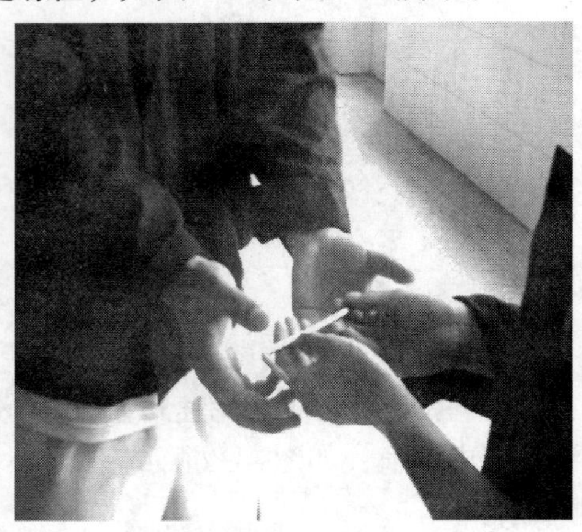

图9-34 传递内六角扳手

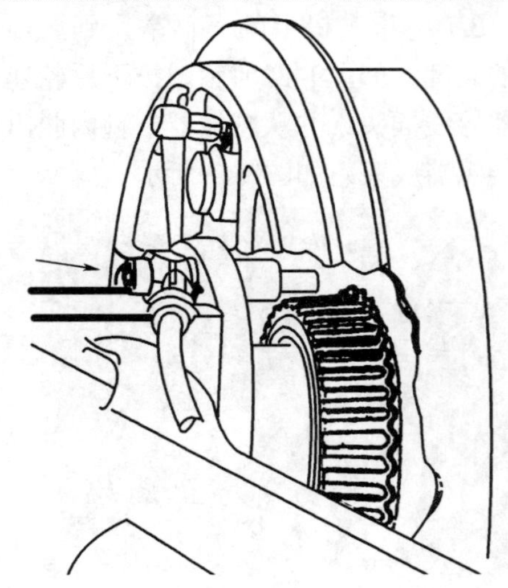

图9-35 拧紧轮速传感器紧固螺栓

（8）放下举升机，清理工具和仪器，清洁场地。

项目十

传动轴、等速万向节及橡胶护套的检查与更换

知识点

1.掌握汽车万向传动轴装置的功用、组成及应用；
2.掌握汽车传动轴与万向节的分类、结构及原理。

技能点

1.能正确对传动轴进行拆装；
2.能正确对等速万向节及橡胶护套进行检查与更换。

参考学时及教学组织安排

本项目总学时为12学时，其中：理论教学为3学时,示范为2学时，学生练习为7学时。
理论教学采用多媒体辅助教学，并结合实物讲解，使学生掌握汽车传动轴与万向节的分类、结构及原理。
实践教学采用工艺化教学法，根据实训设备的台套数，学生分组进行对等速万向节及橡胶护套的检查与更换的项目教学。教师讲解并示范操作步骤和注意事项，适时下达操作指令，并进行工位间巡视、检查、指导和纠正错误。

项目实施所需设备、器材

丰田卡罗拉

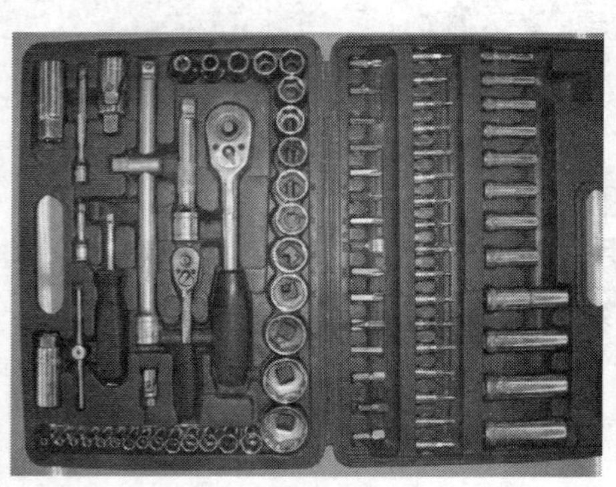

常用工具

举升机

任务1 万向传动轴装置的认知

一 万向传动轴装置的概述

万向传动轴装置的功用是在一对轴线相交且相对位置经常变化的转轴间传递动力。

万向传动轴装置应用在发动机前置前轮驱动的传动系统中，万向传动轴装置安装在差速器与车轮之间，当汽车在行驶过程中，悬架的跳动会造成主减速器与车轮之间相对的位置（距离、夹角）发生变化，因此不能用刚性连接，所以必须安装万向传动轴装置。

二 万向传动轴装置的组成、结构及原理

万向传动轴装置一般是由传动轴和万向节组成。

1 传动轴

（1）功用。传动轴是万向传动轴装置中的主要传力部件，通常用来连接变速器、分动器和驱动桥，在转向驱动桥和断开式驱动桥中用来连接差速器和驱动车轮。

（2）构造。传动轴有实心轴和空心轴两种。为了减轻传动轴的质量，节省材料，提高轴的强度和刚度，传动轴多制造成空心轴，一般用厚度为1.5～3.0mm的薄钢板卷焊而成，重型货车则直接采用无缝钢管，如图10–1所示。转向驱动、断开式驱动桥的汽车传动轴通常为实心轴，其两端采用了两种不同型号的球笼式等速万向节，外端是固定式等速万向节，内段是一种补偿轴距型等速万向节，传动轴两端分别与两万向节的球毂花键连接，如图10–2所示。

图10–1 货车传动轴

图10–2 小客车传动轴

2 万向节

（1）万向节是用来连接两件具有一定夹角的传动轴并传递动力的部件。

（2）万向节按其速度特性可分为：普通万向节、准等角速万向节、等角速万向节。普通万向节，如图10–3所示；等角速万向节，如图10–4所示 。

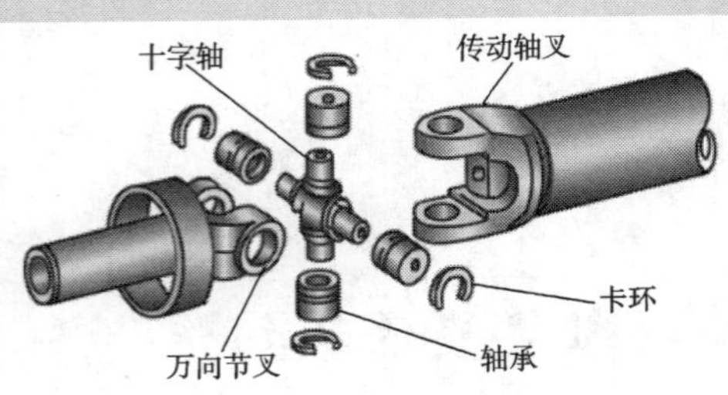

图10-3　普通万向节（十字轴式刚性万向节）

图10-4　等角速万向节

（3）等角速万向节的基本原理：如图10-5所示。外滚道中心A与内滚道中心B不重合，分别位于万向节中心O的两边，并且与O等距离。钢球中心C到A、B两点的距离也相等。球笼的内外球面、内滚道的外球面和外滚道的内球面均以万向节中心O为球心。因此，当两轴交角变化时，球笼可沿内外球面滚动，以保持传力钢球在一定位置。由此可见，由于$OA=OB$，$CA=CB$，则三角形$\triangle COA=\triangle COB$，因此$\angle COA=\angle COB$，即两轴相交任意角α时，其传力钢球的中心$C$都位于夹角的平分面上些时，钢球到主、从动轴的距离$a$和$b$相等，从而保证主、从动轴以相等的角速度转动。

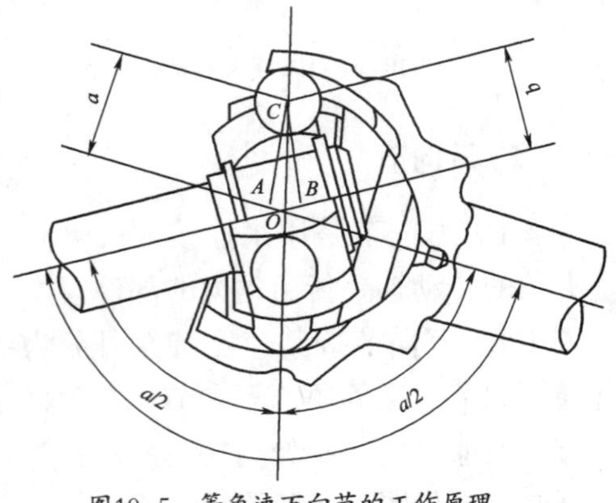

图10-5　等角速万向节的工作原理

（4）球笼式等角速万向节由外星轮、内星轮、球笼和6个钢球等组成。内星轮内有花键与主动轴用花键连接在一起，钢球分别装在内星轮和外星轮的弧形凹槽滚道中，由球笼保持在外星轮内。动力由主动轴输入依次传给钢球和外星轮输出。有些万向节采用可伸缩直槽滚道，滚道内外是圆筒形的，在传力过程中星形套和外壳体可以沿轴向伸缩，这样省去了其他万向节传动中的滑动花键，且滚动阻力小，适用于断开式驱动桥。

（5）等角速万向节的类型：外等速万向节、内等速万向节和三销轴式万向节。

①外等速万向节（RF型）：传动轴的外端采用固定式球笼万向节，其外星轮、内星轮、球笼均为球形，如图10-6所示。转矩由传动轴输入，经过内星轮、钢球、外星轮传给转向驱动轮。

②内等速万向节（VL型）：内等速万向节与外等速万向节结构类似，如图10-7所示。当万向节轴无夹角时，球道相交于同一垂直平分面上。当万向节轴线有夹角时，钢球由于球道和球笼的控制作用，使它们仍处于两轴夹角的平分线上。

图10-6　外等速万向节（RF型）

图10-7　内等速万向节（VL型）

③三销轴式万向节，如图10-8所示。

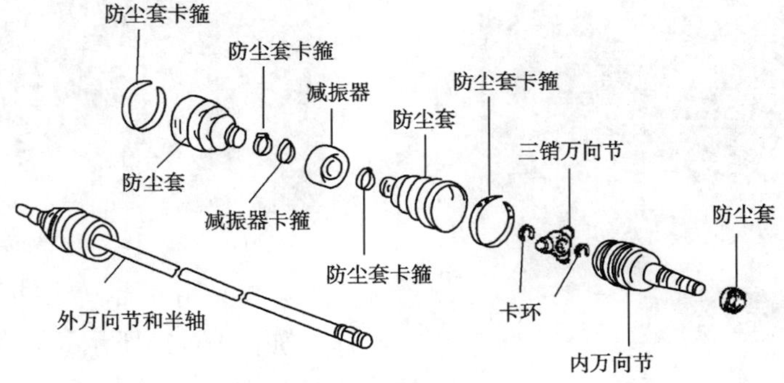

图10-8　三销轴式万向节

任务2 传动轴、等速万向节及橡胶护套的检查与更换

传动轴总成的拆装（以丰田卡罗拉为例）

（1）车辆进入工位前，如图10-9所示，学生将工位卫生清理干净，排除障碍物，准备好相关的工具、物品和耗材等，如图10-10所示。

图10-9 车辆进入工位

图10-10 做好准备工作

（2）将车辆停放在举升机的中央位置，如图10-11所示。拉紧驻车制动器操纵手柄，如图10-12所示。并将变速器置于空挡，再将转向盘套、变速套、座椅套、地板垫进行安装和铺设。

图10-11 举升机的停放

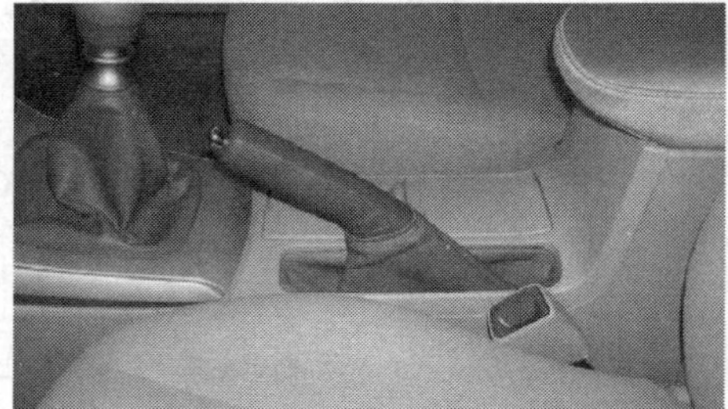

图10-12 拉紧驻车制动器操纵手柄

（3）用车轮专用扳手拧松车轮螺栓，如图10-13所示。再将举升机上的车辆举升到适当高度处，如图10-14所示。

图10-13 拧松车轮螺栓

图10-14 操纵举升机

（4）扶住车轮并拆下车轮，如图10–15所示。用手将车轮放在车轮专用车或架子上，如图10–16所示。

在举升机没将车辆举升之前不可拧下车轮螺栓，防止车轮倾斜，损坏车轮螺栓和螺母。

图10–15　拆卸车轮

图10–16　安放车轮

（5）将发动机1号底罩和发动机后部底罩拆下，并将油盆准备好，用工具先将注油螺塞和衬垫拆下，如图10–17所示。将放油螺塞旋松，再将油盆位置放好，旋出放油螺塞和衬垫，将手动传动桥油排放干净，并拧紧放油螺塞，如图10–18所示。

图10–17　注油螺塞

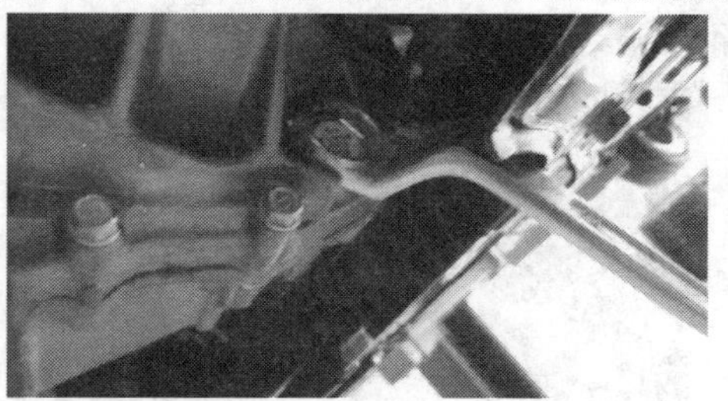

图10–18　放油螺塞

（6）举升机升到相应的高度，用锤子和专用工具将前桥轮毂螺母锁紧部件松开，如图10–19和图10–20所示。

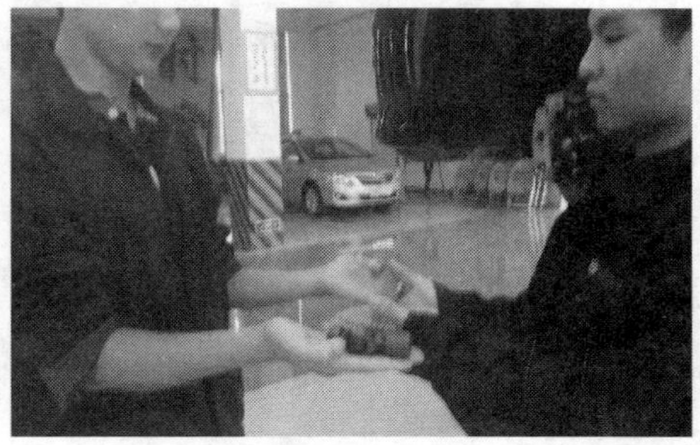

图10–19　传递锤子

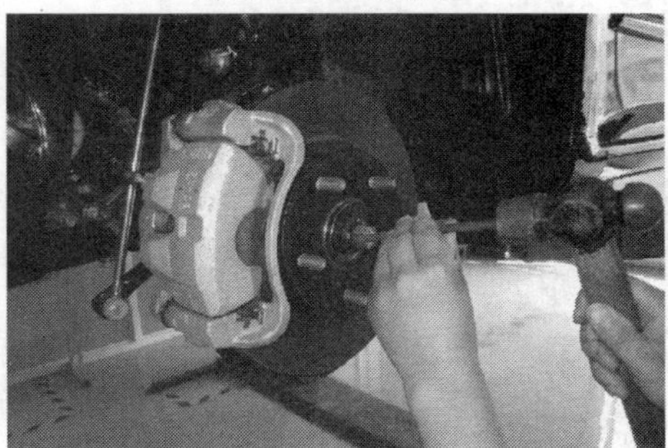

图10–20　松开前桥轮毂螺母锁紧部件

（7）用车轮专用工具套筒、扭力扳手拧松前桥轮毂螺母，并将螺母旋出，如图10–21所示。

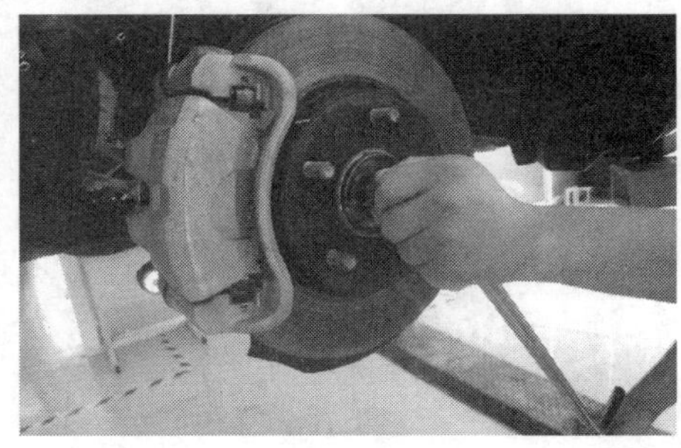

图10–21　拧松前桥轮毂螺母

（8）用Φ17mm扳手和Φ6mm内六角扳手从前减振器上拆下螺母，并分离前稳定杆连杆总成，如图10–22和图10–23所示。

图10–22　传递内六角扳手

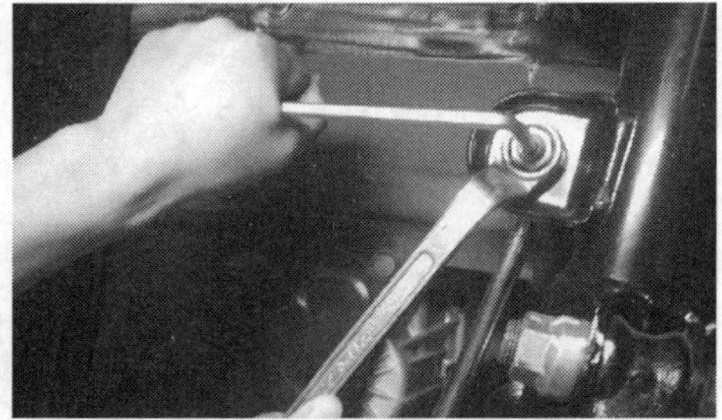
图10–23　前稳定杆连杆总成

（9）用Φ14mm扳手对前轮转速传感器和前挠性软管进行分离，如图10–24和图10–25所示。

图10–24　分离前轮转速传感器

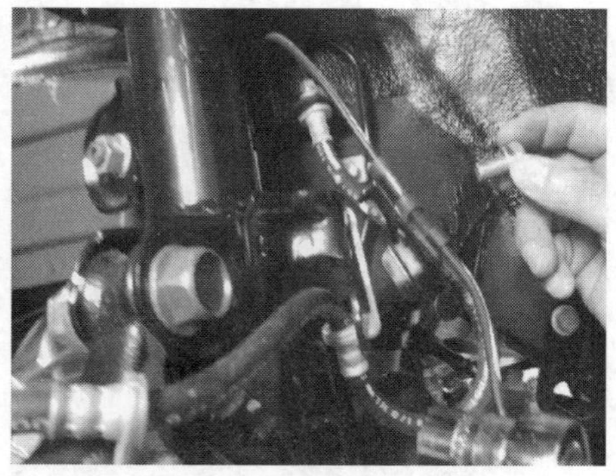
图10–25　分离前挠性软管

（10）用Φ17mm扳手分离前盘式制动器制动钳总成、拆卸前制动盘，如图10–26和图10–27所示。

图10–26　分离前盘式制动器制动钳总成

图10–27　拆卸前制动盘

（11）用尖嘴钳和Φ17mm扳手分离横拉杆接头总成，如图10–28和图10–29所示。

图10–28　传递尖嘴钳

图10–29　分离横拉杆接头总成

（12）用Φ17mm扳手分离前悬架下臂，如图10–30所示。

图10-30　分离前悬架下臂

（13）用ϕ 22mm扳手拆下两个螺栓和螺母，并从转向节上断开带螺旋弹簧的前减振器总成，如图10-31所示。并在驱动轴和前轮毂分总成上做好记号，再用橡胶锤拆下前桥总成。

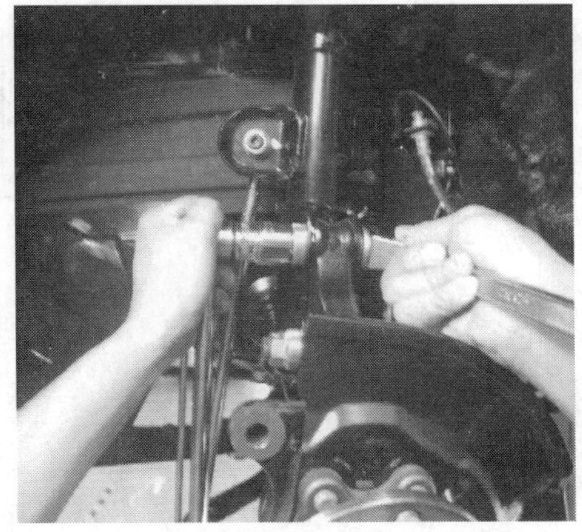

图10-31　拆卸带螺旋弹簧的前减振器总成

（14）用一字螺丝刀和锤子拆卸前桥半轴总成，如图10-32和图10-33所示。

图10-32　传递一字螺丝刀

图10-33　拆卸前桥半轴总成

注意事项：

①小心不要损坏传动桥壳油封、内侧万向节防尘套和驱动轴防尘罩。

②不可掉落驱动轴，否则会损坏。

（15）对半轴总成拆卸，用一字螺丝刀先拆卸前桥内侧万向节防尘罩2号卡夹和前桥内侧万向节防尘套卡夹，如图10-34和图10-35所示。用一字螺丝刀松开防尘套夹的锁紧部件并分离防尘套卡夹。再将内侧万向节防尘套从内侧万向节密封垫上分离。

图10-34　拆卸前桥内侧万向节防尘罩2号卡夹

图10-35　前桥内侧万向节防尘套卡夹

（16）拆卸前桥左半轴内侧万向节总成，先清除内侧万向节上的所有旧润滑脂，并在内侧万向节和外侧万向节轴上做好装配标记，如图10-36所示。接着把万向节轴夹在台虎钳上，用卡簧钳拆下轴卡环，再在外侧万向节轴和三销架上设置装配标记，并用铜棒和锤子从外侧万向节轴上敲出三销架，如图10-37所示。

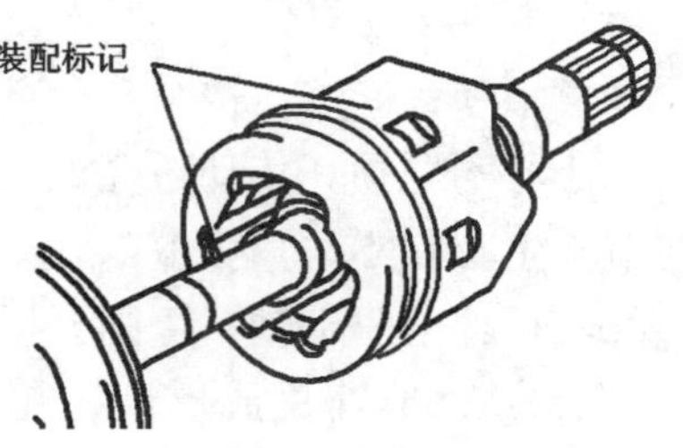

图10-36 装配标记

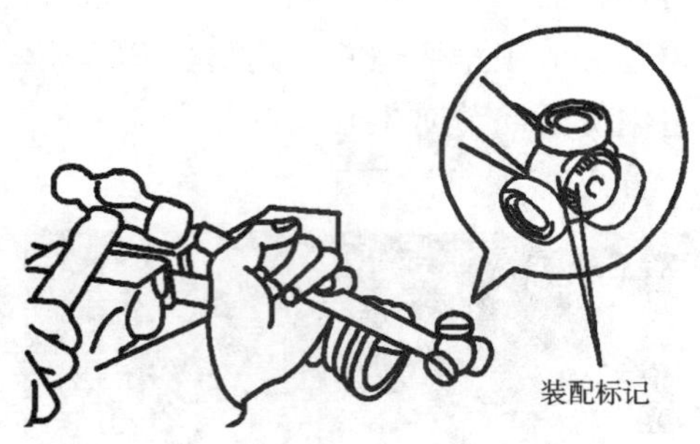

图10-37 拆卸三销架

（17）拆卸前桥右半轴内侧万向节总成，先将内侧万向节密封垫从内侧万向节上拆下，再拆下内侧万向节防尘套、内侧万向节防尘罩2号卡夹和内侧万向节防尘罩卡夹，如图10-38和图10-39所示。

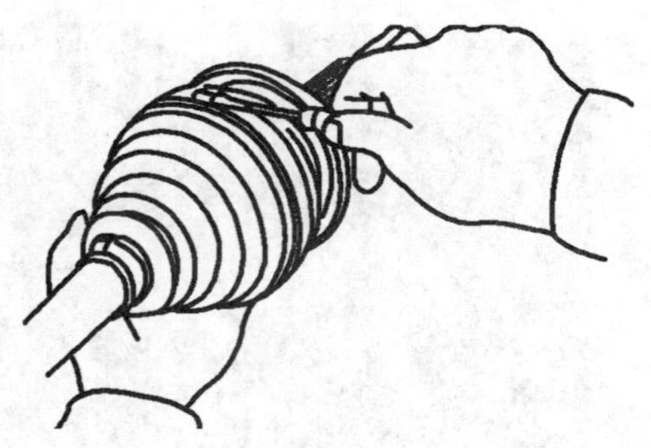

图10-38 拆卸内侧万向节防尘罩2号卡夹

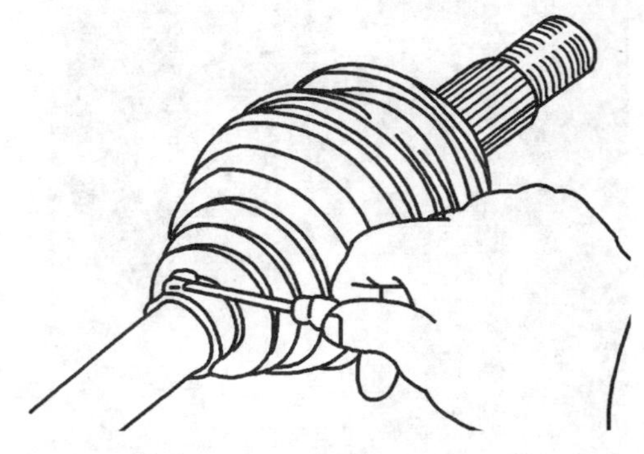

图10-39 拆卸内侧万向节防尘套卡夹

（18）用尖嘴钳拆下2个驱动轴减振器卡夹，接着从外侧万向节轴上拆下前桥半轴减振器，如图10-40所示。

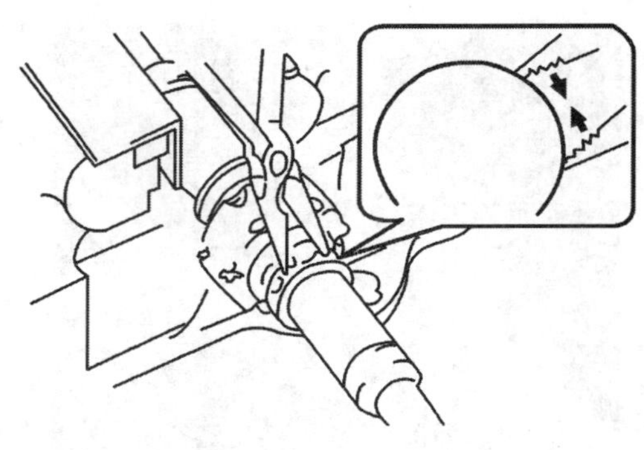

图10-40 拆卸带螺旋弹簧的前减振器总成

（19）用一字螺丝刀松开防尘套的锁紧部件并拆下前桥外侧万向节防尘罩2号卡夹和前桥外侧万向节防尘套卡夹，图10-41和图10-42所示。

图10-41 拆卸前桥外侧万向节防尘罩2号卡夹

图10-42　前桥外侧万向节防尘套卡夹

（20）从外侧万向节上拆下外侧万向节防尘套并清除外侧万向节上所有旧润滑脂。

（21）用一字螺丝刀拆下前桥左半轴孔卡环和前桥右半轴孔卡环，如图10-43所示。再使用专用工具和压力机，压出前桥左半轴防尘罩和前桥右半轴防尘罩，如图10-44所示。

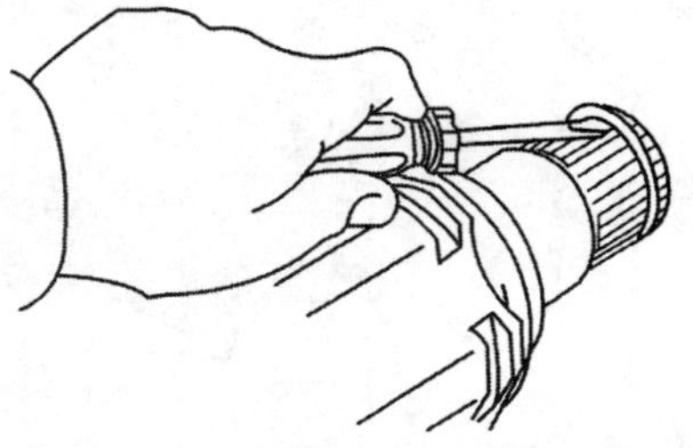
图10-43　拆卸前桥右半轴孔卡环

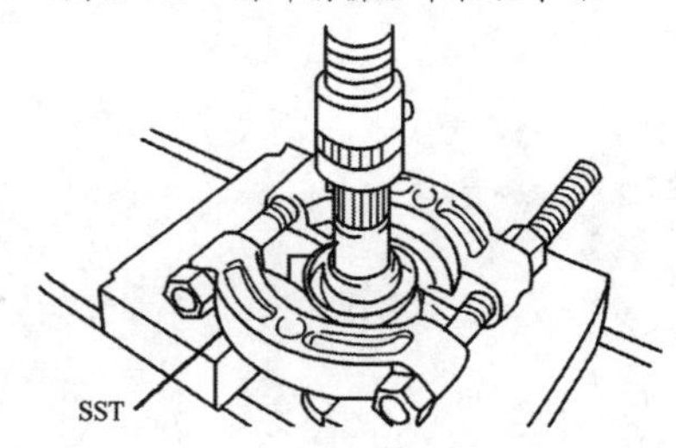

图10-44　压出前桥左半轴

（22）对前桥半轴进行检查：外侧万向节在径向上应没有过大的间隙；内侧万向节在止推方向上应滑动顺畅；内侧万向节在径向上应没有过大的间隙；检查防尘套是否有损坏。

（23）装配应按拆卸的相反顺序进行安装。

（24）安装结束后，整理工具和清理场地。

项目十一

减振器的检查与更换

知识点

1.掌握汽车减振器作用与组成；
2.掌握汽车减振器的类型、结构与原理。

技能点

1.能正确拆装前轮减振器；
2.能正确拆装后轮减振器。

参考学时及教学组织安排

本项目总学时为8学时，其中：理论教学为2学时，示范为1学时，学生练习为5学时。

教学可采用多媒体辅助教学，并结合实物讲解，使学生掌握汽车减振器的作用、组成、类型和原理。

根据实训设备的台套数，教学采用工艺化教学法。教师讲解并示范操作步骤和注意事项，适时下达操作指令，并进行工位间巡视、检查、指导和纠正错误。

项目实施所需设备、器材

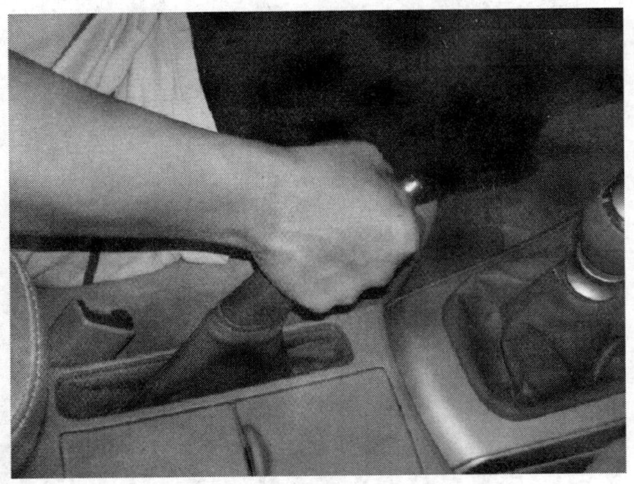

桑塔纳台架实训台架

管钳

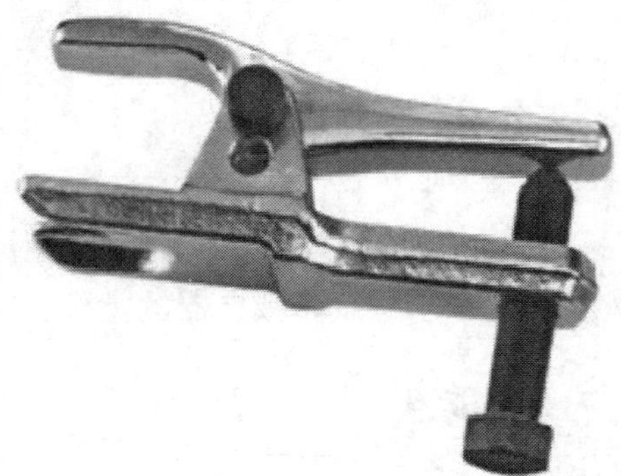

顶拔器

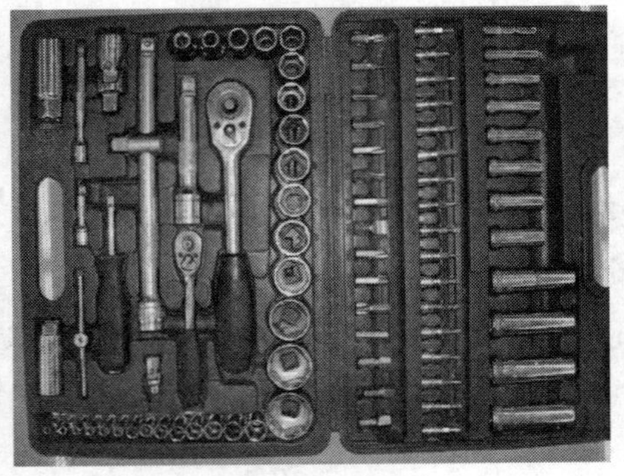

常用工具

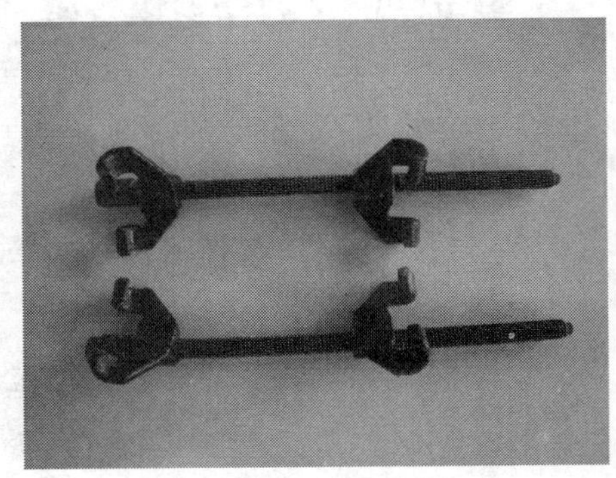

弹簧压缩器

任务 1 悬架的认知

一 悬架的作用与组成

1 悬架的功用

悬架是车身与车轮之间的一切传力连接装置的总称,其作用是:

（1）弹性地连接车桥与车架或车身;

（2）衰减弹性系统引起的振动;

（3）导向作用，使车轮按一定的轨迹相对车身运动。

2 悬架的组成

现代汽车的悬架结构形式有很多，但一般由弹性元件、导向装置、减振器和横向稳定杆等部件组成，如图11-1所示。

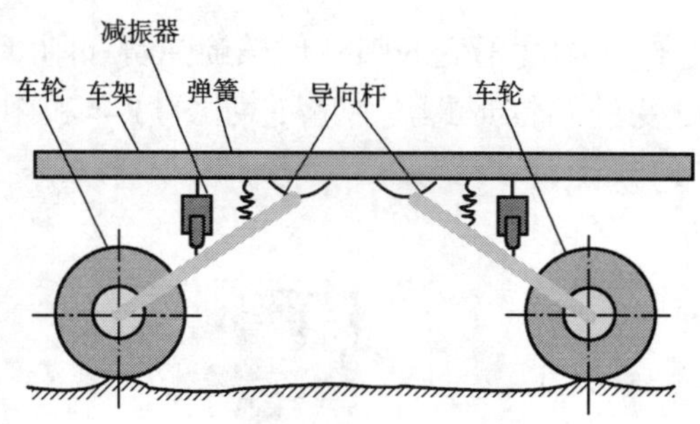

图11-1 悬架组成示意图

（1）弹性元件：它使车身与车轮之间保持弹性连接，可以缓和不良路面带来的冲击和承受并传递垂直载荷。

（2）导向装置：用来传递纵向和横向间的各种力和力矩，并确定车轮相对于车身运动的关系。

（3）减振器：用来减轻对路面产生的冲击，使振动减弱，提高乘坐的舒适性和驾驶的稳定性。

（4）横向稳定杆：可以防止车身发生过大的倾斜，提高汽车行驶的平顺性、舒适性、操纵的稳定性。

二 悬架的分类

悬架的结构形式很多，分类方法也不尽相同。按导向机构形式来分，可分为独立悬架和非独立悬架两大类，如图11-2所示。

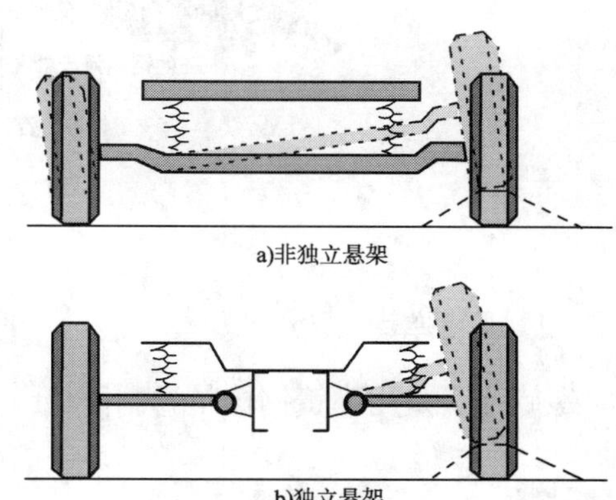

图11-2 独立悬架和非独立悬架

（1）非独立悬架的特点是左右两侧车轮安装在一根整体式车轿上，车桥通过悬架和车架相连。当一侧车轮因路面不平整等原因而发生变化时，另一侧车轮的位置也相应发生变化。

（2）独立悬架的结构特点是车桥是做成断开的，两侧车轮相对独立于各自的悬架和车身。这样，当一侧车轮因路面不平整等原因而发生变化时，另一侧车轮的位置几乎不发生变化。

三 弹性元件

汽车上常用的弹性元件主要包括钢板弹簧、螺旋弹簧、扭杆弹簧等。

1 钢板弹簧

钢板弹簧的中部通过U形螺栓与刚性的驱动桥相连接，如图11-3所示。钢板弹簧的后端卷耳通过橡胶衬套及吊耳销与车架上的摆动吊耳相连接，形成摆动式的铰链支点。这种连接方式能使钢板弹簧变形时两端卷耳间的距离有伸缩的余地。由于轮胎和钢板弹簧的共同作用，改善了汽车的行驶平顺性。

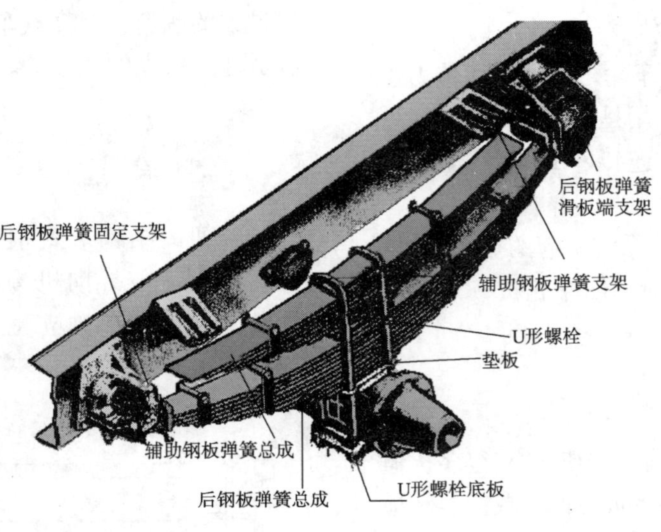

图11-3　钢板弹簧

2 螺旋弹簧

螺旋弹簧是用弹簧钢棒料卷制而成，它们有刚度不变的圆柱形螺旋弹簧和刚度可变的圆锥形螺旋弹簧，如图11-4和图11-5所示。

图11-4　圆柱形螺旋弹簧

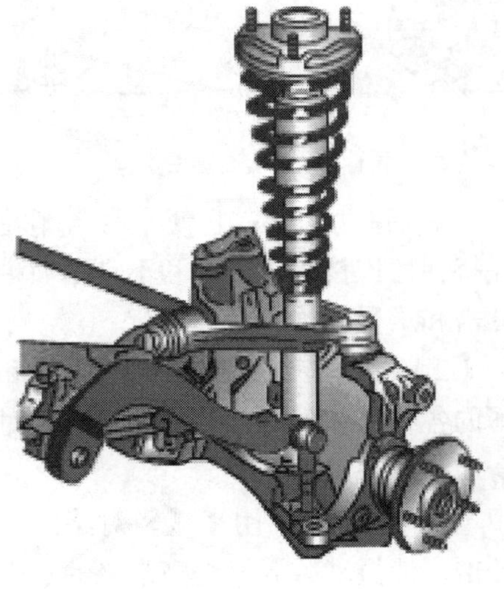
图11-5　圆锥形螺旋弹簧

螺旋弹簧大多应用在独立悬架上，尤其前轮独立悬架广泛采用，如图11–6所示。有些汽车后轮非独立悬架也有采用螺旋弹簧作弹性元件的，如图11–7所示。由于螺旋弹簧只承受垂直载荷，它用做弹性元件的悬架要加设导向机构和减振器。它与钢板弹簧相比具有不需润滑、防污性强、占用纵向空间小和弹簧本身质量小的特点，因而现代汽车上广泛采用。

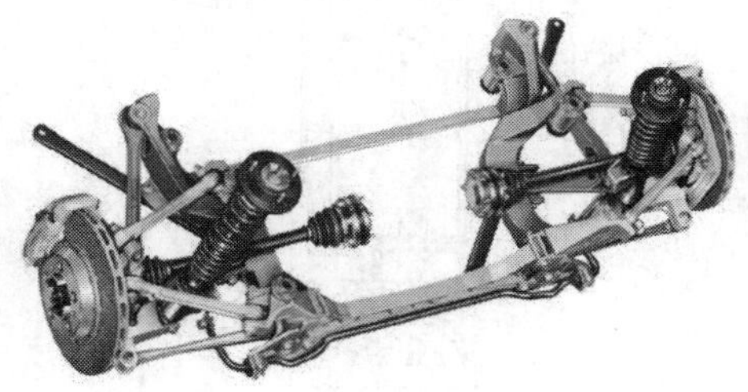

图11–6 前轮独立悬架采用螺旋弹簧

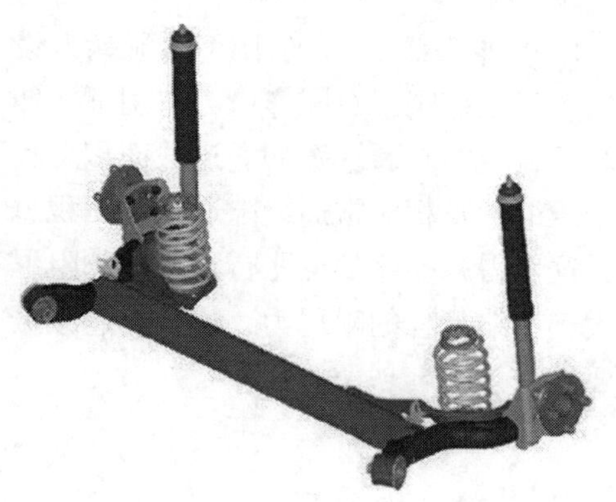

图11–7 后轮非独立悬架采用螺旋弹簧

3 扭杆弹簧

扭杆弹簧的扭杆用合金弹簧钢做成，具有较高的弹性，既可扭曲变形又可复原，它的一端与车架固定连接，另一端与悬架控制臂连接，通过扭杆的扭转变形达到缓冲作用，如图11–8所示。汽车运行时，车轮受到不平地面的影响上下运动，控制臂也会随之上升或下降。当车轮向上时控制臂上升，使扭杆被迫扭转变形，吸收冲击能量。当冲击力减弱时，杆的自然还原能力能迅速恢复到它原来的位置，使车轮回到地面，避免车架受到颠簸。扭杆弹簧单位质量的储能量较大，且占用的空间位置最小，易于布置，还可以适度调整车身的高度，所以不少乘用车悬架采用扭杆弹簧。

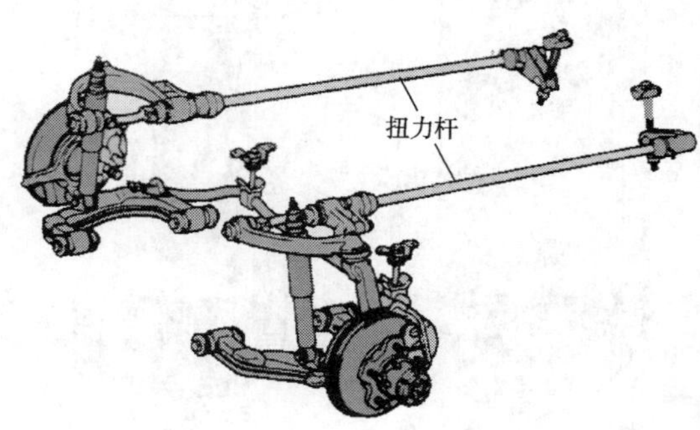

图11–8 扭杆弹簧

四 减振器

双向作用筒式减振器，如图11–9和图11–10所示。

图11–9 双向作用筒式减振器

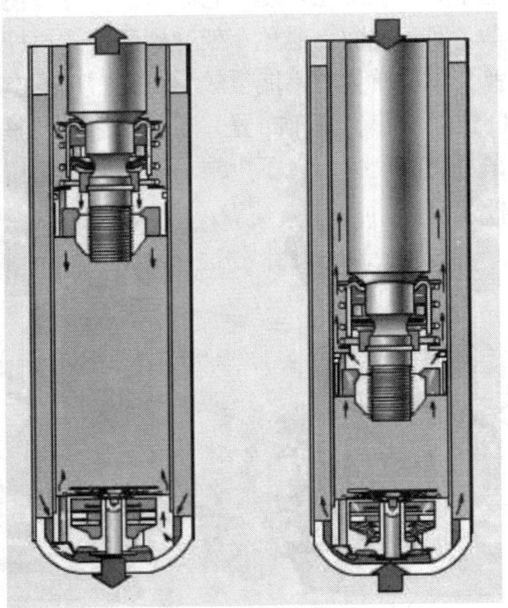

图11-10 双向作用筒式减振器

双向作用筒式减振器上端与车相连接，下端用球铰链与悬架下摇臂相连接，能承受前桥各向作用力和力矩，使前轮不发生偏摆，提高汽车的稳定性和舒适性。双向作用筒式减振器的工作原理，如图11-11所示。在压缩行程时，汽车车轮移近车身，减振器受压缩，此时减振器内活塞向下移动。活塞下腔室的容积减少，油压升高，油液流经流通阀流到活塞上面的腔室（上腔）。上腔被活塞杆占去了一部分空间，因而上腔增加的容积小于下腔减小的容积，一部分油液于是就推开压缩阀，流回储油缸。这些阀对油的节约形成悬架受压缩运动的阻尼力。减振器在伸张行程时，车轮相当于远离车身，减振器受拉伸。这时减振器的活塞向上移动。活塞上腔油压升高，流通阀关闭，上腔内的油液推开伸张阀流入下腔。由于活塞杆的存在，自上腔流来的油液不足以充满下腔增加的容积，致使下腔产生一真空度，这时储油缸中的油液推开补偿阀流进下腔进行补充。由于这些阀的节流作用对悬架在伸张运动时起到阻尼作用。

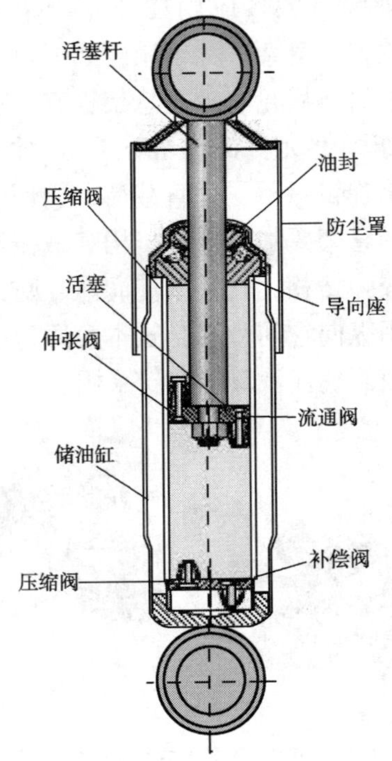

图11-11 双向作用减振器结构

由于伸张阀弹簧的刚度和预紧力设计的大于压缩阀，在同样压力作用下，伸张阀及相应的常通缝隙的通道截面积总和小于压缩阀及相应常通缝隙通道截面积总和，这使得减振器的伸张行程产生的阻尼力大于压缩行程的阻尼力，达到迅速减振的要求。

五 横向稳定杆

横向稳定杆，如图11-12所示。

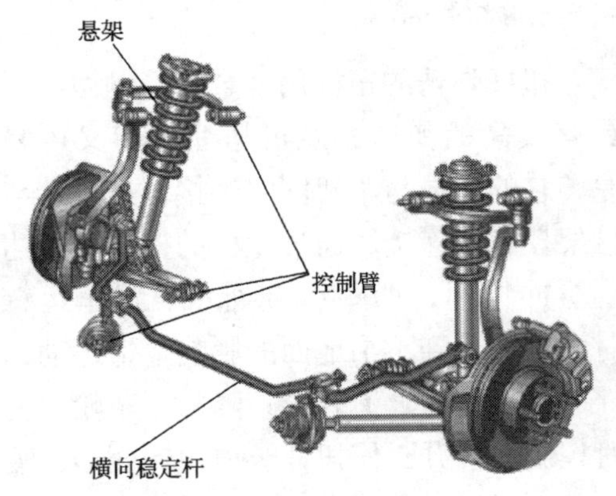

图11-12 横向稳定杆结构

（1）横向稳定杆的作用：由于汽车高速行驶转弯时，车身会产生较大的侧向倾斜和侧向角振动。而为了提高悬架的侧倾角刚度，减小侧倾，常在悬架中加设稳定杆。

（2）横向稳定杆的结构：弹簧钢制成的横向稳定杆呈扁平的U形，横向地安装在汽车前端或后端（也有汽车前后都装横向稳定杆）。横向稳定杆的中部的两端自由地支承在两个橡胶套筒内，套筒固定于车架上。横向稳定杆的两侧纵向部分的末端通过支杆与悬架下摆臂上的弹簧支座相连。

（3）横向稳定杆的工作原理：当两侧悬架变形相同时，横向稳定杆不起作用。当两侧悬架变形不等时，车身相对路面横向倾斜时，车架一侧移近弹簧支座，稳定杆的同侧末端就随车架向上移动，而另一侧车架远离弹簧座，相应横向稳定杆的末端相对车架下移，横向稳定杆中部对于车架没有相对运动，而稳定杆两边的纵向部分向不同方向偏转，于是稳定杆被扭转。弹性的稳定杆产生扭转内力矩就阻碍悬架弹簧的变形，减少了车身的横向倾斜和横向角振动。

任务2 减振器的检查与更换

一 前轮减振器的拆装（以桑塔纳2000为例）

（1）桑塔纳台架进入工位前，如图11-13所示，学生将工位卫生清理干净，排除障碍物，准备好相关的工具、物品和耗材等。

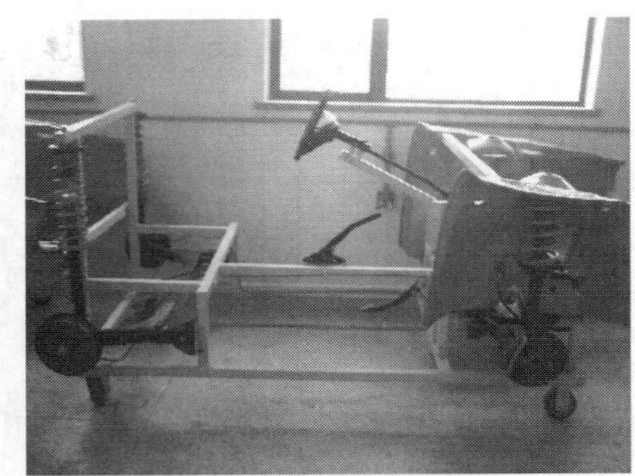

图11-13　桑塔纳台架

（2）用车轮专用工具Φ30mm套筒、接杆和扭力扳手组合好后拧松轮毂固定螺母，如图11-14所示。并旋出螺母，取出垫圈。

图11-14　拆下轮毂固定螺母

（3）用Φ17mm专用接头和棘轮扳手（图11-15），拆下制动蹄总成如图11-16所示。并将制动蹄总成挂好。

图11-15　传递工具

图11-16　拆卸制动蹄总成

（4）拔下轮速传感器导线插头，如图11-17所示。并从减振器卡箍内脱出传感器线束。

拔插轮速传感器导线插头时应关闭点火开关，防止损坏电控单元；拔轮速传感器导线插头时严禁使用一字螺丝刀等类似工具进行撬动，防止损坏插头和电器元件。

用内六角扳手拧松轮速传感器的固定螺栓，取出固定螺栓后，用手转动拔出轮速传感器，并将工具以及轮速传感器放好。

轮速传感器应放好，否则会损坏轮速传感器。

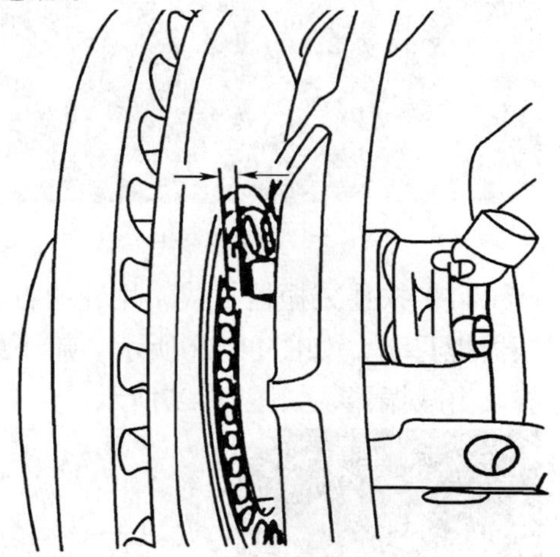

图11-17　拆卸前轮轮速传感器

（5）用Φ17mm套筒和棘轮扳手组合后将悬架控制臂球头螺栓固定住，再用套筒扳手拧松螺母，取出悬架控制臂球头，如图11-18所示。

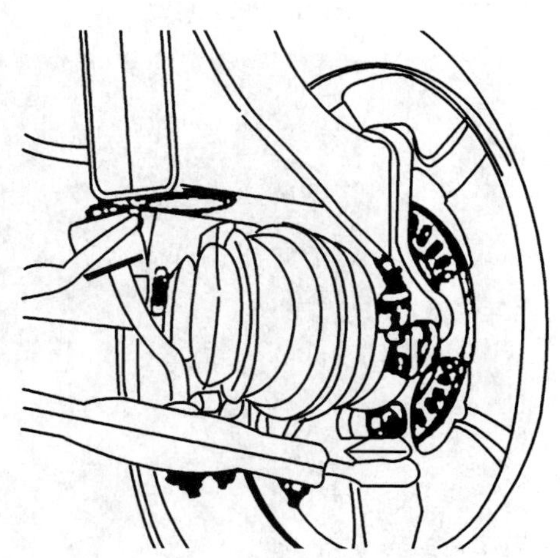

图11-18　拆卸悬架控制臂球头螺栓

（6）用Φ14mm套筒和棘轮扳手组合后拧下转向横拉杆球头固定螺母，如图11-19所示。将球头拆卸工具固定在球头销和转向节上，如图11-20所示。一只手扶着球头拆卸工具，一只手用扳手旋入螺杆，慢慢地将球头压出并放好。

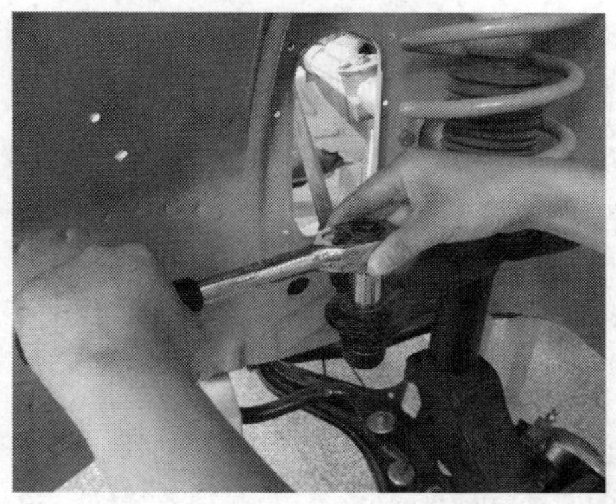

图11-19　拆卸转向横拉杆球头固定螺母

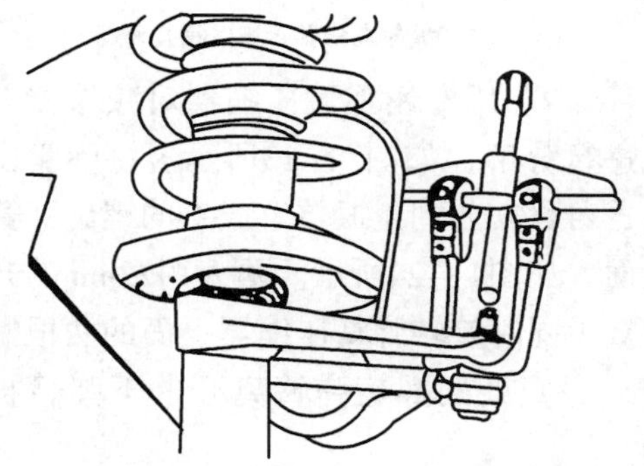

图11-20　拆卸转向横拉杆球头

（7）向外拉动制动盘，使减振器总成与传动轴总成分开连接，如图11-21所示。

如外万向节和轮毂内孔配合比较紧而拆下困难时，可以使用顶拔器来进行拆卸。

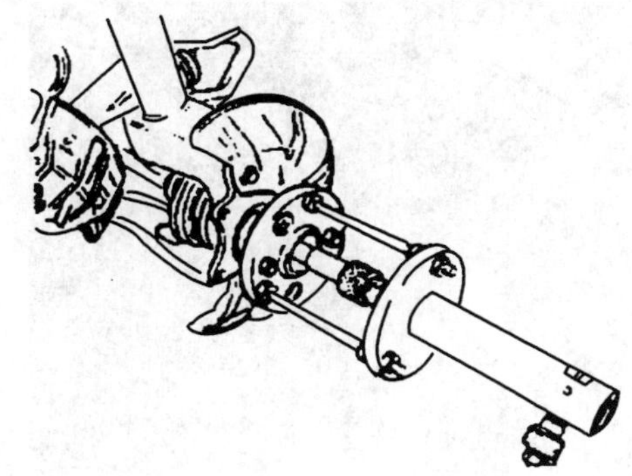

图11-21　用顶拔器拆卸传动轴总成

（8）将拆卸减振器活塞杆固定螺母

专用工具放到减振器活塞杆固定螺母上，如图11–22所示。一只手握住手柄，另一只手用开口扳手转动套筒拧松活塞杆固定螺母，然后用手托住减振器总成，拧下活塞杆固定螺母后取下减振器总成。

图11–22　拆卸减振器活塞杆固定螺母

（9）用专用弹簧压缩器对减振器总成进行分解，如图11–23所示。将弹簧压缩器对称安装到减振器总成上的螺旋弹簧上面，如图11–24所示。两人用22mm的开口扳手同时旋转弹簧压缩器上面的两根螺杆，一直旋到螺旋弹簧离开上下弹簧护圈。

图11–23　弹簧压缩器

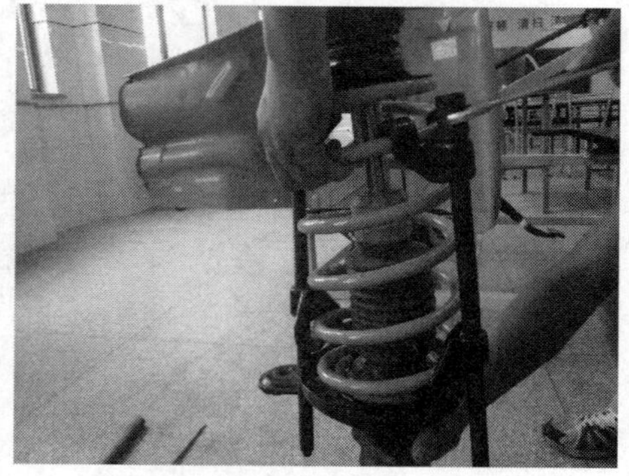

图11–24　拆卸螺旋弹簧

（10）用专用工具拧松轴承固定螺母并旋下固定螺母，并将轴承固定螺母放好。依次取下开槽螺母、轴承、弹簧护盖、缓冲块、防尘罩以及螺旋弹簧，如图11–25所示。

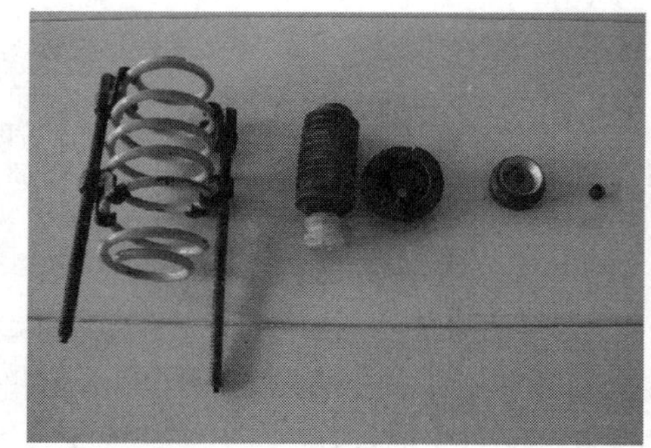

图11–25　悬架各部件

（11）扶住减振器总成，用管钳拧松减振器螺母盖，如图11–26所示。旋下螺母盖取出减振器，如图11–27所示。

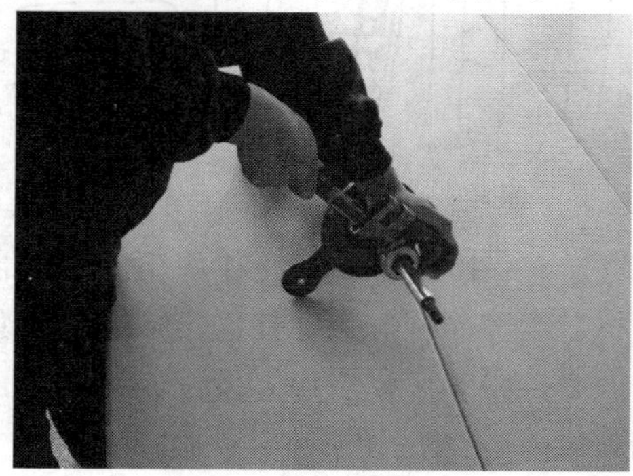

图11–26　拆卸减振器

图11–27　减振器

（12）对零部件进行检查：减振器性能是否正常，有无漏油，有损坏或漏油的应更换；缓冲块和防尘罩是否有老化或破裂，如有应进行更换；支撑轴承是否有转动卡滞、异响、旷动现象，如有应进行更换；螺旋弹簧有无变形或弹力是否不足，如有应进行更换。

（13）对前轮减振器进行安装，按拆卸的相反顺序进行安装。

（14）安装结束后，整理工具和清理场地。

二 后轮减振器的拆装（以桑塔纳2000为例）

（1）桑塔纳台架车辆进入工位前，学生将工位卫生清理干净，排除障碍物，准备好相关的工具、物品和耗材等，如图11–28所示。

图11–28 桑塔纳台架进入工位

（2）用梅花扳手（图11–29），将减振器活塞的固定螺母拧松，并旋下固定螺母，如图11–30所示。

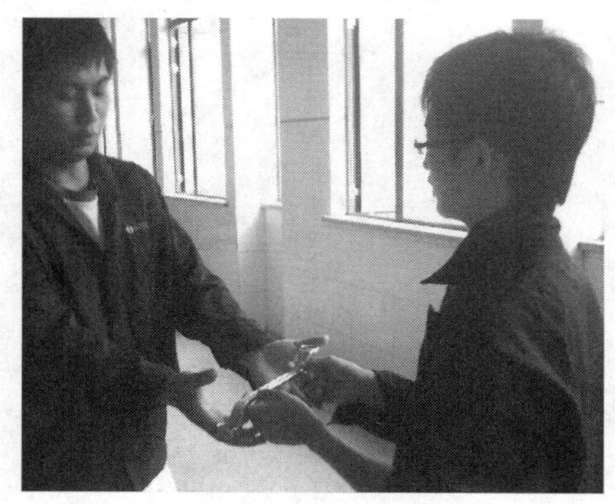

图11–29 传递梅花扳手

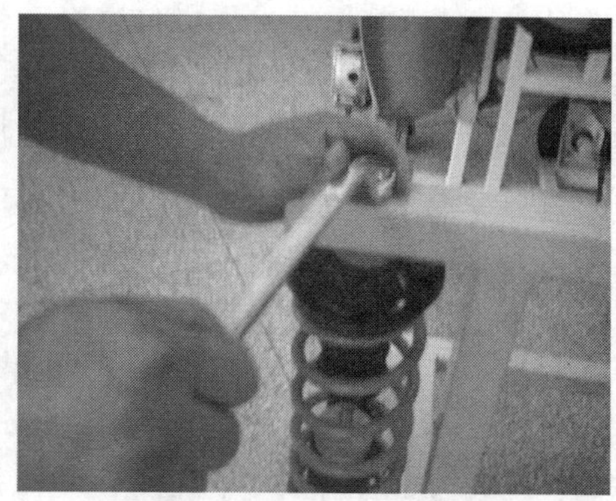

图11–30 拆卸减振器活塞的固定螺母

（3）用17~19mm梅花扳手（图11–31），将固定螺栓螺母固定住，再用另一把17~19mm梅花扳手拧松螺母，如图11–32所示。旋下螺母后将撬棒放入到后桥的圆孔中，用力把后桥向下压，再用鲤鱼钳夹住螺栓转动并向外拉出减振器固定螺栓，并再继续用力向下压后桥，取下减振器总成。

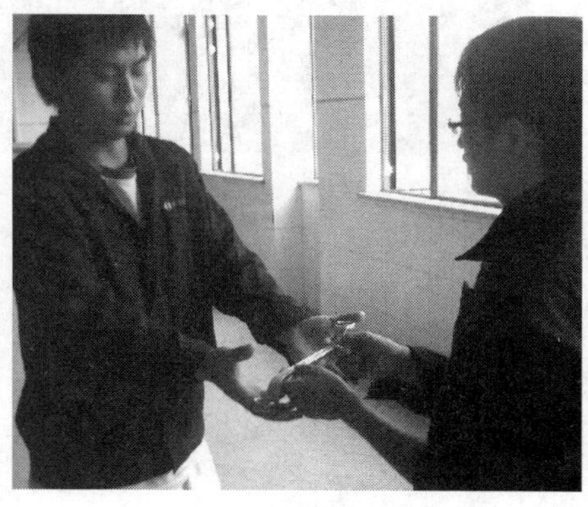

图11–31 传递梅花扳手

图11–32 拆卸减振器固定螺栓螺母

（4）对后减振器总成进行分解，如图11–33所示。依次取出上轴承环、隔套、缓冲块、波纹橡胶管、上弹簧座、螺旋弹簧、下弹簧座和减振器，如图11–34所示。

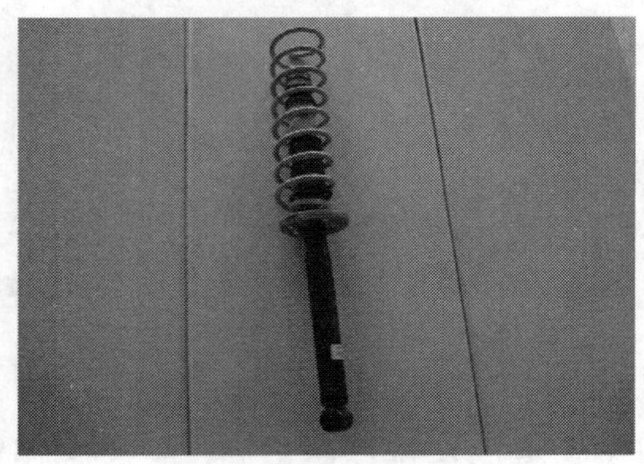

图11–33　分解减振器总成

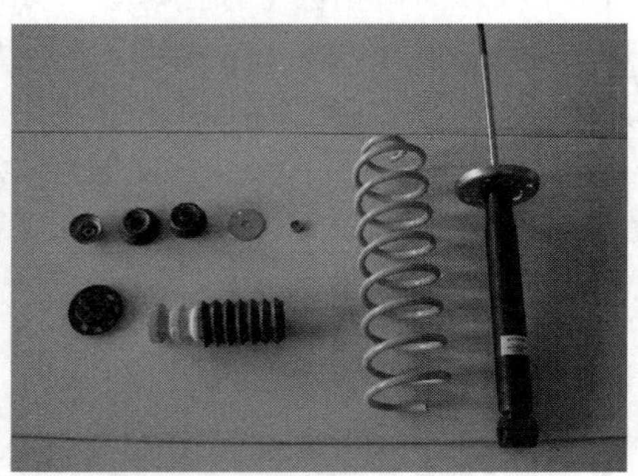

图11–34　后减振器总成各部件

（5）对零部件进行检查缓冲块和波纹橡胶管是否有老化或破裂，如有应进行更换；支撑轴承是否有转动卡滞、异响、旷动现象，如有应进行更换；螺旋弹簧有无变形或弹力是否不足，如有应进行更换。

（6）对后轮减振器进行安装，按拆卸的相反顺序进行安装。

（7）安装结束后，整理工具和清理场地。

项目十二

车轮动平衡检测

知识点

1.了解车轮的功用和构造；
2.理解轮辋规格的含义。

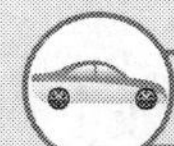

技能点

1.知道轮胎动平衡机的使用和操作方法；
2.掌握车轮动平衡的检测与调整。

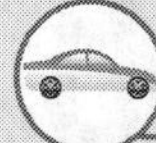

参考学时及教学组织安排

本项目总学时为8学时，其中：理论教学为2学时，示范为1学时，学生练习为5学时。

理论教学采用多媒体辅助教学，并结合实物讲解，使学生了解车轮的功用和构造、理解轮辋规格的含义。

实践教学采用项目教学法，根据实训设备的台套数，学生分组熟悉轮胎动平衡机的使用和操作方法，进行车轮动平衡的检测与调整的项目教学。教师讲解并示范操作步骤和注意事项，适时下达操作指令，并进行工位间巡视、检查、指导和纠正错误。

项目实施所需设备、器材

车轮动平衡机

车轮总成

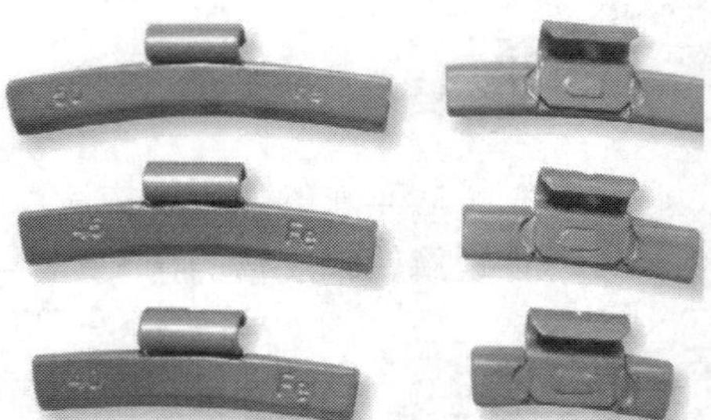

卡夹式平衡块

定位锥体

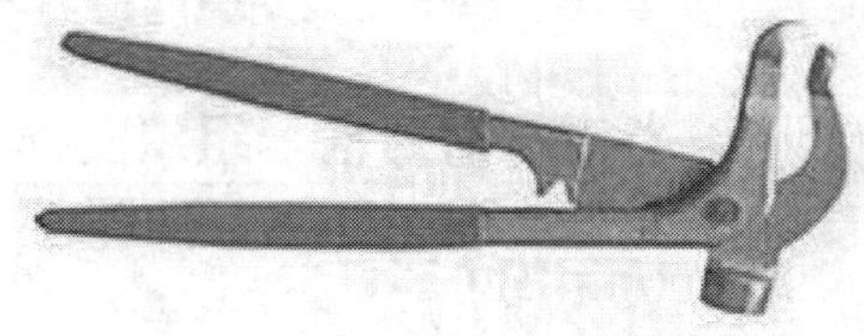

平衡块拆卸钳

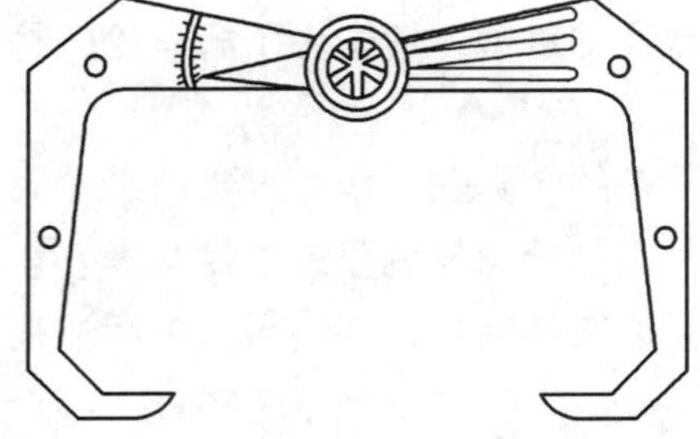

车轮动平衡机专用卡尺

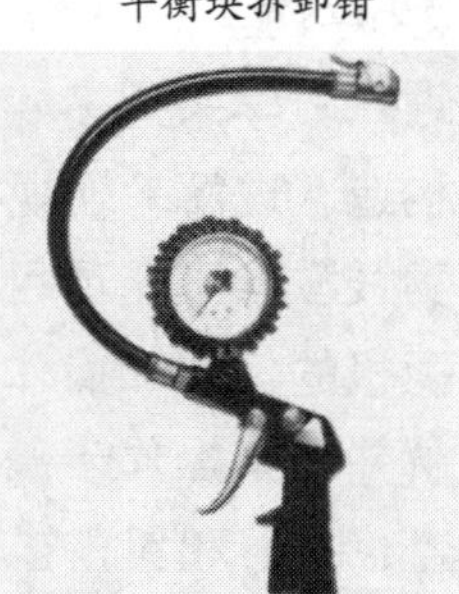

气压表

任务1 车轮的认知

汽车车轮总成如图12-1所示，主要由车轮和轮胎两大部分组成。

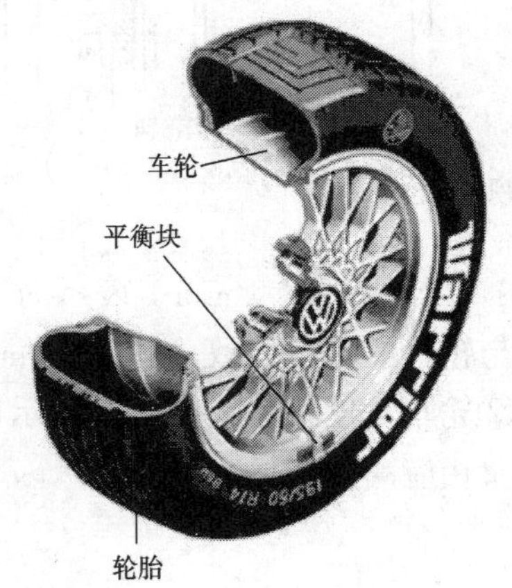

图12-1 车轮总成

一 车轮的功用

车轮是介于轮胎和车桥之间承受载荷的旋转组件，其功用是安装轮胎，承受轮胎与车桥之间的各种载荷。

二 车轮的构造

车轮一般由轮毂、轮辐和轮辋组成，如图12-2所示。

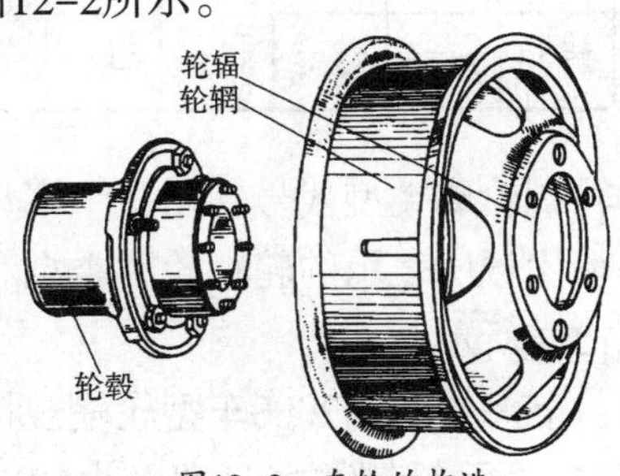

图12-2 车轮的构造

1 轮毂

轮毂用于连接车轮与车桥，通过圆锥滚子轴承装在车桥或转向节轴径上。

2 轮辐

轮辐用于将轮毂和轮辋连接起来。

按轮辐的结构不同，车轮可以分为辐板式和辐条式，如图12-3和图12-4所示。

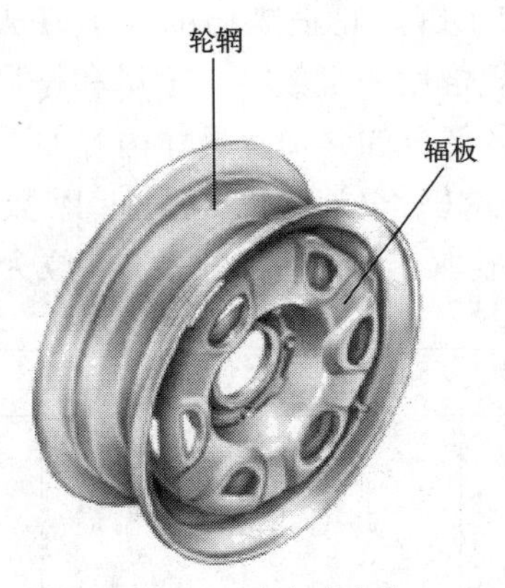

图12-3 辐板式车轮

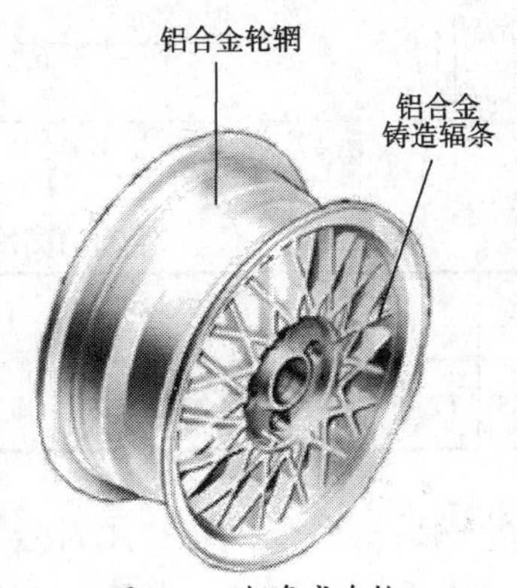

图12-4 辐条式车轮

3 轮辋

轮辋又称钢圈，用于安装和固定轮胎。

轮辋是轮胎的装配基础，原则上每种轮胎只配用一种标准轮辋，必要时也可使用与标准轮辋相接近的容许轮辋。

（1）轮辋的类型和结构。按其结构不同，轮辋的常见结构形式有：深槽式轮辋、平底式轮辋和对开式轮辋，如图12-5所示。

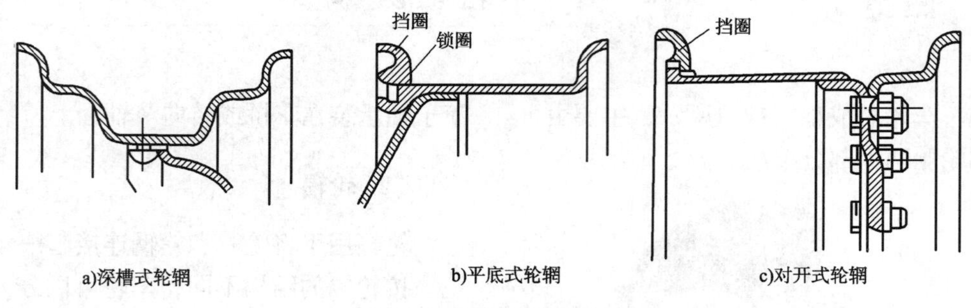

图12-5 轮辋的常见结构形式

（2）国产轮辋规格的表示方法。国产轮辋规格用一组数字、字母和符号组合表示，各部分的含义及具体内容如下：

①轮辋名义宽度代号：以数字表示，一般取小数点后两位，单位为英寸（in）。当以毫米（mm）表示时，要求轮胎与轮辋的单位一致。1in=25.4mm。

②轮辋高度代号：用字母表示，常用代号及相应高度值见表12-1。

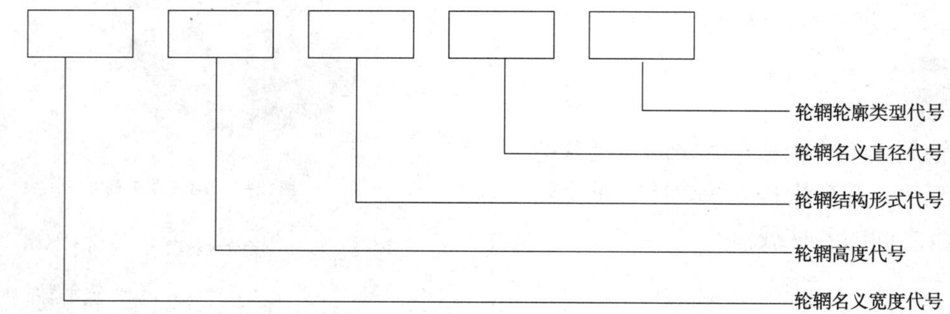

轮辋的高度代号及高度值（单位：mm） 表12-1

代号	C	D	E	F	G	H	J	K	L	P	R	S	T	V	W
尺寸	15.88	17.45	19.81	22.23	27.94	33.73	17.27	19.26	21.59	25.40	28.58	33.33	38.10	44.45	50.80

③轮辋结构形式代号：用符号“×”表示一件式轮辋；用“—”表示多件式轮辋。一件式轮辋是指轮辋为整体式的，只有一件，而多件式轮辋由轮辋体、挡圈、锁圈等多个部件组成。

④轮辋直径代号：以数字表示，单位为英寸（in）。当以毫米表示时，要求轮胎与轮辋的单位一致。

⑤轮辋轮廓类型代号：用几个字母表示，每个代号所表示的轮辋轮廓类型和结构如图12-6所示。

例：上海桑塔纳2000车型轮辋规格为6.0J×14，表示轮辋的名义宽度为6.0in，轮辋高度为17.27mm，轮辋名义直径为14in，一件式，深槽轮辋。

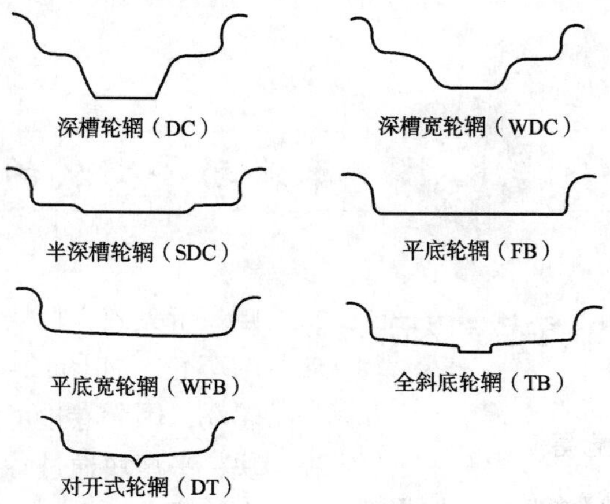

图12-6　轮辋轮廓类型及代号

任务2 车轮动平衡机的认知

一 车轮不平衡的危害及原因

1 车轮不平衡的危害

车轮总成是高速旋转部件，如果其不平衡，在高速行驶时会产生共振，影响操纵稳定性和乘坐舒适性，加速轮胎的磨损，甚至会造成严重的交通事故。因此，汽车在使用和维修过程中，必须进行车轮动平衡检测和调整。

2 车轮不平衡的原因

（1）质量分布不均匀，如轮胎产品质量欠佳，翻新胎、补胎、胎面磨损不均匀及在外胎与内胎之间垫带等。

（2）轮辋、制动鼓变形。

（3）轮毂与轮辋加工质量不佳，如中心不准、轮胎螺栓孔分布不均、螺栓质量不佳等。

二 车轮动平衡的方法

车轮动平衡，就是根据动平衡机检测结果，在相应位置沿轮辋分配平衡块，抵消车轮总成中较重的那部分。

平衡块又称配重，一般有卡夹式平衡块和粘贴式平衡块，粘贴式平衡块如图12-7所示。

图12-7 粘贴式平衡块

卡夹式平衡块大多数用于轮辋有卷边的车轮，如图12-8所示。对于铝镁合金轮辋，因无卷边可夹，则使用粘贴式平衡块，平衡块通过背面的高强度双面胶固定在轮辋内壁上，如图12-9所示。

图12-8 卡夹式平衡块用于轮辋有卷边的车轮

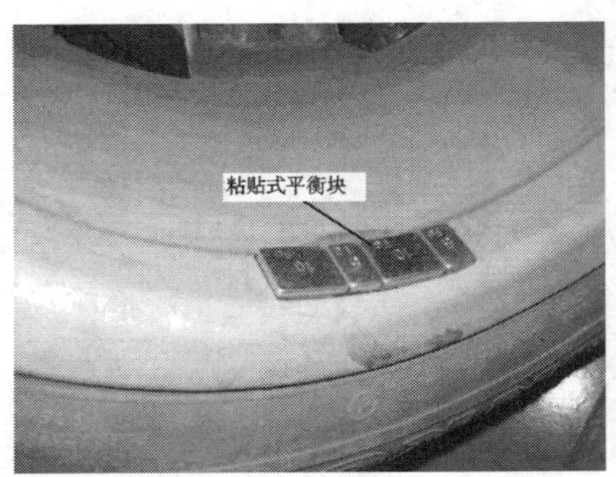

图12-9 粘贴式平衡块用于轮辋无卷边的车轮

三 车轮动平衡机的分类

车轮动平衡机按测量平衡原理可分为静平衡机和动平衡机。由于动平衡的车轮一定处于静平衡状态，因此，只要检测了动平衡，就没有必要检测静平衡。

动平衡机按检测方法可分为离车式和就车式，常见的是离车式动平衡试验。

就车式检测时车轮仍装在车上，如图12-10所示。

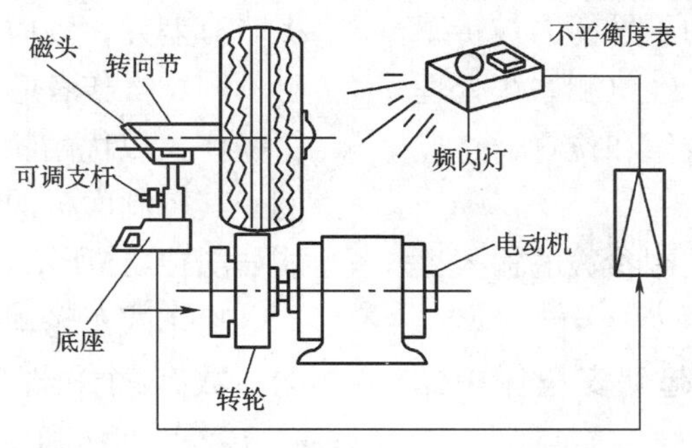

图12-10　就车式车轮动平衡机检测原理

离车式检测就是把车轮从车上拆下，然后在动平衡机上检测其平衡状态。离车式车轮动平衡机按照其主轴的布置不同，分为卧式和立式，如图12-11和图12-12所示。

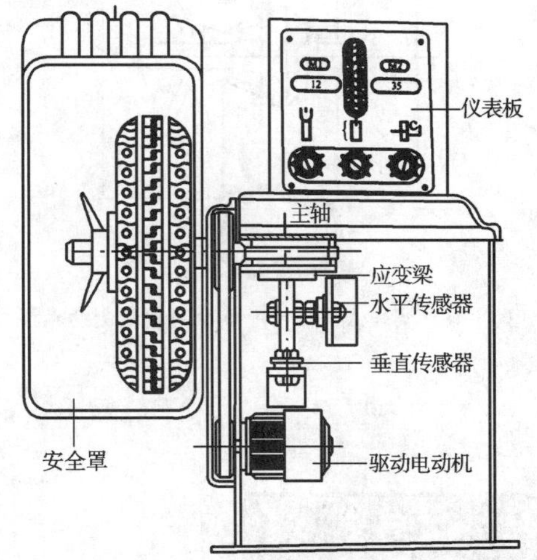

图12-11　卧式车轮动平衡机

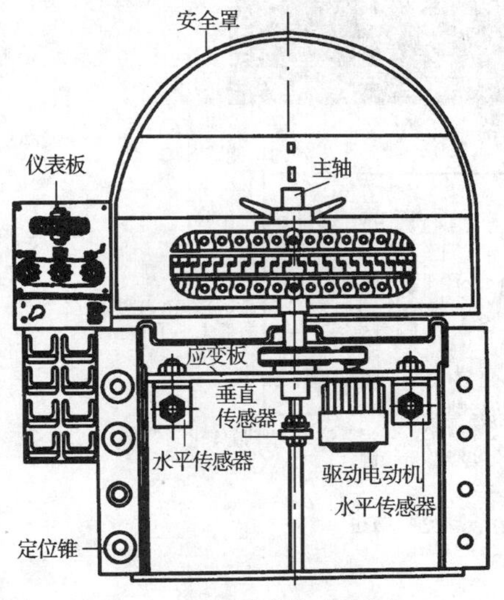

图12-12　立式车轮动平衡机

卧式车轮动平衡机的特点是被测车轮装卸方便，机械结构和传感装置简单，造价低廉，因此深受汽车维修厂的欢迎，应用广泛。本项目将以卧式车轮动平衡机为对象，介绍其结构和使用方法。

四　离车式车轮动平衡机的构成及各部分的功用

图12-13所示为常见的离车式车轮动平衡机，该动平衡机主要由驱动装置、转轴与支承装置、显示与控制装置、制动装置及防护罩组成。

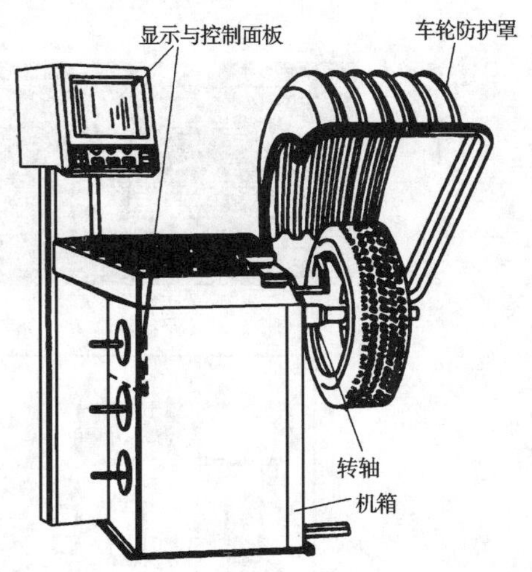

图12-13　离车式车轮动平衡机

驱动装置主要由机箱内的驱动电动机和传动带等组成，其作用是驱动转轴转动。

转轴与支承装置主要由主轴、传感器及支承件等组成。车轮通过定位锥安装在转轴上，其旋转所产生的不平衡力被传感器感知并转变为电信号，经电测系统处理后得到的不平衡质量的数值和位置通过显示装置显示。

显示与控制装置还控制参数的输入，平衡机起动和停止。

制动装置和防护罩起到安全保护作用。

平衡机机箱桌面用来放置平衡块、定位锥体、工具等，如图12–14所示。

图12–14　动平衡机机箱桌面

五　离车式车轮动平衡机显示与控制面板介绍

各种型号的平衡机其显示与控制面板略有差异，因而其操作与使用方法也略有不同，操作者应根据具体使用的机型进行操作。以优耐特（UNITE）动平衡机为例，其控制面板的显示区和主要按键的功能如图12–15所示。

离车式车轮动平衡机所要测量并输入的参数有3个，即轮辋边缘到机箱的距离a、轮辋宽度b和轮辋直径d（也可由胎侧读出），如图12–16所示，它们分别通过图12–15中所示的按键进行输入。

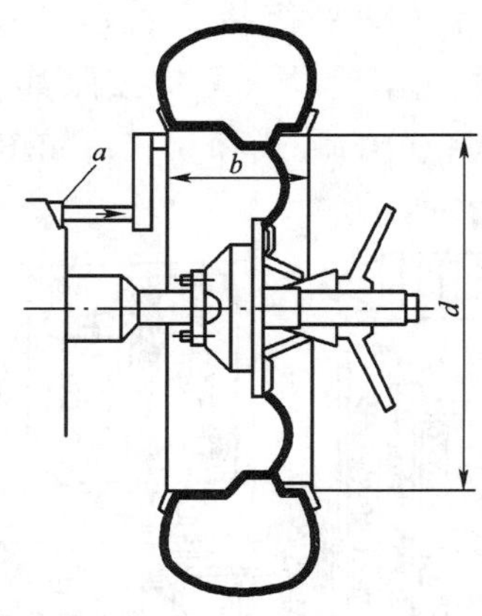

图12–16　离车式车轮动平衡机所要检测的参数

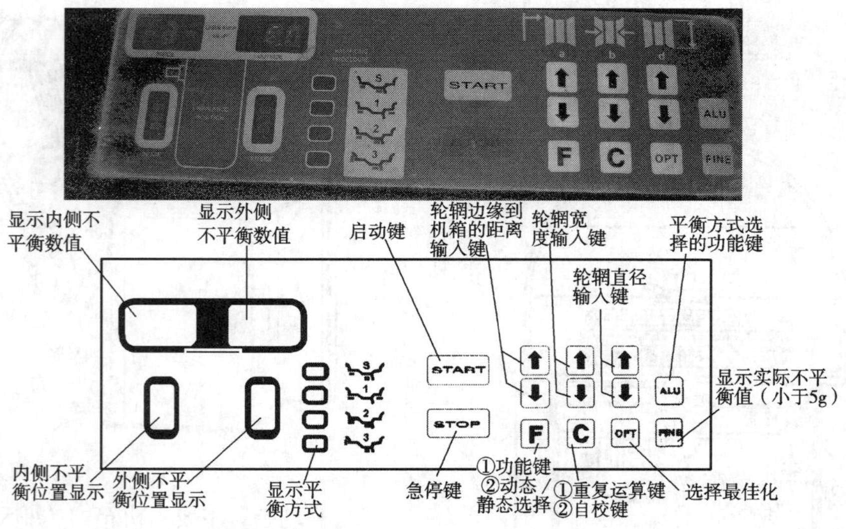

图12–15　离车式车轮动平衡机显示与控制面板

任务 3 车轮动平衡的检测

以普通桑塔纳车轮总成为例，介绍车轮动平衡检测与调整。

一 技术参数

（1）普通桑塔纳轮辋和轮胎的规格见表12–2。

普通桑塔纳轮辋和轮胎的规格　表12–2

轮辋型号	5.5J × 13
轮胎规格	185/70 R13 86T

（2）普通桑塔纳车轮动平衡要求见表12–3。

普通桑塔纳车轮动平衡技术参数　表12–3

项目	技术参数
车轮动态不平衡量（g）	在轮辋边缘上不大于80
轮胎允许不平衡量（g）	不大于0.7%轮胎质量

二 车轮动平衡检测与调整

（1）对被测车轮总成进行清洗，去掉泥土、砂石，拆掉旧平衡块，如图12–17所示。检查轮胎气压，并充气至规定气压值，如图12–18所示。

图12–17　拆掉旧平衡块

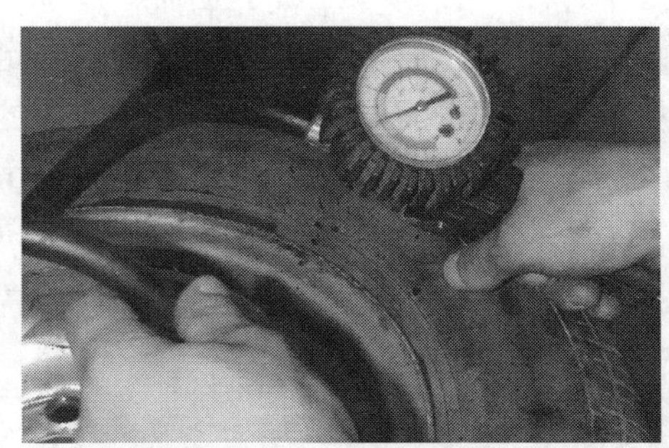

图12–18　充气和检查气压

（2）根据轮辋中心孔的大小选择匹配的定位锥体，将车轮总成安装于平衡机上，并用开合螺母锁紧，如图12–19和图12–20所示。

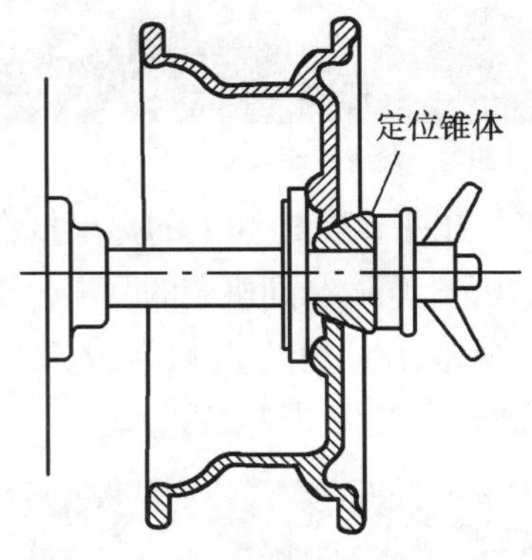

图12–19　选择匹配的定位锥体进行安装

图12–20　用开合螺母锁紧

车轮在平衡机主轴上的定位非常重要，必须根据轮辋中心孔的大小选择合适的定位锥体，将车轮总成安装于平衡机主轴上，并用开合螺母压紧于主轴定位平台上，装夹牢固。离车式平衡机的主轴固定装置装入了精密的位移传感器和易碎裂的压电晶体传感器，因此严禁冲击和敲打主轴。

（3）打开电源开关，检查指示装置是否正常，如图12-21所示。

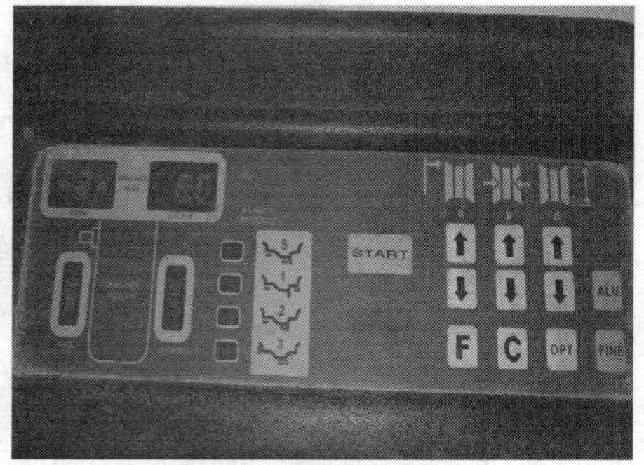

图12-21　检查指示装置是否正常

（4）拉出平衡机边缘上的标尺抵在轮辋边缘，测量轮辋边缘到机箱的距离，读出此刻度尺的数值，而后按“↑a”或“↓a”键输入，如图12-22和图12-23所示。

图12-22　测量轮辋边缘到机箱的距离

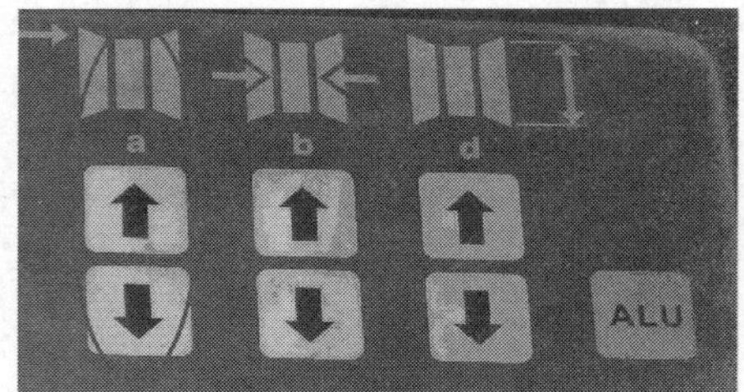

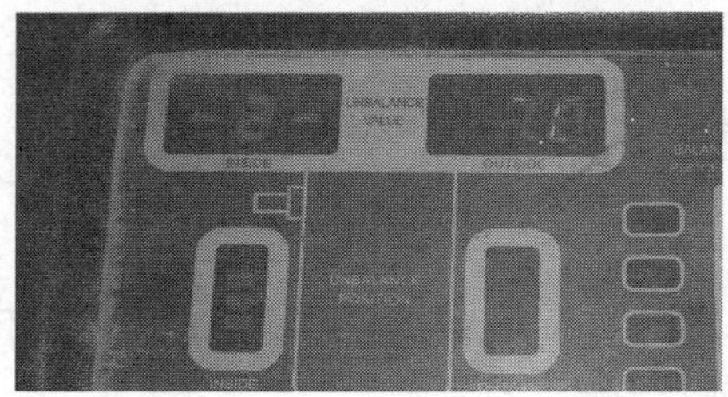

图12-23　输入轮辋边缘到机箱的距离

（5）用专用卡尺量出轮辋宽度，而后按“↑b”或“↓b”键输入，如图12-24和图12-25所示。

图12-24　测量轮辋宽度

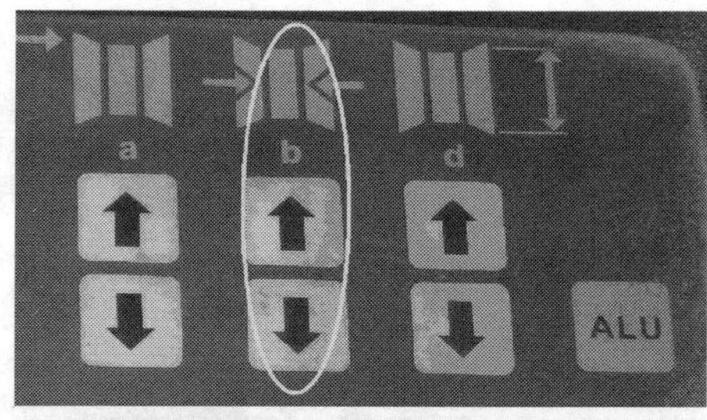

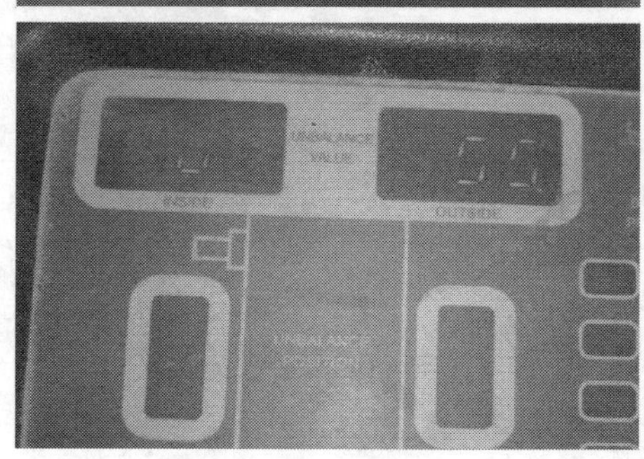

图12-25　输入轮辋宽度

（6）在轮胎上读取或用专用卡尺量出轮辋直径，而后按“↑d”或“↓d”键输入，如图12–26和图12–27所示。

图12–26　从轮胎上读取轮辋直径

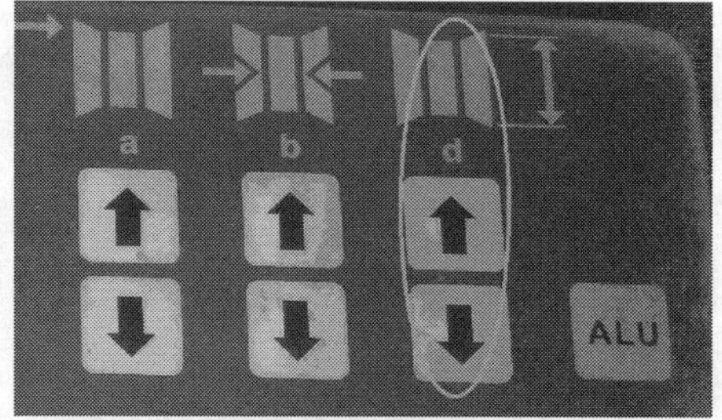

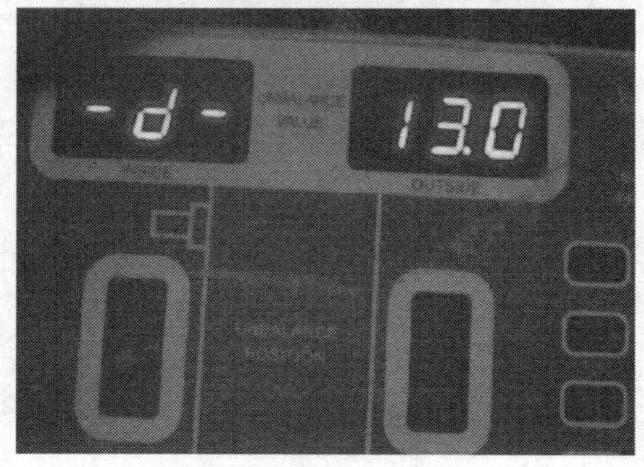

图12–27　输入轮辋直径

（7）放下防护罩，按“START”键，车轮旋转，平衡测试开始，微机自动采集数据。

（8）当车轮自动停转后，从指示装置读出车轮总成内、外动不平衡量，如图12–28所示。

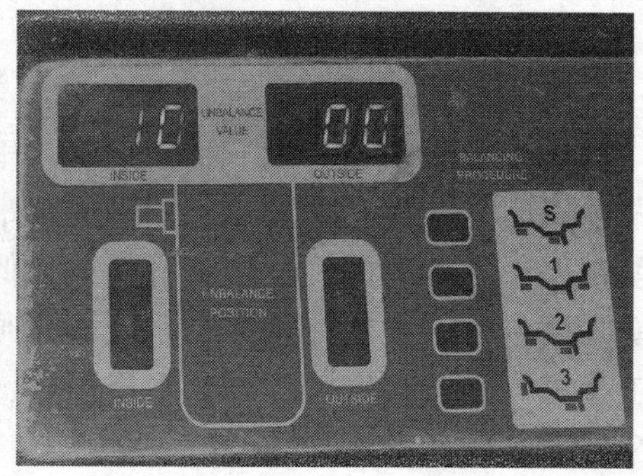

图12–28　显示车轮总成内、外动不平衡量

（9）抬起车轮防护罩，用手慢慢旋转车轮，至内侧不平衡指示灯全亮，停止转动车轮，此时轮辋内侧最高点（时钟12点位置）为内侧不平衡位置，根据动平衡机显示的动不平衡量，在轮辋相应内侧的上部（时钟12点位置）位置，加装指示装置显示的相应质量的平衡块。重复上述操作，在轮辋外侧加上相应的平衡块，平衡块装卡要牢固，如图12–29和图12–30所示。

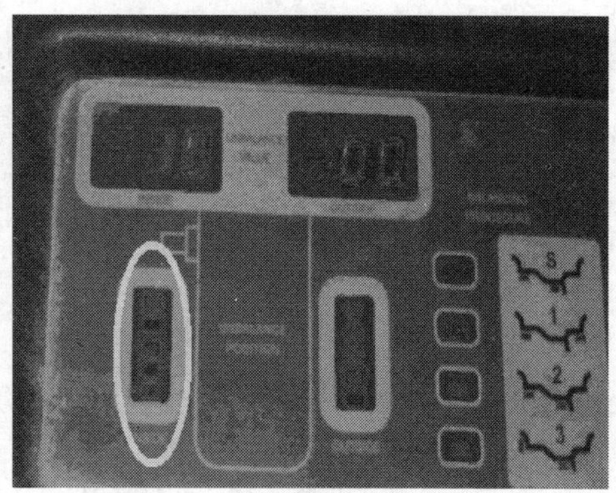

图12–29　确定动不平衡量位置

图12–30　加装显示的相应质量的平衡块

当不平衡质量超过最大平衡块时，可用两个以上平衡块并列使用，但因多个平衡块占用较大的扇面，会使其有效质量低于实际质量，因此在使用多个平衡块时须慎重处理。加装轮辋内、外侧平衡块时，要分别在相应的动不平衡位置进行。

（10）重新起动动平衡机，进行动平衡试验，直至动不平衡量小于5g，动平衡机显示“00”或“OK”时为止，如图12-31所示。

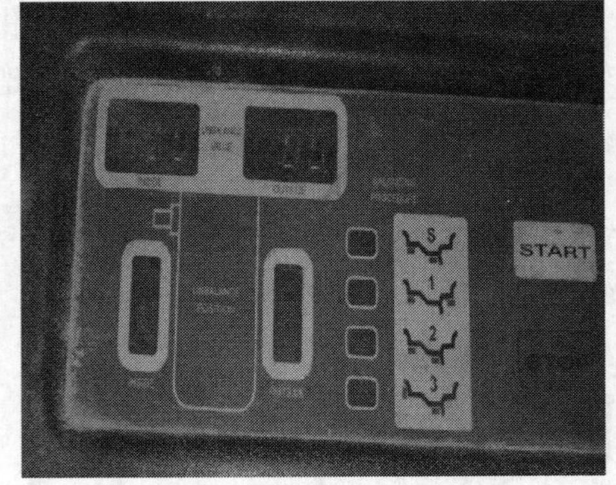

图12-31　重新检测后显示“00”

（11）取下车轮，关闭电源，整理工具和清理场地，动平衡检测和调整结束。

项目十三

轮胎的拆装

知识点

1.了解轮胎的功用、类型和构造；
2.掌握轮胎规格的表示方法。

技能点

轮胎的拆装。

参考学时及教学组织安排

本项目总学时为8学时，其中：理论教学为2学时，示范为1学时，学生练习为5学时。

理论教学采用多媒体辅助教学，并结合实物讲解，使学生了解轮胎的功用、类型和构造，理解轮胎规格的含义。

本项目采用工艺化教学法，根据实训设备的台套数，进行教学。教师讲解并示范操作步骤和注意事项，适时下达操作指令，并进行工位间巡视、检查、指导和纠正错误。

项目实施所需设备、器材

轮胎拆装机

空气压缩机

车轮总成

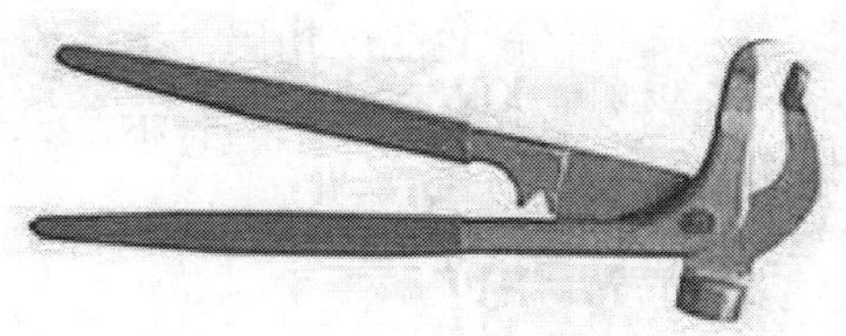

平衡块拆卸钳

任务 1 轮胎的认知

一 轮胎的功用

轮胎是汽车直接与路面接触的重要部件，起到支承、缓冲、减振和提高附着性的作用。轮胎的状态和好坏直接影响到与路面的附着力、汽车的动力性、制动性和安全性，以及汽车行驶时的舒适性和平稳性。

二 轮胎的类型

（1）按轮胎内空气压力的大小，轮胎分为高压胎（0.5～0.7MPa）、低压胎（0.2～0.5MPa）和超低压胎（0.2MPa以下）。

（2）按轮胎有无内胎，轮胎分为有内胎轮胎和无内胎轮胎（俗称真空胎）。

（3）按胎体帘布层结构的不同，轮胎分为斜交轮胎和子午线轮胎。

目前汽车上应用的轮胎主要是低压（或超低压）、无内胎的子午线轮胎。

三 轮胎的构造

1 有内胎轮胎的构造

有内胎轮胎由外胎、内胎和垫带等组成，使用时安装在汽车车轮的轮辋上，如图13-1所示。

（1）垫带。垫带是一个环形的橡胶带，它垫在内胎与轮辋之间，以保护内胎不被轮辋和胎圈磨伤。

（2）内胎。内胎是一个环形的橡胶管，上面装有气门嘴，以便充入或排出空气，为使内胎在充气状态下不产生褶皱，其尺寸应稍小于外胎的内壁尺寸。

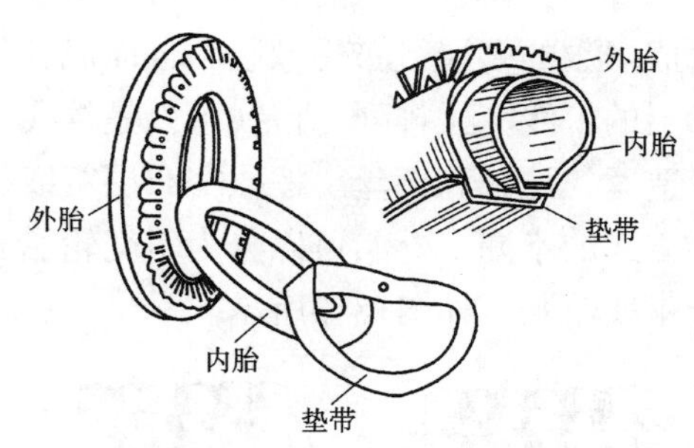

图13-1 有内胎轮胎

（3）外胎。外胎由胎面、帘布层、缓冲层和胎圈组成，如图13-2所示。

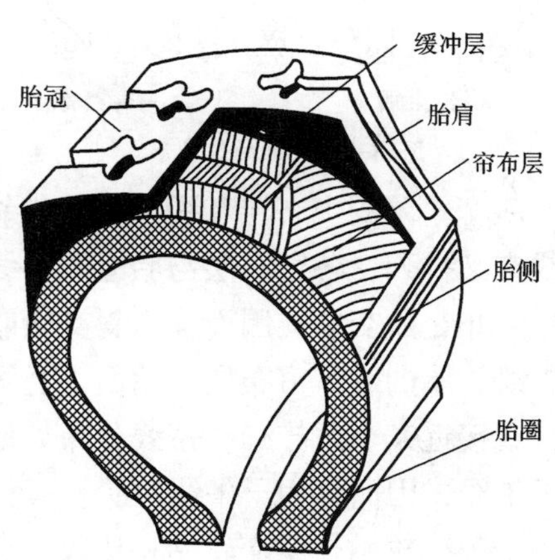

图13-2 外胎的结构

①胎面。胎面是轮胎的外表面，可分为胎冠、胎肩和胎侧3部分。

胎冠与路面直接接触，并产生附着力，使车辆行驶和制动。胎冠的外部是耐磨的橡胶，胎面上制有各种花纹，由于车轮使用环境不同，在胎面上制有的花纹也不同。

胎肩是较厚的胎冠和较薄的胎侧间的过渡部分，一般也制有各种花纹，以提高该部位的散热性能。

胎侧又称胎壁，它由数层橡胶构成，覆盖轮胎两侧，保护内胎免受外部损坏。胎侧上标有厂家名称、轮胎尺寸及其他资料。

②帘布层。帘布层是外胎的骨架，主要用于承受载荷，保持外胎的形状和尺寸，并使其具有足够的强度。帘布层通常由成双数的多层帘布用橡胶贴合而成，相邻层的帘线交叉排列。帘线可以是棉线、人造丝、尼龙和钢丝。按照帘布层帘线排列方式的不同，外胎可以分为斜交轮胎和子午线轮胎，如图13-3所示。

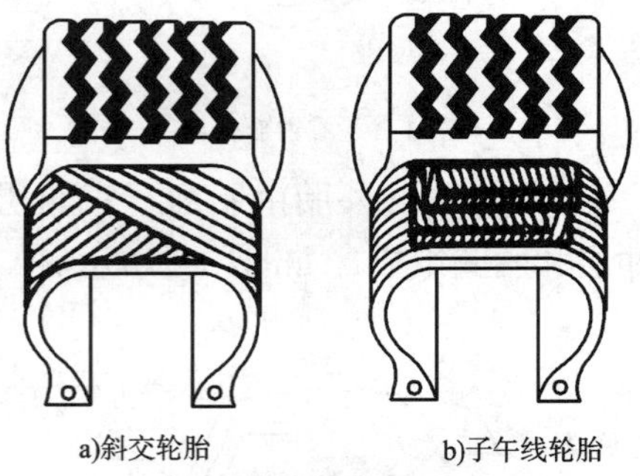

a)斜交轮胎　　b)子午线轮胎

图13-3　轮胎的结构形式

斜交轮胎的帘布层和缓冲层各相邻层帘线交叉排列，各帘布层与胎冠中心线成35°～40°的交角，因而称为斜交轮胎。子午线轮胎的胎体帘布层与胎面中心线呈90°或接近90°角排列，帘线分布如地球的子午线，因而称为子午线轮胎。

子午线轮胎与斜交轮胎相比较具有行驶里程长、滚动阻力小、节约燃料、承载能力大、减振性能好、附着性能好、不易爆胎等优势，目前在汽车上广泛应用。

③缓冲层。缓冲层夹在胎面和帘布层之间，由两层或数层较稀疏的帘布和橡胶制成，弹性较大。其作用是加强胎面与帘布层之间的结合，防止汽车紧急制动时胎面与帘布层脱离，并缓和汽车行驶时所受到的路面冲击。

④胎圈。胎圈由钢丝圈、帘布层包边和胎圈包布组成，有很大的刚度和强度，可以使外胎牢固地安装在轮辋上。

2 无内胎轮胎的构造

无内胎轮胎俗称真空胎，在外观上与普通轮胎相似，但是没有内胎及垫带。它的气门嘴用橡胶垫圈和螺母直接固定在轮辋上，空气直接充入外胎中，其密封性由外胎和轮辋来保证，如图13-4所示。

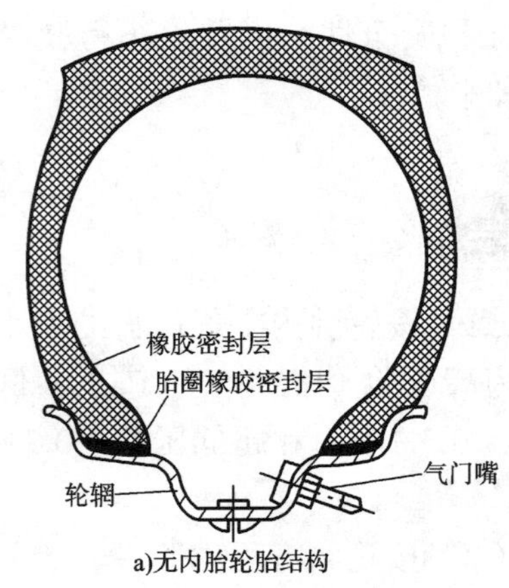

a)无内胎轮胎结构

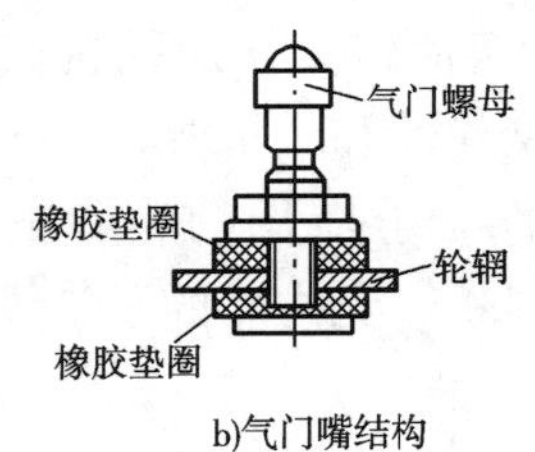

b)气门嘴结构

图13-4　无内胎轮胎

无内胎轮胎的内壁有一层橡胶密封层，有的在该层下面还有一层自粘层，能自行将刺穿的孔粘合。在胎圈外侧也有一层橡胶密封层，用以加强胎圈与轮辋之间的气密性。无内胎轮胎一旦被刺破，穿孔不会扩大，故漏气缓慢，胎压不会急剧下降，仍能继续行驶一定距离，可消除爆胎的危险。

四 轮胎的规格

轮胎的尺寸标注如图13-5所示。

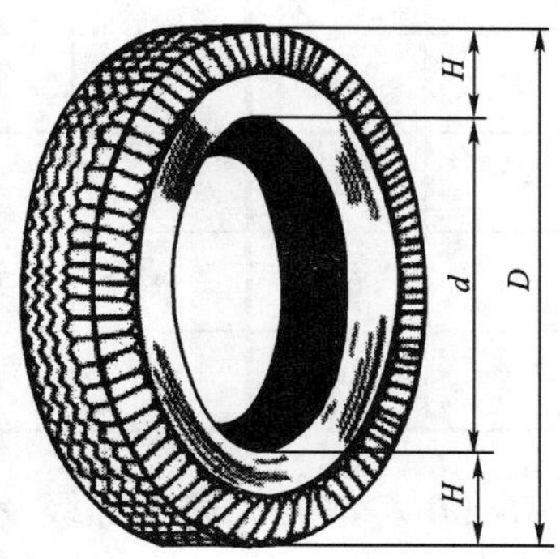

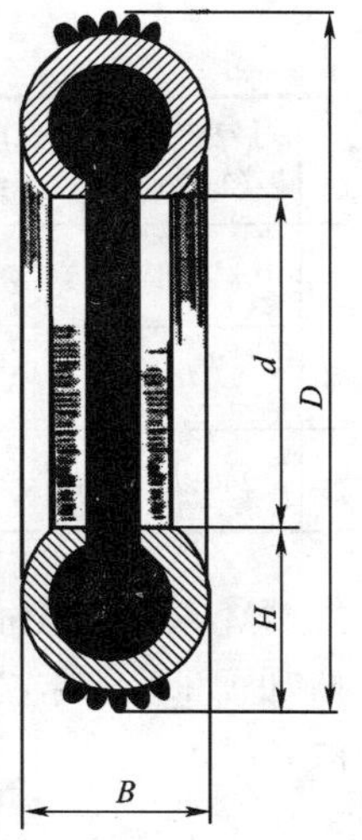

D—轮胎外径；d—轮胎内径或轮辋直径；
B—轮胎宽度；H—轮胎高度

图13-5 轮胎的尺寸标注

轮胎的规格号模压在轮胎的侧壁上，以表示该轮胎的主要参数、结构以及所能承受的最大载荷和所能行驶的最高车速等信息。

（1）低压轮胎的规格。低压轮胎的规格用*B*—*d*表示，其中*B*表示轮胎断面宽度，“—”表示低压轮胎，*d*表示轮辋直径，单位均为英寸（1in=25.4mm）。

例：9.00—20

“9.00”表示轮胎断面宽度为9.00in，“—”表示低压轮胎，“20”表示轮辋直径为20in。

（2）子午线轮胎的规格。子午线轮胎用*B* R*d*表示，“R”表示子午线轮胎。国产汽车子午线轮胎断面宽*B*已全部改用米制单位（mm）；载货汽车轮胎断面宽*B*有英制单位（in）和米制单位（mm）两种。而轮辋直径*d*的单位仍为英制单位（in）。

例：9.00R20

“9.00”表示轮胎断面宽度为9.00in，“R”表示子午线轮胎，“20”表示轮辋直径为20in。

（3）随着轮胎的扁平化，仅用断面宽度*B*和轮辋直径*d*已不能完全表示轮胎的规格，所以在子午线轮胎表达方法的基础上，又增添了许多新的内容。

以上海桑塔纳2000GSi车型轮胎的规格195/60 R 14 85 H为例进行说明。

①195表示轮胎宽度为195mm。

②60表示扁平比为60%。

③R表示子午线轮胎。

④14表示轮胎内径为14in。

⑤85表示荷重等级，即最大载荷质量，荷重等级为85的轮胎的最大载荷质量为515kg。常见的荷重等级及对应的最大载荷质量见表13-1。

荷重等级及对应的最大载荷质量 表13-1

荷重等级	最大载荷质量（kg）	荷重等级	最大载荷质量（kg）	荷重等级	最大载荷质量（kg）	荷重等级	最大载荷质量（kg）	荷重等级	最大载荷质量（kg）
70	335	72	355	74	375	76	400	78	425
71	345	73	365	75	387	77	412	79	437

续上表

荷重等级	最大载荷质量（kg）	荷重等级	最大载荷质量（kg）	荷重等级	最大载荷质量（kg）	荷重等级	最大载荷质量（kg）	荷重等级	最大载荷质量（kg）
80	450	84	500	88	560	92	630	96	710
81	462	85	515	89	580	93	650	97	730
82	475	86	530	90	600	94	670	98	750
83	487	87	545	91	615	95	690	99	775

⑥H表示速度等级，表明轮胎能行驶的最高车速，速度等级为H的轮胎的最高车速为210km/h。常见的速度等级及对应的最高车速见表13-2。

速度等级及对应的最高车速　　表13-2

速度等级	最高车速（km/h）	速度等级	最高车速（km/h）	速度等级	最高车速（km/h）	速度等级	最高车速（km/h）	速度等级	最高车速（km/h）
L	120	P	150	S	180	H	210	W	270以下
M	130	Q	160	T	190	V	240	Y	300以下
N	140	R	170	U	200	Z	240以上		

另外，在轮胎规格前加“P”表示小客车轮胎，在胎侧标有“Reinforced”表示经强化处理，“Radial”表示子午线胎，“Tubeless”（或TL）表示无内胎（真空胎），“M+S”（Mud and Snow）表示适于泥地和雪地，“→”表示轮胎旋向，不可装反。

任务 2 轮胎拆装机的认知

各种型号的轮胎拆装机其结构略有差异，因而其操作与使用方法也略有不同，操作者应根据具体使用的机型进行操作。

一 轮胎拆装机的构成

轮胎拆装机的主要组成及其名称如图13-6所示。

二 轮胎拆装机的操作与调试

（1）工作台转动控制踏板用来控制工作台的顺转与反转。踩下工作台转动控制踏板，工作台顺时针转动；松开工作台转动控制踏板，工作台就停止转动；用脚往上顶工作台转动控制踏板，工作台逆时针转动。

（2）卡爪控制踏板用来控制卡爪的张开与收缩。卡爪处于收缩状态时，踩一下卡爪控制踏板，卡爪就张开；卡爪处于张开状态时，踩一下卡爪控制踏板，卡爪就收缩。

在扒胎机上锁定轮胎的方法有两种：

①轮辋外锁定方法：踩卡爪控制踏

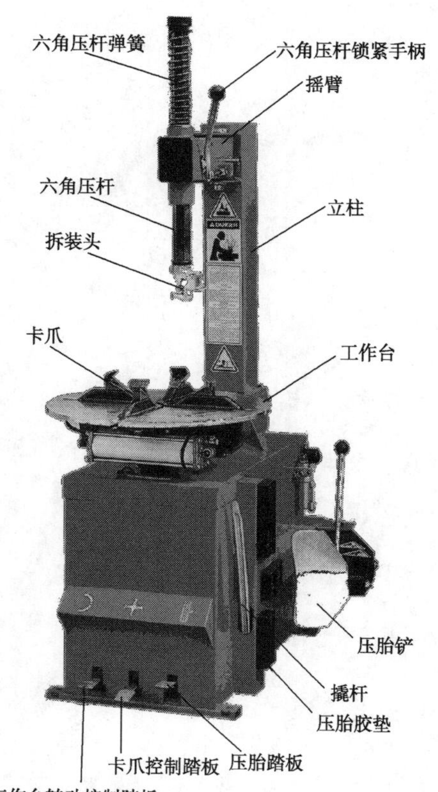

a)结构图

b)实物图

图13-6 轮胎拆装机

板，使卡爪全部张开，把轮胎放在工作台中间，按住轮辋，踩卡爪控制踏板，使卡爪收缩直至卡爪夹紧轮辋为止。

②轮辋内锁定方法；踩卡爪控制踏板，使卡爪全部合上，把轮胎放在工作台中间，按住轮辋，踩卡爪控制踏板，使卡爪张开直至卡爪卡住轮辋为止。

（3）压胎踏板用来控制压胎铲的收缩与张开。踩一下压胎踏板，压胎铲就收缩，然后自动张开。

（4）摇臂可以围绕立柱转动，摇臂调节手柄用来调节摇臂围绕立柱偏转的角度。

（5）六角压杆装在摇臂前端的六角形孔中，可以沿六角形孔上下移动，平时通过六角压杆弹簧把六角压杆顶在摇臂上面，使用时可以用手把六角压杆压下来，然后用六角压杆锁紧手柄把它锁住。拆装头装在六角压杆下面。

任务3 轮胎的拆装

一 轮胎拆装的方法

轮胎的拆装方法以及所用的设备取决于安装轮胎的轮辋类型。

（1）深槽式轮辋主要用于小客车及轻型越野车，适宜安装尺寸小、弹性较大的轮胎。因为尺寸较大、较硬的轮胎则很难装进这样的整体轮辋内。深槽式轮辋轮胎的拆装常采用轮胎拆装机进行拆装。

（2）平底式轮辋多用于货车。其挡圈是整体的，且用一个弹性锁圈来防止挡圈脱出。安装在平底轮辋上的轮胎在拆卸时，先把气放掉，用一根橇杆橇起弹性锁圈的开口，然后用两根橇杆轮流橇起弹性锁圈的其余部分，拿下弹性锁圈，再取下挡圈和轮胎。安装时，先将轮胎套在轮辋上，套上挡圈，放上弹性锁圈，用一根橇杆敲打弹性锁圈的开口处，使弹性锁圈的一端先进入，然后一面压住，一面再敲打其余部分，使整个弹性锁圈全部嵌入环形槽中。

（3）对开式轮辋主要用于载质量较大的重型货车和大型客车。这种轮辋由内外两部分组成，两者用螺栓连成一体，所以安装在对开式轮辋上的轮胎在拆卸时，只要把气放掉，然后拆卸螺栓即可。安装轮胎时，也只要装上螺栓，充上气即可。

二 轮胎的拆装

以普通桑塔纳汽车轮胎为例，介绍轮胎的拆装。

普通桑塔纳汽车轮辋和轮胎的规格见表12-2，它是一件式深槽轮辋，所以采用轮胎拆装机进行拆装。

1 拆卸轮胎

（1）放尽轮胎中的空气，卸去所有平衡块，如图13-7和图13-8所示。

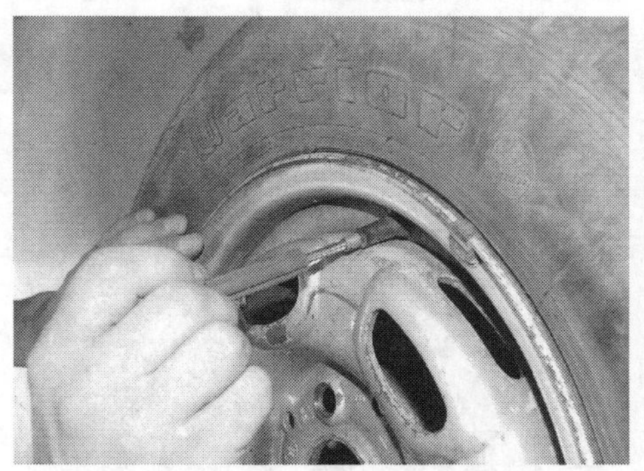

图13-7 放尽轮胎中的空气

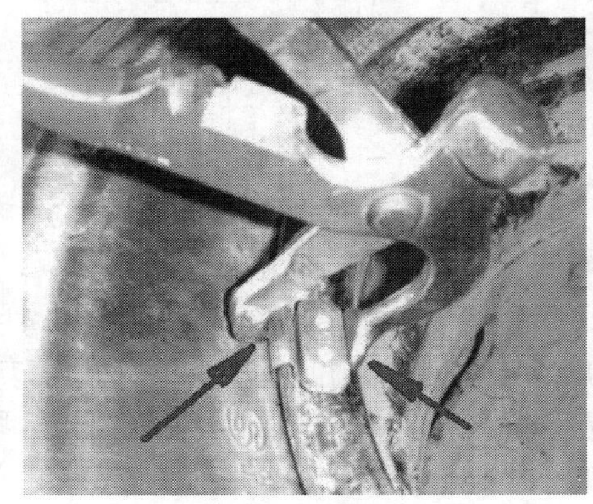

图13-8 卸去所有平衡块

在进行任何操作之前，操作者都应先穿戴好紧袖工作衣和工作帽。任何挂钩、缠绕都会引发严重的安全事故。

（2）拆开胎唇。将轮胎靠在拆装机右边的压胎胶垫上，把压胎铲顶在胎唇上（离轮辋边1cm以上），踩下压胎踏板，压胎铲向内收缩，使胎唇松开。沿着轮辋在轮胎两边转换角度重复以上动作，直到两边胎唇全部松开，如图13-9所示。

图13-9 拆开胎唇

注意

操作时，严禁将腿放在压胎铲内部，严禁将手放入拆装头底部和卡爪内部。

（3）锁定车轮。气门嘴朝上，把车轮总成放到扒胎机上，采用轮辋内锁定方法把车轮总成固定好。在胎唇上涂抹润滑液，如图13-10和图13-11所示。

图13-10 锁定车轮总成

图13-11 涂抹润滑液

（4）定位和固定拆装头。调节摇臂调节手柄，使摇臂转到所要工作的位置，向上转动六角压杆锁紧手柄，使六角压杆松开，压下六角压杆，直至拆装头接触轮辋的上边缘，再向下转动六角压杆锁紧手柄，锁住六角压杆，锁住摇臂，并使拆装头自动离轮辋2～3mm，如图13-12所示。

（5）将轮胎上部扒离轮辋。将撬杆插到拆装头前端的胎唇内，用撬杆撬开轮胎外缘，以拆装头作支点，将撬杆按压在拆装器上，如图13-13所示。踩工作台转动控制踏板，使工作台顺时针转动，直至轮胎上边缘完全与轮辋分离。

图13-12 定位和固定拆装头

图13-13 将轮胎上部扒离轮辋

（6）将轮胎下部扒离轮辋。将撬杆插到拆装头前端轮胎下部边缘的胎唇内，将轮胎向上抬，使轮胎下部边缘靠近拆装头，重复上一步骤，将轮胎的下边缘拆出，如图13-14和图13-15所示。

图13-14 将轮胎沿撬杆向上抬

图13-15 将轮胎下部扒离轮辋

注意

在拆装过程中，一旦操作不当或出现意外情况时，应立即松开工作台转动控制踏板，使工作台停止转动，必要时还可以使工作台反转。

（7）取下轮胎和车轮。松开六角压杆锁紧手柄，使六角压杆抬高，取下轮胎。踩卡爪控制踏板，放松卡爪，取下车轮，如图13-16所示。

图13-16 取下轮胎

2 安装轮胎

（1）固定车轮，安放轮胎，定位和固定拆装头。把车轮放到扒胎机上，用轮辋内锁定方法把轮胎总成固定好，将轮胎斜放在轮辋上，让摇臂复位到拆卸轮胎时的位置，压下并锁止六角压杆，在胎唇上涂抹润滑液，如图13-17和图13-18所示。

图13-17 固定车轮，安放轮胎

图13-18 定位和固定拆装头

单向花纹轮胎相对于旋转方向而言，具有方向性。安装时，要注意轮胎的内、外侧，胎面花纹的尖端要与车轮的旋转方向一致。

（2）将轮胎下部装入轮辋。将轮胎下边唇左侧一段轮边置于拆装头尾部的上方，右侧一段轮边置于拆装头头部下方，用手压住轮胎，转动工作盘，将轮胎下部装入轮辋，如图13-19所示。

图13-19　将轮胎下部装入轮辋

（3）将轮胎上部装入轮辋。重复上一步骤，将轮胎上部装入轮辋，如图13-20所示。

图13-20　将轮胎上部装入轮辋

注意

在装轮胎的上边缘时，更要边转边压，以便让轮胎能顺利装入轮辋。

（4）松开六角压杆锁紧手柄，使六角压杆抬高，踩卡爪控制踏板，放松卡爪，取下轮胎总成。

（5）最后给轮胎充气，如图13-21所示，检查轮胎是否漏气，做动平衡。

图13-21　给轮胎充气

项目十四

动力转向系统的检查

知识点

1.转向系统主要部件与工作原理；
2.动力转向系统的常规检查。

技能点

1.检查转向盘自由行程；
2.转矩传感器零点校正；
3.液压动力转向的常规检查。

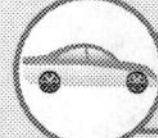

参考学时及教学组织安排

本项目总学时为8学时，其中：理论教学为2学时，示范为1学时，学生练习为5学时。
教学可采用多媒体辅助教学，并结合实物讲解，使学生掌握动力转向系的原理和常规检查步骤。
根据实训设备的台套数，教学采用工艺化教学法。老师讲解并示范操作步骤和注意事项，适时下达操作指令，并进行工位间巡视、检查、指导和纠正错误。

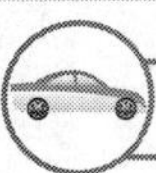

项目实施所需设备、器材

丰田卡罗拉

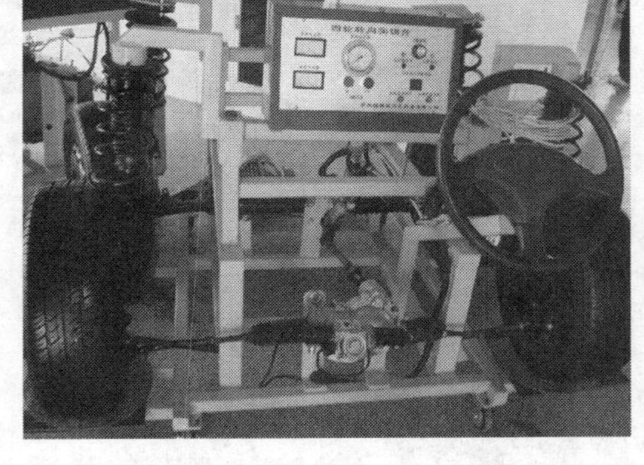

动力转向实训台架

智能检测仪

万用表

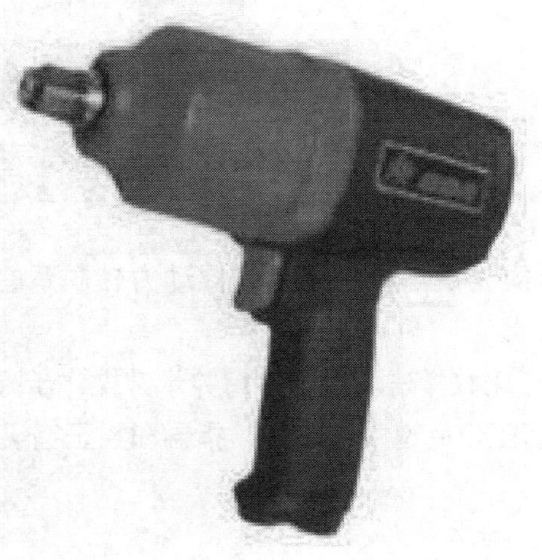

气动扳手+气源

举升机

任务1 动力转向系统的认知

一 转向系统的功用

转向系统的功用是改变和保持汽车的行驶方向。

转向系统的好坏直接关系到汽车行驶的操纵性和安全性，它除了能改变汽车的行驶方向外，还可以把路面作用在转向轮上的力矩反馈给驾驶人，方便驾驶人对路面状况的感知。

二 转向系统的分类、组成及工作过程

汽车转向系统按转向动力源的不同分为机械转向系统和动力转向系统。

1 机械转向系统

机械转向系统以驾驶人的体力作为转向动力源。机械转向系统由转向操纵机构、转向传动机构和转向器组成，其一般布置情况如图14–1所示。

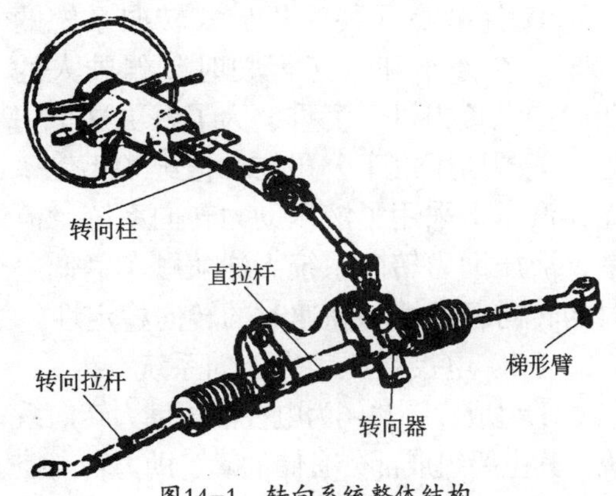

图14–1 转向系统整体结构

汽车转向时，驾驶人转动转向盘，通过转向轴、万向节和转向传动轴，将转向力矩输入转向器。从转向盘到转向传动轴这一系列部件即属于转向操纵机构。转向器中有1–2级啮合传动副，具有减速增力作用。经转向器减速后的运动和增大后的力矩传到转向摇臂，再通过转向直拉杆传给固定于左转向节上的转向摇臂，使左转向节及安装于其上的左转向轮绕主销偏转。左右梯形臂的一端分别固定在左右转向节上，另一端则与转向横拉杆作球铰链连接。当左转向节偏转时，经梯形臂1和梯形臂2的传递，右转向节及装于其上的右转向轮随之绕主销同向偏转相应的角度。转向摇臂、转向横拉杆、转向节臂、梯形臂和转向横拉杆总称为转向传动机构。梯形臂以及转向横拉杆和前轴构成转向梯形，其作用是在汽车转向时，使内、外转向轮按一定的规律进行偏转。

（1）转向器的功用和类型。

转向器是转向系统中的减速增力传动装置，其功用是增大由转向盘传到转向节的力，并改变力的传递方向。

转向器的种类很多，一般是按转向器中传动副的结构形式分类。目前，应用较广泛的有蜗杆曲柄指销式、循环球式和齿轮齿条式等，如图14–2～图14–4所示。汽车上大多采用齿轮齿条式转向器。

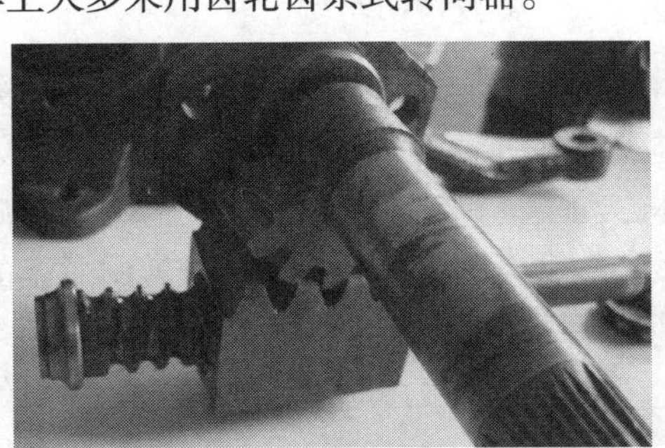
图14–2 循环球式转向器

图14-3　蜗杆曲柄指销式转向器

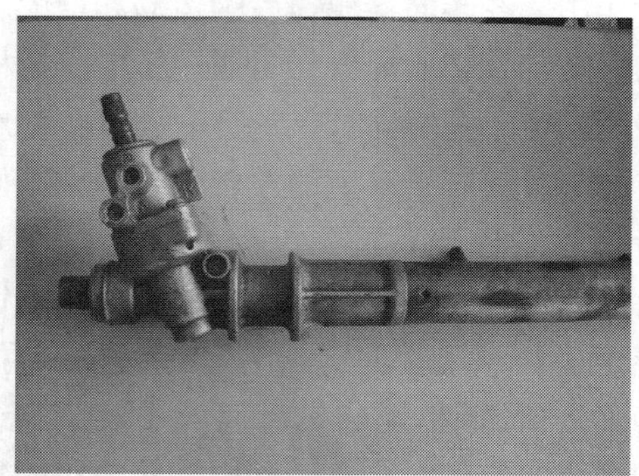

图14-4　齿轮齿条式转向器

（2）转向操纵机构。转向操纵机构一般由转向盘、转向轴、转向柱管、万向节及传动轴等组成。

（3）转向传动机构的功用、分类及组成。转向传动机构的功用是将转向器输出的力传给转向轮，使两侧转向轮按照各自的需要偏转一定的角度以实现汽车转向。

转向传动机构的构造根据与之配用的是独立悬架或非独立悬架而有所不同。一般由转向摇臂、转向直拉杆、转向节臂、两个梯形臂和转向横拉杆等组成。

2 动力转向系统

（1）动力转向系统的基本认知、分类及发展史。动力转向系统是兼用驾驶人体力和发动机动力作为转向动力源的转向系统。动力转向系统是在机械转向系统的基础上加设一套转向加力器而构成。

转向系统的分类及发展。在汽车的发展历程中，转向系统经历了四个发展阶段：从最初的机械式转向系统（Manual Steering，简称MS）发展为液压助力转向系统（Hydraulic Power Steering，简称HPS），然后又出现了电控液压助力转向系统（Electro Hydraulic Power Steering，简称EHPS）和电动助力转向系统（Electric Power Steering，简称EPS）。

（2）液压式动力转向系统的组成

①组成。图14-5所示为一种液压式动力转向系统示意图。其中，除传统的机械转向系统所需部件外，增加了转向油罐、动力转向液、转向控制阀和转向动力缸等转向加力器的各部件。

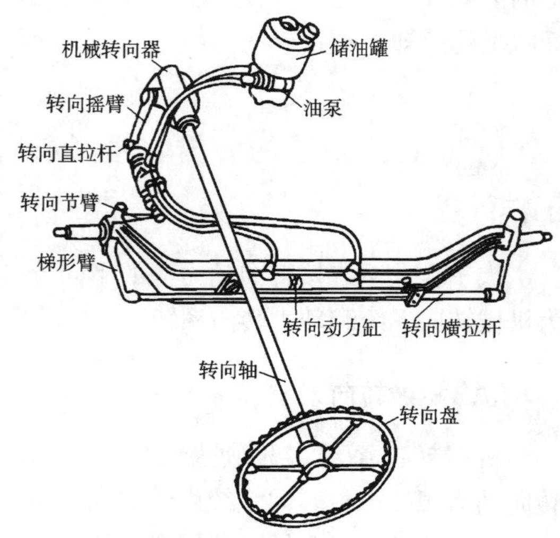

图14-5　液压式动力转向系统示意图

②优缺点：装配机械式转向系统的汽车，在停车和低速行驶时，驾驶人的转向操纵负担过于沉重，为了解决这个问题，美国通用汽车公司在20世纪50年代率先在汽车上采用了液压助力转向系统。但是，液压助力转向系统无法兼顾车辆低速时的转向轻便性和高速时的转向稳定性。

（3）电控液压动力转向系统

①组成。图14-6为电控液压助力转向系统，其主要组成部分有储油罐、助力转向控制单元、电动泵、转向机、助力转向传感器等，其中助力转向控制单元和电动泵是一个整体结构。

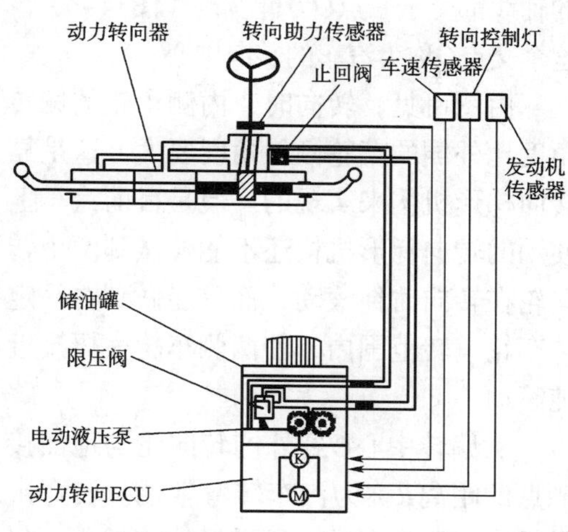

图14-6　电控液压动力转向系统示意图

②优缺点。1983年，日本Koyo公司推出了具备车速感应功能的电控液压助力转向系统，电控液压助力转向系统克服了传统的液压助力转向系统的缺点。这种新型的转向系统可以随着车速的升高提供逐渐减小的转向助力，但是结构复杂、造价较高，而且无法克服液压系统自身所具有的许多缺点，是一种介于液压助力转向和电动助力转向之间的过渡产品。

（4）电动助力转向系统的组成及工作原理

①组成。电动助力转向系统的关键技术主要包括硬件和软件两个方面。

硬件技术主要涉及传感器、ECU和电动机。传感器是整个系统的信号源，其精度和可靠性十分重要 。电动机是整个系统的执行器，电动机性能的好坏，决定了系统的表现。ECU是整个系统的运算中心，因此ECU的性能和可靠性至关重要。

软件技术主要包括控制策略和故障诊断与保护程序两个部分。控制策略用来决定电动机的目标电流，并跟踪该电流，使得电动机输出相应的助力矩。故障诊断与保护程序用来监控系统的运行，并在必要时发出警报和实施一定的保护措施。

②工作原理。电动助力转向系统的工作原理如下：首先，转矩传感器测出驾驶人施加在转向盘上的操纵力矩，车速传感器测出车辆当前的行驶速度，然后将这两个信号传递给ECU；ECU根据内置的控制策略，计算出理想的目标助力力矩，转化为电流指令给电动机；然后，电动机产生的助力力矩经减速机构放大，作用在机械式转向系统上，和驾驶人的操纵力矩一起克服转向阻力矩，实现车辆的转向，如图14-7所示。

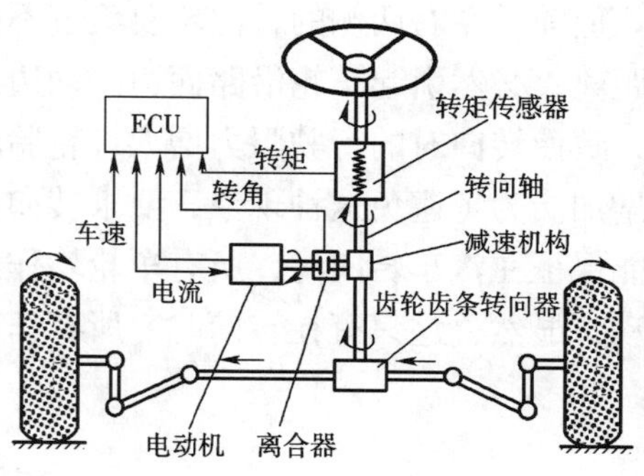

图14-7　电动助力转向系统示意图

③优缺点。1988年，日本Suzuki公司首先在小客车Cervo上配备了Koyo公司研发的转向柱助力式电动助力转向系统；1990年，日本Honda公司也在运动型汽车NSX上采用了自主研发的齿条助力式电动助力转向系统，从此揭开了电动助力转向在汽车上应用的历史。

采用动力转向系统的各汽车，在正常情况下转向时，驾驶人操纵机械转向系统一方面提供转向所需的一小部分能量，另一方面则同时带动转向加力器工作，由发动机通过转向加力器提供转向所需的大部分能量。在转向加力器失效时，一般还能由驾驶人独立承担汽车转向任务。

三　转向系统角传动比、转向时车轮运动规律

1　转向系统角传动比

转向盘的转角与安装在转向盘同侧的

转向车轮偏转角的比值，称为转向系统角传动比。

② 转向时车轮运动规律

汽车转向时，内侧车轮和外侧车轮滚过的距离是不相等的。对于一般汽车而言，后桥左右两侧的驱动轮由于差速器的作用，能够以不同的转速滚过不同的距离。但前桥左右两侧的转向轮要滚过不同的距离，必然引起车轮沿路面边滚动边滑动，致使转向时的行驶阻力增大，轮胎磨损增加。为了避免这种现象，要求转向系统能保证在汽车转向时，所有车轮均作纯滚动，显然，这只有在转向时，所有车轮的轴线都交于一点O方能实现（图14–8），这个交点O称为汽车的转向中心。

由图可见，转向时，内侧车轮的偏转角度比外侧的车轮倾斜角度要大，这是靠转向梯形机构来实现的。但是目前汽车上使用的转向梯形机构还不能够做到两个转向轮在转向时纯滚动，而只能做到在一定的车轮偏转范围内，使两侧车轮大概接近纯滚动。

从偏转中心O到外侧转向轮与地面接触点的距离R称为汽车转弯半径。转弯半径越小，则汽车转向所需场地就越小，汽车的机动性也越好。

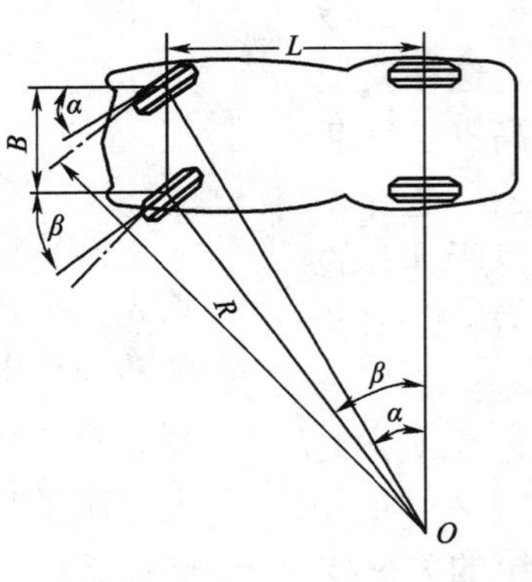

图14–8 转向时汽车车轮运动规律

任务 2 电动助力转向系统的常规检查

一 拆检前一定要阅读有关资料

丰田卡罗拉汽车配备有SRS（辅助约束系统）,如果未能按正确顺序执行维修作业，可能会导致SRS在维修过程中意外展开，极有可能造成严重事故。因此，在维修（包括检查、更换、拆卸或安装零件）前一定要阅读辅助约束系统的注意事项。

二 电动机动力转向零部件的拆卸、安装和更换注意事项

（1）拆下和安装动力转向机总成时，一定要将前轮对准正前位置。

（2）如果断开转向滑叉分总成和动力转向机总成的小齿轮轴，则在开始操作前一定要做好装配标记。

（3）更换转向柱总成或动力转向ECU后，校正转矩传感器零点。

三 转向盘自由行程的检查

首先将汽车停在正确位置，并保证汽车车轮正对前方，向左和向右慢慢转动转向盘，检查转向盘的自由行程，最大自由行程30mm（1.18in），如图14–9和图14–10所示。

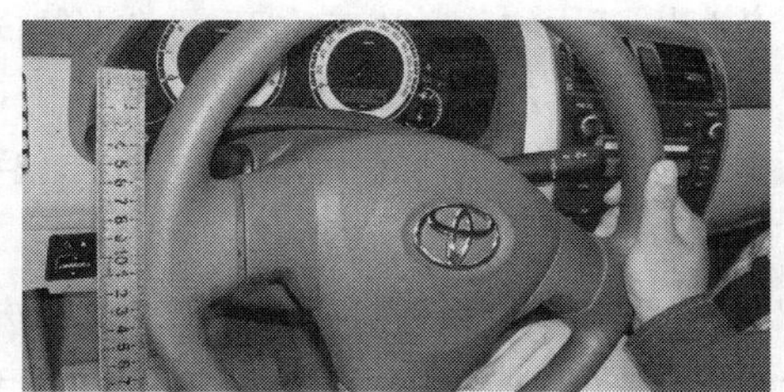

图14–9 金属直尺靠近转向盘，但是不接触

图14–10 转动转向盘，查看转向盘自由行程

四 转矩传感器校零

如果出现以下任一情况时，执行转矩传感器零点校正：转向柱总成（包括转矩传感器）已更换；动力转向ECU已更换；左右转向力矩有差异。

1 检查有无DTC

如果储存了DTC C1516（转矩传感器零点调整未完成），则不能校正转矩传感器零点，开始校正前清除该DTC,如果输出C1516以外的DTC，参见“诊断故障码表”，如图14–11所示。

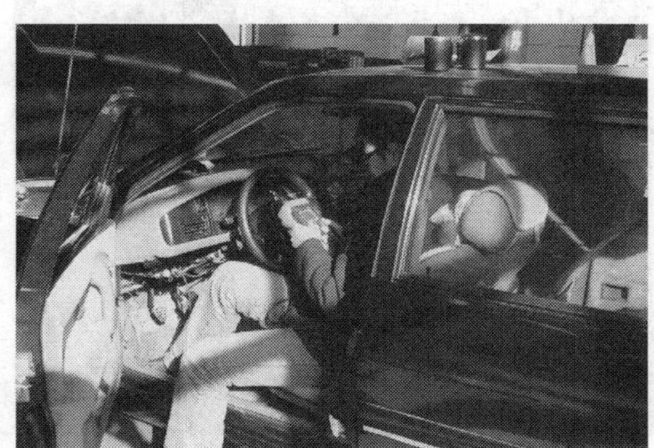

图14–11 使用智能检测仪检测有无故障码

② 预先校正检查

（1）将点火开关置于OFF位置；

（2）断开E32动力转向ECU插接器；

（3）将点火开关置于ON（IG）位置；

（4）测量E32的6号端子（IG）和车身搭铁之间的电压（标准电压为11～14V），如果测量值为9V或更低，则不能执行校正，需对蓄电池进行充电或更换蓄电池，然后进行校正，如图14-12和图14-13所示；

（5）将点火开关置于OFF位置；

（6）连接E32动力转向ECU插接器。

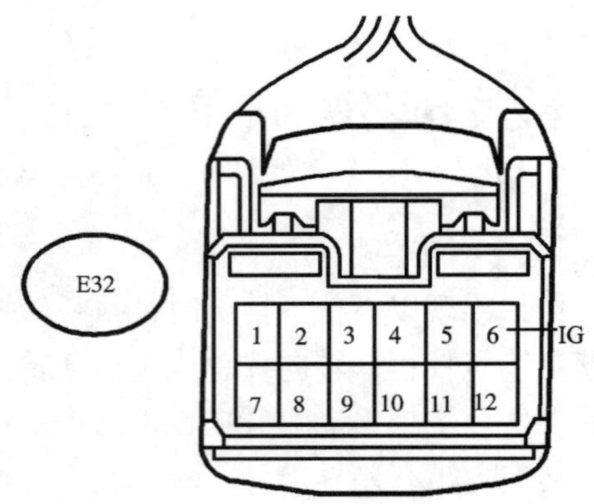

图14-12　E32（动力转向ECU）接线口

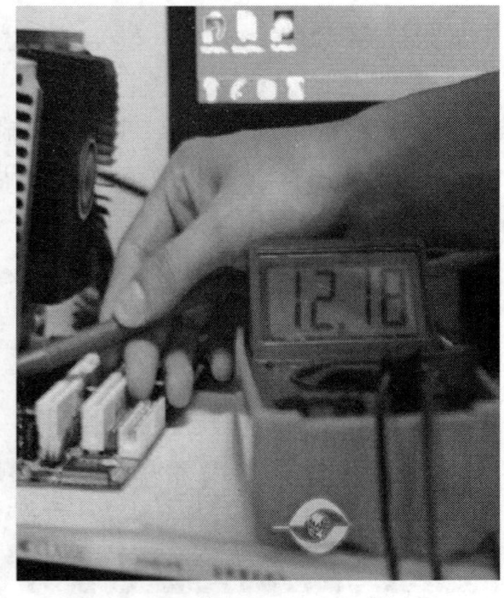

图14-13　检查E32的6号端子电压

③ 初始化转矩传感器零点

如果更换了动力转向ECU，则不需要进行初始化。

（1）将转向盘置于中心位置，并将前车轮对准正前方；

（2）将点火开关置于OFF位置；

（3）使用SST，连接DLC3端子13（TC）和4（CG）。SST09843-18040如图14-14所示。

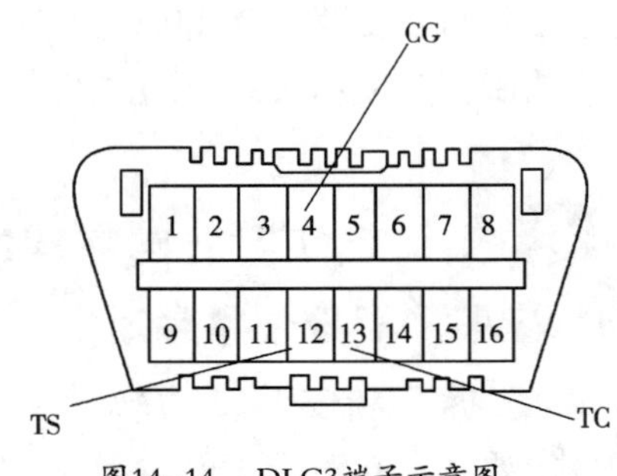

图14-14　DLC3端子示意图

将端子连接到正确位置以免发生故障。

（4）将点火开关置于ON（IG）位置。

附一：动力转向系统常见故障产生原因

①转向困难：前轮胎充气不当或者磨损不均匀、前轮定位不准确、前悬架（下球节）、转向中间轴、转向柱、转向机、动力转向ECU。

②回正性比较差：前轮胎充气不当或者磨损不均匀、前轮定位不准确、转向柱、转向机、动力转向ECU。

③没有自由行程或自由行程过大：转向中间轴、转向机。

④动力转向系统工作时，转动转向盘时出现敲缸（或摇动）现象：转向中间

轴、前悬架（下球节）、前桥轮毂（轮毂轴承）、转向机。

⑤在低速行驶中转动转向盘时，出现摩擦声：动力转向电动机、转向柱。

⑥在车辆停止时慢慢转动转向盘时出现尖锐的声音（“吱吱”声）：动力转向电动机。

⑦在车辆停止时转动转向盘，转向盘振动且有噪声出现：动力转向电动机、转向柱。

任务3 液压助力转向系统的常规检查

一 储油罐的检查

1 液面高度的检查

使发动机怠速运转，反复将转向盘从一侧极限位置转到另一侧极限位置（图14–15），以提高液压温度，使油液温度达到40～80℃。此时检查储油罐内油量，油面应处在储油罐的“MAX”处，如图14–16所示。油量不足时，在检查各部位无泄漏后，按规定牌号补充液压油至“MAX”处。

图14–15 反复转动转向盘

图14–16 检查液面高度

2 液压油品质的检查

检查液压油是否变质，如变质，更换规定牌号的液压油。

二 液压助力转向系统的排气

检查液面高度，必要时添加液压油。使发动机怠速运转，反复使转向盘从左极限位置转至右极限位置，直至储油罐内无气泡和泡沫为止。如液面有下降，应继续添加液压油直至达到规定液面高度（“MAX”处）为止。

三 转向油泵V形带的调整

（1）松开转向油泵支架上的后固定螺栓，如图14–17所示。

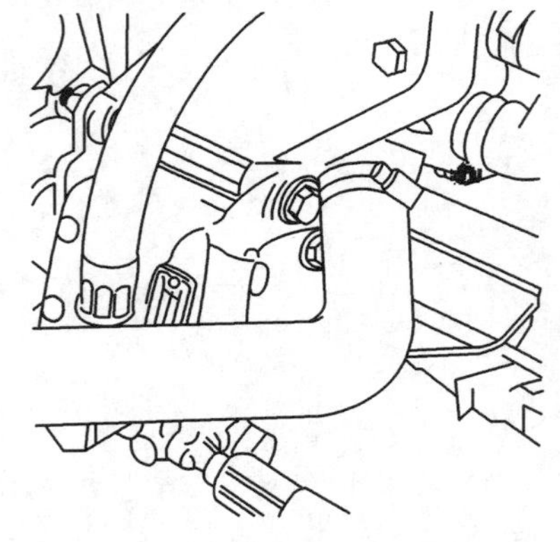

图14–17 松开后固定螺栓

（2）松开专用螺栓的螺母，如图14–18所示。

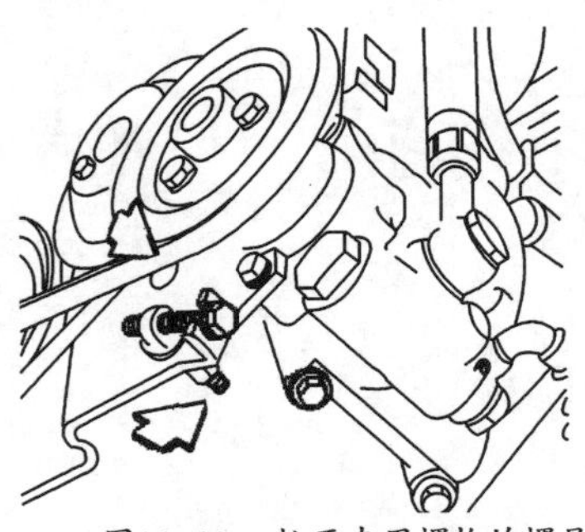

图14–18 松开专用螺栓的螺母

（3）通过张紧螺栓把V形带绷紧，

如图14-19所示。当压在V形带中间处，V形带应有10mm挠度为合适。

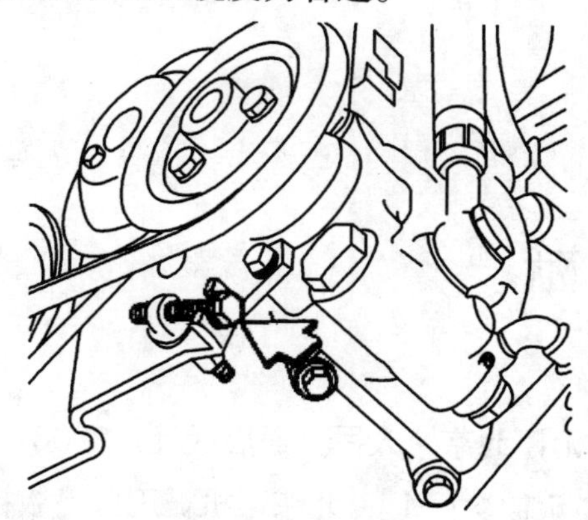

图14-19 张紧V形带

（4）拧紧专用螺栓的螺母。拧紧转向油泵支架上的固定螺栓。

四 转向系统密封性的检查

转向系统密封性的检查，应在热车时进行。将转向盘快速朝左、右两侧转至极限位置，并保持不动，此时可产生最佳管内压力。目测检查转向控制阀、齿条密封（松开波纹管软管夹箍，再将波纹管推至一旁）、叶轮泵、油管接头是否有漏油现象，如有渗漏应更换密封件。如果发现储油罐中缺少ATF油时，应检查转向系统的密封性是否完好。当转向器主动齿轮不密封时，必须更换阀体中的密封环和中间盖板上的圆形绳环。如果转向器罩壳中的齿轮齿条密封件不密封，ATF油液可能流入波纹管套里，此时，应拆开转向机构，更换所有密封环。如油管连接漏油，应查找原因并重新连接好。

五 转向油泵压力的检查

（1）将压力表装到连接管阀体和弹性软管之间的压力管中。

（2）起动发动机，如果需要，向储油罐补充ATF油。

（3）快速关闭截止阀（关闭时间不超过5min），并读出压力数，表压额定值为6.8 ~ 8.2MPa。

如果没有达到额定数值，就应检查压力和流量限制阀是否完好。如不正常应更换压力和流量限制阀，或更换油泵。

六 系统压力的检查

当发动机怠速工作时，打开压力表节流阀，使转向盘向左或右旋转至极限位置，同时读出压力表上的压力。表压额定值为6.8 ~ 8.2MPa。

如果向左或右侧的额定值达不到要求，就要修理转向器或更换总成。

参考文献

[1] 陈因达．上海桑塔纳 2000GSi 轿车结构图［M］．北京：人民交通出版社，2000.

[2] 李东江，张大成．桑塔纳 2000 系列轿车结构与维修［M］．北京：机械工业出版社，2006.

[3] 中国汽车维修行业协会．汽车底盘常见维修项目实训教材［M］．北京：人民交通出版社，2009.

[4] 崔振民．汽车底盘构造与维修［M］．北京：人民交通出版社，2004.